ミシェル・オバマ 山田 文 訳

心に、光を。

不確実な時代を生き抜く

THE LIGHT WE CARRY

Overcoming In Uncertain Times

MICHELLE OBAMA

KADOKAWA

心に、光を。

不確実な時代を生き抜く

The Light We Carry

by

Michelle Obama

This translation published by arrangement with Crown,
an imprint of Random House, division of Penguin Random House LLC,
through Japan UNI Agency, Inc., Tokyo

自分の光を使い、ほかの人の世界を
照らしているすべての人へ

本書は母と父、マリアンとフレイザーへ捧げる。この世界で生きていくために長年わたしが使ってきた価値観を教えこんでくれた。ふたりの良識と知恵のおかげで、わが家は姿を見てもらい声を聞いてもらっていると感じられる場所だった。決断を下す練習ができて、なりたい人間になれる場所だった。ふたりはいつもそこにいて、ふたりの無条件の愛のおかげで、わたしは人生のとても早い時期から自分には声があるのだと知ることができた。わたしの光を灯してくれたふたりに、とても感謝している。

あなたの家系のだれかが厄介者でも、
ほかの一〇〇人はちがう。

悪は勝たない――最終的には、
どれだけ声が大きくても。

もし勝つのなら、
われわれはここにいないだろう。

あなたは、根本からよきものでできている。
それを知っていれば、ひとりきりで歩むことはない。

あなたは、今世紀の最新ニュースだ。
あなたは、あらゆるものをくぐり抜け

ここまでやってきた、よき者だ。そう感じられない日が、
とてもたくさんあるとしても。

――アルベルト・リオス「明日という名の家」より[1]

目次

サウスサイドの暑い夏に、涼をとるのを手伝ってくれる父。

はじめに

✣歩くことが困難だった父

わたしが子どものころ、いつからか父はステッキでバランスをとりながら歩くようになった。いつシカゴのサウスサイドの家にステッキが姿を現したのか、はっきりとは憶《おぼ》えていないけれど、たぶん四歳か五歳のときだと思う。気がつくとそこにあった。細くて頑丈で、色の濃いなめらかな木のステッキは、多発性硬化症への初期の対処法だった。父は左足を引きずって歩くようになっていた。ゆっくりと、ひそやかに、おそらく正式な診断を下されるずっと前から、多発性硬化症は父の身体をむしばんでいて、中枢神経系を侵食し、毎日の仕事をこなす父の両脚を弱らせていた。父は市の浄水場で働いていて、母とともに家庭を切り盛りし、いい子をふたり育てようとしていた。

ステッキの助けを借りて、父は階段をのぼってアパートメントへ帰ってきたり、階段をおりて街へ出かけたりした。夜にはステッキをリクライニングチェアの肘掛《ひじか》けに立てかけて、そのことは忘れたみたいにテレビでスポーツを見たり、ステレオでジャズを聴いたり、わたしを膝《ひざ》にのせて学校での一日を尋ねたりした。ステッキの曲がった柄に、先端についた黒いゴムに、床に倒れたときのうつろな音に、わたしは心を奪われた。父の身になったらどんな感じなのか知りたくて、ときどきそれを使ってみた。父の動きをまねながら、足を引きずってリビングを歩きまわろうとした。でもわたしは小さすぎたし、ステッキは大きすぎたから、結局はごっこ遊びの小道具にしかならなかった。

家族はステッキを何かの象徴として見ていたわけではない。それはただの道具で、キッチンの道具である母のフライ返しや、壊れた屋根やカーテンレールをなおしにくる祖父がいつも使うハンマーと同じだった。実用的で身を守ってくれて、必要なときに頼れるもの。

みんな認めたがらなかったけれど、父の健康状態は少しずつ悪化していた。父の身体は、自分自身をひそかに攻撃していた。父はそれを知っていた。母も知っていた。兄のクレイグとわたしはまだ子どもだったけれど、子どもは馬鹿じゃない。だから、父がまだ裏庭でキャッチボールをしてくれていても、ピアノの発表会やリトルリーグの試合を見にきていても、わたしたちにもわかっていた。父の病気のために家族は無力になり、前よりも無防備になっている。それをわたしたちも理解しはじめていた。緊急事態が起こったら、父がすばやく行動して火事や侵入者からみんなを守るのはむずかしいだろう。人生は思いのままにならないことを、わたしたちは学びつつあった。

それにステッキは、ときどき父を支えられなかった。歩幅の判断を誤ったり、敷物のふくらみに足をとられたりして、父は不意によろめいて転んだ。空中で父の身体が止まって見えるその一瞬、見たくないものがぜんぶ見える――父の弱さ、わたしたちの無力さ、この先の不確かさといっそうつらい時間。

大人の男性が床に倒れる音は、まるで雷みたいだ――その音はけっして忘れられない。小さなアパートメントが地震のように揺れて、みんなが助けに駆けつける。

「フレイザー、気をつけて！」母が言う。そのことばで、いま起こったことが取り消せるとでもいうかのように。クレイグとわたしは小さな身体で父を助け起こし、飛んでいったステッキとめがねを大急ぎで回収する。すばやく立ちあがらせれば、父が転ぶ場面を消し去れるとでもいうかのように。この問題をなんとかできるとでもいうかのように。こういうときには不安と恐怖を覚えた。わたしたちが失うものと、たやすくそれを失いかねないことに気づいて。

✣障害を笑いとばした父から学んだこと

たいてい父はすべてを笑いとばし、転んだことを軽く受け流して、笑顔になったり冗談を言ったりしてもかまわないように振る舞った。家族のあいだでは暗黙の了解があるようだった。こういう瞬間は忘れなければならない。わが家では、笑いもまたうまく役立つ道具だった。

大人になったいま、多発性硬化症についてわたしが理解しているのはこんなことだ。世界中で何百万もの人がこの病気にかかっている。免疫系に悪さをし、味方を敵と、自分を他人と勘ちがいさせて、身体のなかから攻撃を仕掛けさせる。軸索《じくさく》という神経線維から、それを保護する覆いを剝《は》ぎ取り、繊細な線維をむき出しにして、中枢神経系を混乱させる。

多発性硬化症のせいで痛みを感じていても、父はそれを口にしなかった。障害のせいで自尊心を失って元気をなくしていても、めったにそれを表に出さなかった。わたしたちが近くにいないときに――浄水場で、あるいは理髪店に出入りするときに――転んだことがあるのか、わたしにはわからないけれど、ときたま転んでいてもおかしくない。ともかく、何年もの月日が流れていった。父は職場へ行き、家に帰ってきて、いつも笑顔だった。ひょっとしたらそれは、ある種の現実逃避だったのかもしれない。あるいは、父が人生の指針に選んだ掟《おきて》だったのかもしれない。〝転ぶ、起きあがる、すすみつづける〟

いまはわかる。父の障害のおかげで、わたしは人生の早い時期に大切なことを学んだ。よそ者でいるのはどんな感じか。自分ではどうしようもない何かを抱えてこの世界で生きるのはどんな気持ちか。くよくよ悩んでいなくても、ほかの人とのちがいはいつもそこにある。

わたしの家族はほかとのちがいを抱えていた。ほかの家族がどうやら心配していないことを心配していた。ほかの人には必要なさそうな用心をしていた。外に出かけたら、障害物を頭のなかで判断し、父に求められるエネルギーを計算する。そのうえで駐車場を歩いたり、クレイグのバスケットボールの試合で観客席へ向かったりした。距離と高さの測り方もちがった。階段、凍った歩道、高い縁石の見方もちがう。公園や博物館は、疲れた身体を休められるベンチがいくつあるかが大切。行く先々でリスクを考えて、父にとって少しでも効率よく動ける方法を探した。わたしたちは一歩一歩、慎重に歩みをすすめた。

病気が進行して道具が役に立たなくなると、ほかのものを探した――ステッキの代わりに前腕支持型杖《ロフストランド・クラッチ》を二本使うようになり、それもやがて電動カートと特別装備のバンに代わる。そのバンにはレバーと油圧機器がたくさんついていて、不自由になった父の身体を補った。

父はこういうものが大好きだった？　問題をぜんぶ解決してくれると思っていた？　ぜんぜん。でも、それらを必要としていた？　もちろん、確実に。道具はそのためにある。バランスを保って立っていられるようにしてくれて、不確かな状況でうまく生きられるようにしてくれる。絶え間ない変化に対処し、人生が手に負えないと感じるときに乗りこえられるように手助けしてくれる。前へすすみつづけられるようにしてくれる。たとえ不便な思いをしていても。神経線維がむき出しの状態で暮らしていても。

ずっとわたしは、こんなことをたくさん考えてきた──わたしたちは何を背負っているのか。不確かな状況に直面したとき、何が支えてくれるのか。どうやって道具を見つけて、それに頼るのか──混沌《こんとん》とした時代に生きているときにはとくに。ほかと〝ちがう〟存在である意味も考えてきた。とても多くの人が、ほかとちがうという感覚と格闘していて、わたしはそれに衝撃を受けてきた。それに、どんな世界に暮らしたいか、だれを信頼するのか、だれを高く評価してだれを置き去りにするのかをめぐるより大きな議論のなかで、〝ちがい〟の理解がいまも中心的な位置を占めていることにも。

こういうことはもちろん複雑な問題で、その答えも複雑だ。それに「ほかとちがうこと」には、いろいろな定義がありうる。でも、ほかとのちがいを感じている人のために言っておきたい。普通の人に見えない、あるいは普通の人が見ようとしない障害物でいっぱいの世界で生き抜くのはたいへんだ。ほかとちがうと、まわりの人とは異なる地図を手に、異なる困難を抱えて移動しているように感じる。ときには、そもそも地図を持っていないように感じる。ほかとのちがいは、あなた自身よりも先に部屋に入っていくことも多い。人はあなたを見る前にちがいを見る。だから、その先入観を乗りこえるという課題が生まれる。乗りこえるという作業は、当然疲弊する。

その結果、わたしの家族のように用心深くなる——ただ生きのびるために。エネルギーを守る方法と、一歩一歩、慎重に歩む方法を見つけだす。それにこの中心には、頭がくらくらするようなパラドクスがある。ほかとちがう存在でいると慎重にならざるをえないのに、それと同時に大胆になることも求められるのだ。

✣前作『マイ・ストーリー』の挑戦

わたしはこの新しい本をまさにそこから、つまり慎重であると同時に大胆な気持ちで書きはじめている。二〇一八年に自伝『マイ・ストーリー』を刊行したとき、その反応に驚いた——正直なところ圧倒された。アメリカ合衆国のファーストレディとして過ごした時間だけでなく、より広く人生全般を消化するひとつの手段として、わたしは執筆に没頭した。楽しく華やかな部分だけでなく、つらい経験も語った——わたしが二七歳のときに父が死んだこと。大学時代の親友を亡くしたこと。妊娠するためにバラクといっしょに格闘したこと。有色の若者としての危うい経験も振り返った。大好きになっていたわが家ホワイトハウスと、大統領として夫が懸命に築いた遺産を、無責任で思いやりのない後継者に手渡した痛みを率直に語った。

こういう出来事を公にするのは少し危険だと感じたけれど、ほっとする経験でもあった。フアーストレディとしての八年間は、ずっと用心して慎重に過ごしていた。国民の目がバラクとわたしとふたりの娘に向けられていることを重々承知していたし、歴史上ずっと白人の家《ホワイトハウス》だった場所にいる黒人として、失敗はひとつも許されないとわかっていた。発言の機会を使って意義ある変化を起こさなければならなかったし、わたしがすすめる取り組みがうまく実行されて、それが大統領の取り組みを補完するようにする必要もあった。子どもたちを守り、ふたりが少しでも普通に暮らせるように手助けしなければならなかったし、世界全体の重みとときに感じられるものを担うバラクを支える必要もあった。

あらゆる危険を考慮に入れ、あらゆる障害物を検討して、このうえなく慎重に一つひとつの決断を下した。できることはなんでもして、家族が人間として成長するチャンスを最大限確保し、アメリカについて他国の人が好いたり嫌ったりしている部分の単なる象徴にならないようにした。緊張は大きく、差し迫っていたけれど、なじみのないものではなかった。今度もまた一歩一歩、慎重にすすんだ。

『マイ・ストーリー』の執筆は、たまっていた息を吐きだすような経験だった。それは人生の次の段階のはじまりを示していた――この先どうなるかはわからなくても。これは、初めてのわたしひとりのプロジェクトでもあった――バラクや政権とは関係なく、子どもたちの人生とも昔のキャリアとも関係ない。自立するのはとてもうれしかったけれど、新しい危険を冒しているように感じて、これまでになく自分が無防備だとも感じた。

本の発売を間近に控えたある夜、ホワイトハウス退去後のワシントンの自宅でベッドに横たわり、眠れないままこんなことを考えた。これ以上ないくらい正直に書いた自分の物語が書店や図書館の棚に並び、何十もの言語に翻訳されて、世界中の批評家に吟味される。翌朝はシカゴへ飛ぶ予定で、一年あまりで世界の三一都市をまわるアリーナツアーがはじまる。一度に最大二万人の聴衆の前に立つ。寝室の天井をじっと見つめた。不安が潮のように胸に満ちてきて、疑念が頭を駆けめぐる。〝余計なことを書きすぎたんじゃない？　これはうまくいく？　しくじる？　しくじったらどうする？〟

その根底には、さらに深く、根源的で、根強く、心底恐ろしいものがあった——ほかのすべての疑念の根本にある疑問。ひときわ成功していて力のある知人たちでさえも、確実に苦しめられる疑問。それはシカゴのサウスサイドで暮らす少女時代から、ずっとわたしについてきた。

〝本当にわたしにできるの？〟

そのときに出せる答えはこれだけだった。〝わからない〟

✣ 夫に不安を吐きだす

結局、わたしの考えを正してくれたのはバラクだった。眠れずに不安を抱えたまま、ふらふらと二階へあがると、書斎でバラクがランプの明かりのもと仕事をしていた。辛抱強く耳を傾けてくれるバラクに、わたしは頭のなかの疑念をすべてぶちまけて、うまくいかないかもしれないことをひとつ残らず並べたてた。わたしと同じでバラクも、わたしたち家族がホワイトハウスへたどり着き、くぐり抜けた旅を自分のなかで消化している最中だった。バラクも同じよ

『マイ・ストーリー』のブックツアーは、わたしの人生のなかでもひときわ意義ある経験だった。

うに疑念と不安を抱えていて、本当に自分にできるのかと——たまにだし、不合理ではあるけれど——感じていた。だからバラクは、だれよりもわたしを理解してくれた。

わたしが不安をすべて吐きだしたあと、バラクは、本はすばらしいし、きみもすばらしいよと、シンプルにわたしを元気づけてくれた。新しく大きなことをするときには、当然不安がついてくることを思いださせてくれた。そして両腕をわたしの身体にまわし、額をそっとわたしの額にあてた。ほかには何もいらなかった。

翌朝、目を覚まして、『マイ・ストーリー』を携え旅に出た。そのあとは、これまでの人生のなかでもひときわしあわせで勇気づけられる期間になった。本はすばらしい評価を受けて、驚いたことに、世界中で売り上げ記録を打ちたてた。ブックツアーの合間をぬって、公民館、図書館、教会といった場所を訪れ、少人数の読者グループと話をした。読者の物語とわたしの物語がいろいろな点でつながっているのを聞くのは、とくに心満たされる経験だった。

夜には多くの人がアリーナへ押し寄せる——一度に何万人も。それぞれの会場には、しびれるようなエネルギーがあふれていた。わたしがステージに登場するのを待つあいだ、音楽が鳴り響き、通路で人が踊っていて、みんな自撮りをしてハグしている。司会者といっしょに腰をおろして九〇分間話すときには、毎回ぜんぶ本当のことを語った。何も隠さずに。話してもだいじょうぶだと感じながら。わたしをわたしにした経験を受け入れてもらっていると感じながら。わたしの話をきっかけに、みんながもっと受け入れられていると感じられるようになることを願いながら。

楽しかった。よろこびにあふれていた。でも、それだけではなかった。聴衆を眺めると、アメリカについて、より広く世界全般について、わたしが思っていたことを確認できた。集まった人たちはカラフルで、さまざまなちがいがあり、そのためにいっそう魅力的だった。そこは多様性が認められて、強みとして祝福される場だった。年齢、人種、ジェンダー、民族、アイデンティティ、服装、そのほか何をとっても、ありとあらゆる人がいた――みんな笑い、手を叩《たた》き、泣き、分かちあっていた。

わたしは心の底から信じている。そこにいた人の多くは、わたしやわたしの本をはるかにこえたもののために、その場へ集まっていた。この世界での孤独感を多少なりともやわらげるために、失われた居場所を見つけるために、みんなそこへやって来たのだ。みんながいてくれたおかげで――その空間のエネルギー、あたたかさ、多様性のおかげで――、ある種の物語を語ることができた。みんながそこにいたのは、ちがう者同士がいっしょにいるのは楽しい――すごく楽しい――からだと、わたしは信じている。

✣米国会議事堂襲撃事件への怒りと動揺

その時点では、そのあとにどれだけ大きなことが起こるのか、だれも想像できなかったと思う。イベントでわたしたちが夢中になっていた一体感が、実はいきなり消え去ろうとしていたなんて、だれが予想できただろう？　世界規模のパンデミックのせいで、ちょっとしたハグ、マスクなしの笑顔、見知らぬ人との気軽な交流を突然あきらめなければならなくなり、さらにひどいことに、苦しみ、喪失、不確かな状況がずっとつづいて、世界の隅々まで影響が及ぶなんて、だれが知っていた？　もし知っていたら、みんなの行動は変わっていた？　わたしにはわからない。

わかっているのは、こういう時間のせいで、みんな不安定で落ちつかなくなったことだ。さらに多くの人が用心深くなり、慎重になって、つながりを感じなくなった。何百万もの人が日々の生活で否応《いやおう》なく感じてきたことを、いま多くの人が初めて感じている。バランスが崩れてコントロールを失い、未来を深く案じる感覚。この二、三年、わたしたちは、これまでにない長期間の孤立、はかりしれない悲しみ、社会全般の不確かな雰囲気に耐えてきた。そんな不確かな気持ちを抱えて生きるのは、本当にたいへんだ。

パンデミックのせいで、日常生活のリズムは軋《きし》みを立ててリセットされたかもしれないけれど、もっと深く根を張った昔からの問題はそのまま残った。武器を持たない黒人が、引きつづき警察官に殺されている——コンビニエンスストアを出るときに、理髪店へ歩いているときに、普段の車両停止のときに。アジア系アメリカ人やＬＧＢＴＱ＋コミュニティの人たちへの、悪質な憎悪犯罪《ヘイトクライム》も起こっている。不寛容と偏見が減るどころかさらに許されるようになって、権力欲の強い独裁者が世界中の国で支配を固めている。

アメリカでは、ホワイトハウスの前に平和的に集まった数千人に警察官が催涙ガスを発射して、現職の大統領がそれを擁護した。集まった人たちは、憎しみを減らして公平を高めることを求めていただけなのに。そして大勢のアメリカ国民が選挙で公正にはっきりと意思を示し、その大統領を退陣させると、怒った暴徒が政府の何より神聖な建物を暴力的に襲った。その暴徒たちは、ドアを蹴破《けやぶ》ってナンシー・ペロシのカーペットに放尿することで、なぜだかこの国を偉大にしていると思いこんでいた。

わたしは怒りを覚えた？　もちろん覚えた。

そういうとき、わたしは気が沈んだ？　もちろん沈んだ。

怒りと偏見が〝偉大さ〟というポピュリストの政治的スローガンの装いをまとうたびに、それを見てわたしは動揺した？　当然した。

でも、これはわたしだけ？　さいわいそうではない。わたしのもとには、ほとんど毎日、声が届く。近くからも遠くからも。こういう障害物を乗りこえる道を見つけようとしている人、エネルギーを計算している人、愛する人たちをしっかり抱きしめている人、この世界で大胆に生きるために、できることをしている人から。

わたしは、ほかとちがうという感覚と格闘している人たちとよく話す。過小評価されていたり〝目に見えない〟存在でいたりすると感じていて、それを乗りこえる努力のために消耗し、自分のなかの光がほの暗くなっていると感じている人たちとも。世界中の若者に会った。自分の声を見つけ、身近な人間関係や職場のなかで最も自分らしくいられる空間をつくりだそうとしている若者たち。みんな疑問でいっぱいだ。どうすればほかの人と有意義なつながりをつくれるの？　問題に対処するために、いつ、どんなふうに声をあげるの？　自分が低い場所にいるとき、「気高く生きる」とはどういうこと？

わたしが話を聞く人の多くは、自分たちのためにつくられていない制度、伝統、構造のなかで自分の力を見つけようとしていて、地雷を探し、地図上の境界線を探りあてようとしている。その境界線の多くは、はっきりしていないし目に見えにくい。こういう障害物を避けるのに失敗したら、致命的な罰を受けかねない。これはすさまじく厄介で危険だ。

よく答えや解決策を尋ねられる。前の本が刊行されてから、たくさん話を聞いて質問に答え、不公平と不確かな状況にうまく対処しながら生きる方法と理由を幅広くいろいろな人と話しあってきた。こういうことに対処する特効薬、混乱を乗りこえるのに役立つ何か、克服をやさしくする何かがポケットのどこかにないのかと尋ねられる。もちろん、そんなものがあったらとても便利にちがいない。わたしだってそう思う。箇条書きでステップをはっきり示して、不確かな状況を乗りこえ、あなたがたどり着きたい高みまでたちまち登れるように手助けできたらいいのにと思う。そんなふうに単純だったらいいのに。特効薬を持っていたら、わたしはすぐにそれを差しだすだろう。

でも心にとめておいてほしい。わたしもときどき夜ベッドに横たわって、本当にわたしにできるのかと考えることがあるのだと。わかっていてほしい。みんなと同じように、わたしも乗りこえなければならないと感じるのだと。多くの人が目指す高みについては？　これまでにわたしは、それなりの数の高みに達してきた。あくまでわたしの意見だけれど、そういう場所にも疑念、不確かさ、不公平はある——それどころか、おおいにはびこっている。

ようするに特効薬はない。カーテンのうしろに隠れた魔法使いなんていない。人生の大きな問題に、わかりやすい解決策や簡潔な答えがあるとは思わない。人間の経験は、その本質からしてそんなものとは相容《あいい》れない。わたしたちの心はあまりにも複雑で、歴史はあまりにも混沌としているのだから。

✣この本で語りたいこと

わたしにできるのは、わたし個人の道具箱《ツールボックス》の中身をのぞいてもらうことだ。何をそこに入れていて、それはどうしてなのか。仕事でもプライベートでも、何を使ってバランスと自信を保っているのか。何のおかげで、不安やストレスが高まっているときでも前へすすみつづけられるのか。それを示すのがこの本だ。道具《ツール》のなかには習慣や慣習もあれば、実際のモノもある。そのほかは、わたし個人の経歴、さまざまな経験、いまもつづいている〝マイ・ストーリー〟のプロセスから生まれた姿勢や信念だ。

ハウツーを示すマニュアル本にするつもりはない。この先のページで目にしてもらうのは、これまでの人生でわたしが学んだことを正直に振り返ったもの、わたしが生き抜くためのレバーと油圧機器だ。わたしを支えてくれている人を何人か紹介し、不公平と不確かな状況との向きあい方について、すばらしい女性たちから学んだ教訓を分かちあいたい。いまでもときどきわたしを打ち負かすものや、そこから立ちなおるためにわたしが頼るものについても語る。それに、道具は防御とはちがい、防御よりもずっと役に立つのだと理解したことで、長年のあいだに手放してきた姿勢についても伝えたい。

いうまでもないことだけれど、すべての道具がすべての状況で使えるわけではないし、すべての人に同じように役立つわけでもない。あなたにとって確実で効き目があるものは、上司や母親や人生のパートナーにはそうではないかもしれない。パンクしたタイヤを交換するのにフライ返しは役に立たないし、目玉焼きをつくるのにタイヤレバーは役に立たない（もちろん、役に立つと証明してくれてもかまわない）。

環境と成長にもとづいて、道具は時間の経過とともに進化する。人生のある時期に役立っていたものでも、別の時期には使えないかもしれない。それでもわたしは確信している。心配を生んだり不安を高めたりする習慣と、冷静さと落ちつきを保つ習慣を見分けられるようになることには意味がある。あなた自身に欠かすことのできない道具をひとそろい見つけ、集め、磨くにあたって、この本のなかに——役に立つものを選び、役に立たないものは捨てて——参考になるものがあればと願っている。

最後に、力と成功について詳しく検討して、それを別の視点からとらえなおしたい。そうすることで、みなさんが自分の手の届く範囲にあるものをよりよく把握できるようになり、自分の強みを育《はぐく》むのに前向きになれるようにしたい。わたしは信じている。みんな自分のなかにささやかな輝きを持っている——完全にユニークで自分だけのもの、守る値打ちのある炎。自分のなかにある光に気づくことができれば、それを使えるようになる。まわりの人の個性を育むことを学べば、思いやりあるコミュニティをもっとうまく築けるようになり、意味ある変化を起こせる。

本書の第一部では、あなたのなかにある強みと光を見つけるプロセスを考える。第二部では、人間関係と家《ホーム》という考えについて検討して、第三部では、とくに困難な時代によりよく自分のなかの光を認め、守り、いっそう強くするにはどうすればいいのか、対話のきっかけをつくりたい。

全体を通じて、個人の力、コミュニティの力、疑念と無力感を克服する力について語る。どれも単純ではないし、その妨げになるものが何十もある。心にとめておいてほしい。わたしが知っていること、わたしが頼るいろいろな道具は、どれも試行錯誤を通じて長年絶えず練習と見なおしを重ねたすえに、ようやくわたしのものになった。何十年もかけて身をもって学び、まちがいを犯して調整し、前にすすみながら軌道修正してきた。とてもゆっくり前にすすんで、いまいるところへたどり着いた。

これを読んでいるあなたがまだ若かったら、自分に辛抱強くなることを忘れないでほしい。あなたはいま、長くて興味深い旅のはじまりにいて、その旅はかならずしも快適ではない。自分が何者でどう動くのか、何年もかけてデータを集め、とてもゆっくり道を見つけていって、より確かなものと、より強い自己の感覚へ向かっていく。少しずつ自分の光を見つけて使いはじめる。

わたしは学んだ。自尊心が弱さに覆い隠されていることを認めてもかまわないし、この地球で暮らす人間として、わたしたちはみんな、いつでも、何があっても、よりよいものを目指して努力しようとする。輝きがあるところでは大胆になれる。自分の光を知れば、自分自身を知ることができる。自分の物語を正直に知ることになる。

　わたしの経験では、こんなふうに自分を知ることで自信が築かれる。それが今度は落ちつきを生み、広い視野を保つ力を育んで、最終的にほかの人たちと有意義につながれるようになる——わたしには、これがすべての根本だ。ひとつの光が、別の光を生む。ひとつの力強い家族が、さらに多くの家族に力を与える。積極的に活動するひとつのコミュニティは、まわりのコミュニティにも火をつけられる。これがわたしたちの心にある光の力だ。

✣孤独や不安をいっしょに考える

　もともとこの本は、変化の時期を経験している読者への手引きになる一冊にしようと思っていた——卒業でも離婚でも、転職でも病気の診断でも、子どもの誕生でも身近な人の死でも、人生の次の時期へすすんでいく人の役に立ち、支えになるものにしたかった。わたしの考えはこうだった。大きな変化をおもに外から見る。そして、経験者の冷静な視点から、不安と不確かさと向きあう課題を考えて、無事にそれを乗りこえた——もうすぐ六〇歳になる——人間の立場からアドバイスを送る。

　もちろん、そんなふうにはいかなかった。

　この数年間ですべての人が大きな変化のなかへ投げこまれ、ほとんど息をつく間もなかった。多くの人は、こんな経験をしたことがない。わたしの世代以下の大部分の人は、地球規模のパンデミックも、ヨーロッパに爆弾が落ちるのも、女性が自分の身体について意思決定する基本的権利がない時代も経験していない。みんな比較的安全なところにいた。いまはそれほど安全ではない。生活が隅々までどんどん不確かになっていて、核戦争の脅威のような大きなものから、わが子が咳《せき》をしはじめる音のような身近なものまで、さまざまなかたちで姿を現している。制度は揺らぎ、体制はぐらついている。ヘルスケアと教育に従事する人たちは、はかりしれないストレスを抱えている。若者はこれまでになく孤独感、不安、憂うつを訴えている。[1]

だれと何を信じればいいのかわからないし、どこへ信頼を置けばいいのかもわからない。それに、この痛みは確実にあとを引く。研究者の推定によると、世界中で七九〇万人をこえる子どもが、COVID-19のために母親、父親、保護者の役割を果たす祖父母を亡くした。アメリカでは、二五万人をこえる子どもがウイルスのせいでおもな保護者や第二の保護者の死を経験している――そのほとんどが有色のコミュニティの子だ。[2] どれをとっても、その影響は想像を絶する――支えになる柱がこれだけ失われたのだから。

ふたたび足もとを固められるまでには、しばらく時間がかかるかもしれない。失われたものの影響は、この先何年も残るだろう。わたしたちはまた何度も揺さぶられるはずだ。世界は美しくも破壊された状態にとどまるだろう。不確かさはなくならない。

でも、バランスをとれないときにこそ人は進化する。前の本で語ったように、人生に決まりきった区切り目はほとんどない。わたしはそれを自分の旅から学んだ――出発点や終着点と思われている従来の目印は、実ははるかに長い道のりの途中にある目印にすぎない。みんなつねに動いていて、前へすすんでいる。絶え間なく変化している。学ぶのにうんざりしているときでも学びつづけているし、変化のせいで疲れはてているときでも変わりつづけている。あらかじめ約束された結果などない。毎日、新しいバージョンの自分になることを課されている。

わたしたちは引きつづき困難な状況のなかで生きていて、不公平と不安定の問題に取り組み、不確かな未来を心配している。けれども「これはいつ終わるの？」と問いかけるのはそろそろやめて、困難と変化のなかで倒れずにいるための、もっと実際的な別の問いを考えはじめるときかもしれない。どうやって適応するの？　どうすれば不確かな状況のなかでもっと安心できて、いまより身動きが取れるようになるの？　自分を支えるどんな手段があるの？　さらなる支えの柱はどこで見つけられるの？　どうすればみんなのために安全と安定を生みだせるの？一丸となって動いたとき、ともに何を乗りこえられるの？

すでに述べたように、わたしは答えをすべて知っているわけではない。でも対話をしたい。いっしょにこれを考えることには意味がある。より大きく広い対話の空間をひらいておきたい。それが足もとをしっかり固める方法だと信じている。

第一部

何であれ、内側から輝く光を曇らせることはできない。

――マヤ・アンジェロウ【1】

編み物は不安な心を落ちつかせる方法を教えてくれた。

第一章　小さなことには力がある

✣ 突然のパンデミック

役に立つようになって、初めて道具に気づくことがある。それに、何より小さな道具が何より大きな気持ちを整理するのに役立つことがある。わたしがそれを学んだのは、何に必要かもよくわからずに、二年ほど前に通信販売で編み針を買ったときのことだ。

パンデミックがはじまって数週間の不安でいっぱいのとき、わたしはワシントンＤＣの自宅にいた。オンラインでやみくもに買い物をしていて、先行きが何もわからないから、食料品やトイレットペーパーのほかに、ボードゲームや画材のようなものまで買いこんでいた。衝動買いは、不確かな状況を前にしたアメリカ人の典型的な反応だ。それをよくわかっていたから、きまりが悪かったけれど。わたしは、「普通の生活」があっという間に本格的な地球規模の緊急事態に陥ったことを、なんとか理解しようとしている最中だった。何億もの人が突然、深刻な危険にさらされたことを、なんとか理解しようとしていた。当時、わたしたちにできる何より安全で役立つことは、家でおとなしくしていることだった。

くる日もくる日もニュースの画面を見つめて、この世界がすさまじく不公平なことに衝撃を受けた。新聞の見出しに、失業に、死亡数に、救急車がひときわけたたましくサイレンを鳴らす地区に、それは深く埋めこまれていた。病院で働く人たちが、家族に感染させるのを恐れてシフトのあと家に帰るのを怖がっているという記事を読んだ。市街地の通りにとまる遺体用トラックや、野外病院になったコンサート会場の画像も見た。

わかっていることはとても少なく、不安はとても大きかった。何もかもが大きく感じられた。すべてが重大だと感じられた。

実際、すべてが大きかった。すべてが重大だった。

途方に暮れずにはいられなかった。

最初の数日は、友だちに電話して無事を確認したり、いまは八〇代でシカゴでひとり暮らしをしている母が安全に食べ物を手に入れられるように手配したりした。娘たちは大学から帰省してきた。ふたりともいまの出来事に動揺していて、友だちとあまり離れたくなさそうだった。わたしはふたりをしっかりハグして、これはぜんぶ一時《いっとき》のものだから、すぐにまたにぎやかなパーティーへ行ったり、社会学の試験にやきもきしたり、寮の部屋でラーメンを食べたりできると言い聞かせた。

そう言ったのは、自分でそれを信じるためでもあった。そう言ったのは、それが親としての仕事の一部だとわかっていたからだ――自分の膝が少しぐらついていても、子どもたちを友だちのところへ返すよりもずっと大きなことをひそかに心配していても、確実なことをほんの少してもたくさん感じさせることが親の務めだ。たとえ心配していても、最大限の希望をはっきり口にしなければならない。

時間が経つにつれて、わたしたちの家族は、長めの夕食を中心にした穏やかなルーティンに落ちついた。ニュースを整理して、聞いたり読んだりした情報のメモをつき合わせる――その日の憂うつな数字や、かつてのわが家ホワイトハウスから発信される、不安になるほど突飛なメッセージについて。買っていたボードゲームをやってみたり、パズルに取り組んだり、ソファで映画を観たりした。笑えることがあれば、いつも笑った。そうでもしていなければ、何もかもがあまりにも恐ろしかった。

サーシャとマリアはオンラインで勉強をつづけた。バラクは大統領回顧録の執筆に忙しく、アメリカの有権者がドナルド・トランプ留任の是非を近々決めることに焦点を合わせつつあった。一方でわたしは、二〇一八年に立ちあげを手伝った〈みんなが投票するとき（When We All Vote）〉という取り組みにエネルギーを向けていた。有権者に力を与え、投票率を上げることを目的とした活動だ。また、市長から要請されて〈ステイ・ホームＤＣ〉とはっきり名づけられた自治体キャンペーンに参加して、家から出ず、体調が悪くなったら検査を受けようと市民に呼びかけた。緊急治療室で働く疲れはてた人たちへの励ましのメッセージも録音した。多くの親が背負っている重荷をほんの少しでも軽くしようと、週に一度のビデオシリーズをはじめて、子どもに本の読み聞かせをした。

それでじゅうぶんだとは、とても思えなかった。

もちろん、じゅうぶんなはずがなかった。

当時、多くの人が向きあっていた現実がこれだと思う。何をしても、とてもじゅうぶんだとは思えない。埋めなければならない穴が多すぎる。パンデミックのとてつもない大きさと比べると、努力はどれも小さく感じられた。

もちろんわたしは、この状況のなかで比較的運と特権に恵まれていた。それについて思いちがいはしていない。世界規模の壊滅的な緊急事態のなか、傍観者でいなければならないことは、苦労だとはまったくいえない。この時期に大勢の人が経験したことと比べると、なおのこと。わたしの家族は、みんなの安全のために指示されていたとおりに行動した――激しい嵐のなかで守りを固めた。

✣ 一族を支えてきた編み物

多くの人にとってそうだったように、動きが止まって孤立したこの時期は、わたしにはすさまじく困難だった。ともすれば、自分では理解もコントロールもできない心配の渦に巻きこまれそうだった。

そのときまで、わたしは人生を忙しく過ごしていた――あえて忙しくしていた。ひとつには、自分を管理できていると感じる手段だったのだと思う。職場でも家でも、いつもリスト、予定表、戦略計画に沿って過ごしていた。道路地図のように、行き先を知る手段としてそれらを使っていた。すべては、できるかぎり効率よく目的地にたどり着くため。前進して進捗《しんちょく》状況を測ることに少し取りつかれてもいた。

この衝動は、持って生まれたものかもしれない。あるいは両親から与えられたものかもしれない。ふたりは、クレイグとわたしに大きなことを成し遂げる力があると固く信じていたけれど、代わりに何かをしてくれることは一切なかった。力を自分で発掘するほうが、わたしたちのためになると思っていたからだ。また、その勤勉さは環境にも由来していたのだと思う。わたしたちが暮らす労働者階級の地区では、家の前に勝手にチャンスが落ちてくることはまずない。チャンスは探し求めにいかなければならない。それどころか、ときには根気強くそれを追いかけ、捕まえなければならない。

わたしは、根気強く生きるのは平気だった。長年、結果を出すために全力を尽くしていた。新しい環境に身を置くたびに、そこで自分の力を証明しようとした。忙しさをバッジのように身につけていた。GPA、クラスでの順位といった数字で進捗を把握して、ちゃんと結果がついてきた。シカゴの高層ビル四七階にある企業法務の法律事務所で働いて、毎日、毎週、毎月、お金になる時間を最大限捻出《ねんしゅつ》する方法を学んだ。慎重に計算して積み重ねた時間がわたしの人生になっていて、幸福感が薄れだしてもそれは変わらなかった。

わたしは趣味を楽しむ人間ではなかった。ときどき人が——たいてい女性だった——、空港や大学の講堂で、あるいは通勤中の市内バスで、編み物をしているのを見かけた。たいして気にとめなかったし、編み物、縫い物、かぎ針編みについて考えたこともあまりなかった。時間を計算して数字を追うことで頭がいっぱいだった。

でも、編み物はわたしのＤＮＡに埋めこまれている。わたしは、数多くの針子の子孫だ。母の話だと、母方の家族の女性はみんな、針と糸の使い方を知っていて、縫い、かぎ針を使い、編む方法を学んでいた。これは趣味ではなく実用のためだ。縫い物は貧困に陥らないためのシンプルな防御手段だった。服をつくったり繕ったりできると、いつでもお金を稼ぐ手立てがある。人生にほかに頼れるものがないとき、自分の両手に頼ることができる。

曾《そう》祖母のアニー・ローソン――わたしには〝ママウ〟という呼び名のほうがなじみがある――は、早くに夫を亡くしたけれど、ほかの人の繕い物を引き受けて生活の足しにして、アラバマ州バーミングハムで自分とふたりの幼い子どもの生活を支えた。繕い物のおかげで、食べ物をテーブルに並べられた。

同じような理由で、母方の家族の男たちは大工仕事や靴修理のスキルを身につけた。たくさんの親類が、もの、収入、家を分かちあった。その結果、母はふた組の夫婦と六人のきょうだい、それに数年のあいだママウも暮らす家で育った。ママウはバーミングハムからシカゴへ移り、縫い物をつづけて、おもに豊かな白人のために寸法なおしをしていた。「ありあまるほどものがあったわけじゃないけどね」と母は言う。「でも食べるには困らないって、いつでもわかってた」

✣靴下を繕う人生から、靴下を買う人生へ

夏の数か月、ママウはシンガーのミシンを荷物に詰めてバスに乗り、街から北へ数時間の湖

畔へ向かった。仕事をくれていた家族のひとつが、夏の別荘を持っていたからだ。ママウは一度に数日間そこにとどまった。うちの家族はみんな、それがどんなところか想像できなかったけれど——水上でヨットが揺れ、子どもたちは亜麻布《リネン》の服を着ていて、休暇が何か月もつづく場所——、暑くて、ミシンが重たくて、ママウが若くないことはわかっていた。

大きな負担がかかるこの仕事に、ママウの息子——のちに〝サウスサイド〟と呼ばれる祖父パーネル・シールズ——は首を振って疑問を口にした。別荘を買えるほどの人が、どうしてその家で使うミシンを買えないのか。そうすればママウは、あの重たい荷物を持っていかなくてすむのに。でももちろん、失礼にならないようにこの疑問を投げかけることはできなかった。そもそも答えは最初からわかっていた。買えないわけじゃない。買わないいだけだ。おそらく考えてみたことすらないはず。だからママウは、夏のあいだ苦労してシンガーを運びながら行き来して、他人の服の手入れをした。

この話は、ずっと母の記憶にとどまっている。母がその話をするときには、教訓めいた調子はないけれど、わたしたちの家族、わたしたちの人種が長年背負ってきた重荷について、静かに伝えようとしているのがわかる——なんとか生きていくために修理し、仕え、繕い、運ばなければならなかったあらゆるもののこと。

若いときには意識して考えていなかったけれど、その重みの一部は知らず知らずのうちに感じていた。わたしのたゆまぬ努力のなかに、人への責任感のなかに、それは織りこまれていた。もっと遠くまで行き、もっとたくさんのことをして、妥協しないようにする努力と責任感のなかに。母もそれを感じていたと思う。あるとき父が、クレイグとわたしは靴下の穴を繕えるようになるべきだと言った。すると母はたちまち反論した。「ふたりには靴下じゃなくて学校に集中させたいの、フレイザー。そうすればいつか、必要な靴下はぜんぶ買えるようになるからね」

わたしは、まさにそんなふうに集中して育ったと言えると思う。靴下を繕う人生ではなく、靴下を買う人生を目指して。成果を出すために努力したし、一度だけでなく何度か転職した。お金になる時間を崇拝する世界から抜けだして、コミュニティのもっと近くにいられる仕事へ移ったけれど、忙しさは変わらなかった。子どもができて、それはかりしれないほどうれしかった。でも、すでに毎日障害物コースを走っている気分だったのに、まったく新しい予測不可能なものがさらにいろいろと加わった。

多くの母親と同じように、わたしも計画を立て、整理して、片づけ、節約した。最大限に効率よく買い物をできるように、ディスカウント店〈ターゲット〉とベビー用品店〈ベビーザらス〉の通路レイアウトを頭に叩きこんだ。家族、仕事、わたしの心身の健康を考えて、うまくいく手順と仕組みを慎重につくった。子どもたちが成長し、バラクの政治家としてのキャリアがすべてをのみこむようになって、わたしも自分の仕事をやり遂げようと努力するなかで、絶えずそれを見なおして修正した。

迷いや解消されていない苦しみ、整理できない感情があったら、たいてい心の奥へしまいこんで、あとで余裕があるときに考えようと思っていた。

忙しくしていることには、はっきりわかる利点がある。ホワイトハウスで八年間過ごしたことで、それを確認できた。ホワイトハウスでは、責任――行動し、反応し、代表し、コメントし、慰める責任――が次々と押し寄せてきて、とどまるところを知らない。

ファーストレディとして、わたしは大きな世界で動くことに徐々に慣れていった――大きな問題、大きなイベント、大きな聴衆、大きな結果。もちろん、大きさと忙しさは表裏一体だ。目まいがするようなペースのせいで、わたしもバラクも、それに当然いっしょに働く人たちも、否定的なことをくよくよ考える暇はほとんどなかった。わたしたちは能率化された組織で、遅れを生じさせるわけにはいかない。ある意味ではこのおかげで、物事をはっきりと見られるようになった。視野を大きく広く、おおむね楽観的に保っておけた。その意味で、忙しくしているのは一種の道具《ツール》だ。身につける鎧《よろい》を自分に与えるようなもの。だれかがこちらへ矢を放っても、当たっていることに気づかない。単純に時間がないから。

✣社会に失望し、無力感を抱く

でもパンデミックの最初の数か月で、状況がすっかり変わった。毎日の枠組みが奪われた。ずっと頼りにしていたリスト、スケジュール、戦略計画は、突然、キャンセル、延期、まったく予定が立たないことばかりになった。友だちが電話してくるのは、たいてい不安に思っていることを話すため。未来の計画にはすべて留保がつくようになった。未来そのものに留保がついているように感じた。子ども時代に感じたことを思いだした。父が転ぶたびに父の無力さを垣間見《かいまみ》たこと。何もあてにできないことを目の当たりにした、あの一瞬のこと。

こういう昔の気持ちの一部が、また姿を現した。物事を理解したと思ったところで、また逆戻りした——方向がわからなくなって、コントロールを失ったように感じた。まるで道路標識と道しるべが取り除かれた街にいるみたいに。右と左、どっちへ曲がるの？　繁華街はどっち？　わたしは方向感覚を失った。それとともに鎧の一部も失った。

いまはわかる。激しい嵐に襲われたときに起こるのが、まさにこれだ。境界線が破られて、パイプが破裂する。建物がなぎ倒されて、いつも使っている幹線道路や小道が水に浸《つ》かる。道路標識が引きはがされて、風景もわたしたちもすっかり変わり、新しく前へすすむ道を見つけるしかない。

いまはこれがわかるけれど、しばらくは嵐しか見えなかった。

不安と孤立のせいで、わたしは内向きでうしろ向きになっていた。心の奥に隠しておいた未解決の問い、昔しまいこんでいた疑念が、またすべて目に入ってきた。一度引っぱりだすと、すぐにはしまいこめない。何もしっくりこない。何もやり終えた気がしない。ずっと味わっていた整然とした状態は、とり散らかった不安感に取って代わられた。疑問のなかには具体的なものもあれば——〝ロースクールは学費のローンに見あう値打ちがあった？〟〝友だちとの複雑な関係から距離をとったのは、まちがいじゃなかった？〟——、もっと大きくて重たいものもあった。バラク・オバマのあとにドナルド・トランプを選んだ、わたしたちの国の選択に立ち戻らずにいられなかった。〝わたしたちは、そこから何を得ようとしていたの？〟

バラクとわたしは、いつでも希望と努力を原則に動こうとしていた。いいことを優先させ、悪いことは見すごして、ほとんどの人が共通の目標を分かちあっていると信じていた。たとえ少しずつでも、時間とともに進歩できるし、その進捗を測ることもできると思っていた。たしかに希望でいっぱいのまじめくさった物語かもしれないけれど、わたしたちはそれに力を注いだ。それに人生を託した。そしてそのおかげで、希望でいっぱいのまじめくさった黒人一家が、はるばるホワイトハウスへたどり着いた。その道のりでは、同じように感じているであろう文字どおり何百万ものアメリカ人に出会った。

アメリカ人の生活に深く埋めこまれた偏見と先入観にもかかわらず――おそらくそれに公然と反抗すらして――、そこまでたどり着けたことをわかっていたから、八年のあいだわたしたちは、この原則をはっきりと口にしながら生きようとした。黒人であるわたしたちがホワイトハウスにいることは、人間に何ができるかを物語っているとわかっていた。だからいっそう希望を持ち、努力して、その可能性のなかに完全に身を置こうと努めた。

二〇一六年の選挙がこういうことへの直接の非難だったのかはわからないけれど、結果はとてもつらかった。いまでもつらい。夫のあとに大統領になった男が、悪びれることなくあからさまに人種差別的な中傷発言をして、どういうわけか、わがままと憎しみを許容されるものにした。白人至上主義者を非難するのを拒んだり、人種間の平等を求めてデモをする人たちを支持するのを拒んだりした。わたしはそれに深く動揺した。ちがいを脅威であるかのように語るのを聞いて、ショックを受けた。それは単なる政治的な敗北よりも大きな何か、はるかに醜い何かのように感じた。

　このすべての背後にあったのは、気が挫《くじ》けるようなさまざまな考えだ。〝あれでは足りなかった〟〝わたしたち自身、力不足だった〟〝問題はあまりにも大きかった〟〝穴は巨大で埋められなかった〟

　その選挙結果については、評論家や歴史家がこれからも引きつづき見解を示し、非難と評価をして、性格、経済、分裂したメディア、インターネットの荒らし《トロール》とボット、レイシズム、ミソジニー、偽情報、幻滅、格差、歴史の振り子を分析するのだろう——そこへ行きついた大小さまざまな理由について。何が起こってそれはなぜだったのか、なんらかの大きな理屈を描きだそうとするのだろうし、おそらくこの先もずっと議論がつづくのだと思う。でも、二〇二〇年はじめの恐ろしい数か月間、家に閉じこめられていたわたしには、そこにどんな理屈も見いだせなかった。わたしが目にしたのは、誠実さを欠いているせいで国内の死亡数を急増させている大統領だ。その大統領の支持率は、その時点でもまだそこそこ高かった。

　わたしは、それまでやっていた仕事をつづけた——オンラインの有権者登録キャンペーンで話して、いい取り組みを支援し、人びとの痛みを受けとめた。でも内心では、自分のなかの希望に触れたり、自分が本当に変化を起こせると感じたりするのがむずかしくなっていた。八月なかばに開催される民主党全国大会で演説してほしいと党の首脳部から依頼されていたけれど、まだきちんと向きあえていなかった。それについて考えるたびに行き詰まって、自分自身の挫《ざ》折《せつ》感と、国としてすでに失ったものへの深い悲しみにとらわれた。何を話せばいいのか、想像もつかなかった。失望の膜に包まれていくように感じて、心はどんよりとしたところへ傾いていった。

それまでうつ病のようなものと闘ったことはなかったけれど、これは軽いうつ状態のように感じた。楽観的にものを見たり、未来のことを合理的に考えたりしにくくなった。さらに悪いことに、冷笑的な考えに陥りかけていた——自分は無力だと結論を下しそうになって、いまの大問題や大きな心配事については何もできないという考えに身を委《ゆだ》ねそうだった。何にもまして、わたしが闘わなければならなかったのがその考えだ。何も解決できそうにないし、やり遂げられそうにない。〝なのに、どうしてわざわざやろうとするの？〟

✣絶望と闘い、編み針を手にとる

こんなふうに気持ちが沈んでいたとき、オンラインで買っていた初心者サイズの二本の編み針をようやく手にとった。絶望感——自分にはできないという感覚——と格闘していたとき、買っておいた太いグレーの編み糸を少し取りだして、初めてそれを針に巻きつけた。小さなスリップノットに針をひっかけて、ふたつ目の輪に取りかかる。

編み物の入門書も二冊買っていたけれど、それを見ても図を手の動きに移しかえるのがむずかしかった。そこでYouTubeをのぞいたら、大量の解説動画と、何時間分もの根気強い説明や気のきいた助言を提供する世界中の熱心な愛好者コミュニティが（案の定）見つかった。頭に不安をたくさん詰めこんだまま、自宅のソファにひとり座って、ほかの人が編み物をするのを見た。そして、まねをしはじめた。わたしの手が、その人たちの手のあとを追う。表編みをして裏編みをし、裏編みをして表編みをする。しばらくすると、興味深いことが起こりはじめた。焦点が絞られて、心がほんの少し楽になったのだ。

忙しく過ごしていた数十年間は、頭がすべてを完全に管理していて、手の動きも指示しているのだとずっと思いこんでいた。その流れを逆転させるなんて、思いもよらなかった。でも、編み物をするのがまさにそれだ。かき乱されている頭を後部座席にシートベルトで固定し、しばらく手に運転させる。編み物は不安から気を逸《そ》らしてくれて、最低限の安心感を与えてくれる。針を手にとると、いつも役割が入れかわるのを感じる。指が仕事をして、頭があとについていく。

不安よりも小さく、心配と怒りよりも小さくて、押しつぶされるような無力感よりも小さなものに、わたしは身を委ねた。小さく正確な動きのくり返し。その何かが、音を立てる針の穏やかなリズムが、わたしの頭を新しい方向へ動かした。わたしを確かな道へ連れていった。

その道は破壊された街を出て静かな山腹をのぼり、もっと眺めのいい場所へつながっていた。道しるべのいくつかをまた見つけられる場所。わたしの美しい国が見える。隣人を助け、エッセンシャル・ワーカーの犠牲に感謝して、子どもの世話をする人たちの、親切と思いやりがある。黒人の死がこれ以上ひとつも見逃されないようにしようと固く決意し、街頭デモをする大勢の人がいる。たくさんの人が投票すれば、新しいリーダーが生まれるチャンスがある。それに、わたしの希望もまた視界に戻ってきた。

この静かな視点から、わたしは悲しみと挫折感の先にあるものを見て、失っていた確信を捜しあてることができた――適応し、変化を起こして、乗りこえる力がわたしたちにはあるという信念を。わたしの思考は、父へ、サウスサイドへ、ママウへ、それより前の先祖たちへ向かっていった。長年のあいだにみんなが繕い、修理し、運ばなければならなかったものを考えた。それぞれの信念は、子どもや孫の人生がもっとよくなると信じる気持ちから生まれていた。その格闘と犠牲を尊ばなければならないんじゃないの？　アメリカ人の生活の中心にある不公平を、少しずつ崩しつづけるしかないんじゃない？

✣スピーチで投票を呼びかける

全国大会の演説を考えるのにしばらく行き詰まっていたけれど、ようやく自分が話したいことがわかった。考えをことばにして何度か推敲《すいこう》し、八月はじめのある日、小さなレンタルスペースに腰を落ちつけて演説を録音した。見守るのはたった数人。ビデオカメラの暗いレンズを見すえ、わたしの国にいちばん伝えたかったことを伝えた。わたしたちが失ったものと、まだ取り戻せるものについて、悲しみと情熱をこめて話した。

ドナルド・トランプは、この国と世界に降りかかっている困難を乗りこえられる人物ではない。それをできるかぎり率直に語った。他者への共感力《エンパシー》をもち、憎しみと不寛容に抵抗することが大切だと話して、みんな投票してほしいと呼びかけた。

ある意味ではシンプルなメッセージだ。でも同時に、それまでのわたしの演説のなかでいちばん激しいものにもなった。

聴衆が目の前にいない状態で大きな演説をするのも、初めての経験だった。ステージも、鳴り響く拍手も、天井から降る紙吹雪も、終わったあとに交わすハグもない。二〇二〇年にはいろいろなことがそうだったけど、何もかもが奇妙で、少しさみしかった。でもその夜、ベッドに入るときには、暗い場所を脱けだして、与えられた機会を活《い》かすことができたと感じていた。自分の存在の絶対的な中心から語るときの、すさまじいまでの明瞭《めいりょう》さ。それをこれまでになく経験したのだと思う。

✣ 編み物が不安をやわらげる

たぶんこんなことを言うのはおかしいのだけど、じっとしていることを強いられた期間と、編み物に見いだした心の安定がなければ、そこまでたどり着けたかわからない。もう一度大きなことを考えるには、小さなことをしなければならなかった。起こっていることすべてのとてつもなさに動揺していたわたしには、よきこと、シンプルなこと、やり遂げられることを取り戻すために自分の手が必要だった。それには実際、大きな意義があった。

いまは編み物をしながら母と電話で話したり、オフィスにいるチームとZoom会議をしたり、夏の午後に友人たちと裏庭のテラスで話したりする。編み物のおかげで、夕方のニュースを見るストレスが少し減った。一日のなかの特定の時間帯があまりさみしくなくなって、将来のことをもっと合理的に考えられるようになった。

編み物がすべてを解決してくれると言いたいわけではない。レイシズムを終わらせることはないし、ウイルスをやっつけることも、うつ病を打ち負かすこともない。公平な社会をつくりだすこともなければ、気候変動をやわらげることもないし、破壊された大きなものを回復させることもない。そんなことをするには小さすぎる。

あまりにも小さくて、意味があるとは思えない。

そして、それがわたしの言いたいことでもある。

小さなものをあえてそばに置くことで、大きなことへ対処しやすくなることがある。それをわたしは理解できるようになった。すべてが大きく見え、恐ろしくて乗りこえがたいと感じはじめたとき。感じすぎ、考えすぎて、見すぎるようになったとき。そんなときには、小さなものを目指せばいいと学んだ。全国的な大惨事と悲運のほかは頭が何も理解できない日々、〝わたしにはできない〟という感覚のせいで身動きが取れずに心がかき乱される日々には、編み針を手にとり、両手に主導権を譲る。カチカチと静かに音を刻む両手に、つらい場所から抜けだす手助けをしてもらう。

編み物では、新しい作品に取りかかるときに〝目を立てる〟。作品が完成すると〝目を止める〟。このふたつの動きは、どちらも信じられないほどの満足感を与えてくれる——自分で制御できて終わりがあるものの最初と最後。いつでもずっと混沌としていて完成することがないように思える世界で、達成感を与えてくれる。

状況が手に負えないと感じはじめたら、反対の方向へすすんでみるといい——小さなもののほうへ。考えを整理しなおすのに役立つものや、しばらく専念して満足感を得られるちょっとしたものを探す。テレビの前に受け身で座っていたり、スマートフォンをスクロールしたりするのは、そこには入らない。能動的な何か、頭を使って身体も使う何かを見つけてほしい。プロセスに没頭してほしい。そして、嵐から一時的に逃げることを自分に許してほしい。

わたしと同じように、あなたも自分に厳しいかもしれない。すべての問題が差し迫っていると感じているかもしれない。人生で大きなことを成し遂げたい、大胆な目標に向かって前にすすみたいと思っていて、一秒たりとも無駄にしたくないかもしれない。どれもいいことだし、大きなことを目指したいと思うのはまちがっていない。でもときどき、小さな成果をあげるよろこびを自分に許してほしい。むずかしい問題やうんざりする考えから一歩離れて、頭を休ませる必要がある。むずかしい問題やうんざりする考えがなくなることはないし、おおむね片づくこともなくて、対処されないまま残るからだ。穴はいつだって大きく、答えはなかなか見つからない。

だから、さしあたり小さな勝利を求めよう。ささやかなかたちで生産的になってもかまわないし、大きな目標と大きな夢のそばにある何かに力を入れて取り組んでもかまわない。それをわかっていてほしい。自分の意志でやり遂げられて没頭できることを、何かひとつ見つけてほしい。自分にしか直接の利益がないことでもかまわない。午後に時間を割いて、バスルームの壁紙を貼り替えたり、パンを焼いたり、ネイルアートをしたり、アクセサリーをつくったり。二時間かけて、お母さんのレシピでフライドチキンを丹念につくってもいいし、一〇時間かけて、地下室でノートルダム大聖堂のミニチュアレプリカをつくってもいい。夢中になるという贈り物を自分に許してほしい。

✣パンデミックで教育機会を奪われた少女たち

ホワイトハウスを去ったあとすぐに、わたしは〈ガールズ・オポチュニティ・アライアンス（Girls Opportunity Alliance）〉という非営利プログラムの立ちあげを手伝った。思春期の少女を支え、世界中で少女の教育向上に取り組んでいる草の根のリーダーを支援するプログラムだ。二〇二一年終わり、このプログラムを通じて少女のグループと時間をともにした。みんなシカゴのサウスサイドとウエストサイドの高校生で、いちばん若い数人はまだ一四歳だった。ある木曜の放課後、十数人で輪になって座り、語りあった。わたしはその子たちに自分の姿を見ていて――わたしも同じ街で、同じ公立学校制度のもと、同じ問題に囲まれて育った――、みんなもわたしに自分の姿を見てくれればと願っていた。

世界中の数多くの生徒と同じで、みんなパンデミックのせいで対面の授業を一年以上受けていなかったし、まだ動揺していた。新型コロナウイルス感染症で亡くなった親類のことを話す子もいた。ある少女は、学校の仲間たちが抱えている打ちひしがれた感覚について語った。別の子は、銃による暴力でお兄さんを亡くしたばかりで、それをことばにしようとするだけで泣きじゃくりそうになるのを必死にこらえていた。多くの子がストレスを感じていて、失われた時間、失われた勢いを取り戻そうとしていると言う――何か月も動きが止まって悲しみがつづいたせいで、その子たちだけでなく家族やコミュニティもさまざまな犠牲を強いられていた。失われたものは深刻で、困難は大きく感じられた。

「ほんとムカついてる。二年生を半分と三年生をまるまる奪われたんだから」ある少女が言う。

「めちゃくちゃ孤立感があった」別の子が口にする。

「あっという間にしんどい状況になった」三人目がつけ加える。

　ひとり目の少女がまた口をひらいた。名前はディオナ。太いブレイドヘアにした丸い頬の子で、料理とおしゃべりが大好きだと、すでに元気よくグループに告げていた。パンデミックによる制約で何よりつらいのは、身のまわり以外のもの、自分が暮らすブロックの外のものをほとんど見られなくなったことだとディオナは言う。「外に出て歩きまわって、いろんなものを見る機会がなくて。目にするのは、銃撃、ドラッグ、さいころ、ギャングばっか。それで何を学べっていうの？」

　ディオナはおばあさんの世話をし、アルバイトをして、同じブロックにいる厄介者たちを避けていると話をつづけた。高校を卒業してカレッジへ進学し、料理を学びたいと言う。それに、疲れているとも。

「ぶちのめされることばっか」とディオナは言って少し肩をすくめたけれど、元気な自分を取り戻したようだ。「でも、わたしにはできるってわかってるから、そこまでストレスフルじゃない……」ディオナはグループを見まわして――ほかの子たちはうなずいている――、最後にこうつけ足した。「でも、やっぱりストレスフル」

みんな笑顔になって、首をさらに大きく縦に振った。

ディオナが言っていて、みんながうなずいている思いは、わたしも身に覚えがあった。どれだけつらいか、つらくないか、心のなかで行ったり来たりする感覚。つらく感じる日もあれば、つらくない日もある。課題が巨大に見え、次の瞬間には克服できるかもと思って、その二時間後にはまた手に負えないと感じることもある。環境だけでなく、気分、考え方、ものの見方にも左右される——どれも一瞬で変わりかねない。このうえなく小さなことをきっかけに、やる気が出たり打ちのめされたりする——日が照っているか、髪型がきまっているか、よく寝たか、食事をしたか、だれかが思いやりある表情でこちらを見てくれたか。そのほかにもわたしたちの多くは、さまざまな圧力によって打ちのめされている。何世代にもわたる体系的な抑圧に形づくられた社会の環境のせいで。すべてを口に出して認めることはないかもしれないけれど、そういう圧力はもちろん存在する。

苦しみを打ち明けたり、失ったものについて語ったりするときには、自己憐憫《れんびん》に浸っていると勘ちがいされるかもしれないと思って、話す内容に慎重になる人が多い。歴史が設けた障害物を跳びこえ、新しい場所へたどり着こうとしている若い黒人女性は、自己憐憫はかっこ悪く、貴重な時間を無駄にしていると感じるかもしれない。もっと苦しい人がたくさんいるのもわかっているから、不満を漏らすのに罪悪感を覚える。そんなとき、わたしたちはどうする？　自分の強さを外へ出して世界に見せて、ほかのもの——弱さ、不安——は見えないところへ隠してしまうことが多い。でも心のなかではひそかにシーソーに乗っていて、〝わたしにはこれがある〟と〝何もかもが手に負えない〟という気持ちのあいだで行ったり来たりしている。ディオナならこう言うかもしれない。ストレスフルじゃない、でも、やっぱりストレスフル。

✣変化を起こしたい／世界を変えたい

その日、シカゴで会った生徒の多くが、さらに大きな問題についての不安を語った。もっと何かをしたいのに、できなくて罪悪感を覚えていると言う——家族のために。地域のために。この国の打ち砕かれたものと、この惑星の苦しんでいる場所すべてのために。正されていないあらゆるもののために。みんな大きな問題に気づいていて、無力感を覚え、身動きが取れないと感じていた。そのうえ、身動きが取れないと感じていることを恥じていた。もちろん、これだけ成熟していて思いやりがあり、意識の高い一五歳、一六歳の子がこの世界にいるのは幸運だけど、少し立ち止まって考えてほしい。毎日、学校へ行き来するときに背負っている荷がどれだけ大きくて重たいか。手に負えないと思わずにいられる？

わたしのもとには、思い詰めた調子で大きな夢と大きな気持ちをつづったメールや手紙がひっきりなしに届く。驚くほどたくさんの人が、次のふたつのどちらか、ときには両方を書いている。

わたしは変化を起こしたい。
わたしは世界を変えたい。

元気いっぱいで善意に満ちたこういうメッセージを送ってくる人の多くは若者で、自分が目にしていて解決したいあらゆることと、成し遂げたいあらゆることについて、ある種の苦悩を語る。すべてをすぐに実現しなければならないという感覚も浸透していて、それはもちろん若さと情熱の特徴だ。二〇二〇年にジョージ・フロイドが殺害されたあと一週間ほどして、イマンという若い女性から連絡があった。「この体制すべてをいますぐ変えたい」と彼女は書いていた。「何もかも解決したくてたまらないんです」。そして、自分はまだ一五歳だとつけ加える。

最近、ティファニーというフロリダ州のティーンエイジャーが、自分の夢について書いてきた。「音楽、ダンス、演劇で世界を征服したいんです」と彼女は言う。「ビヨンセみたいに征服したいけど、もっとビッグに」。自分の運命をまっとうして生きたいという思いに駆られていて、両親、祖父母、先祖に誇りに思ってもらいたいと望んでいる。「それをぜんぶやりたいんです」と言い切って、こうつけ足す。「でも、ときどき心の健康《メンタルヘルス》が妨げになります」

みんなに言っておきたい。ティファニーだけでなく、若くても若くなくても、この世界の大きく激しく差し迫ったことすべてのなかで、生きる目的を見つけようとしている人たちへ。

〝そう、まさにそのとおり。変化を起こしたいとき、世界を変えたいとき、心の健康が妨げになることがある〟

だって、それが当然だから。健康はバランスのうえに成り立っていて、バランスは健康のうえに成り立っている。心の健康を慎重に、ときに油断なく管理しなければならない。

情熱、望み、大きな夢、それに苦痛、限界、不安への対処法を考えているとき、心はひっきりなしに、また不完全にレバーを操作して、あなたを安定させようとしている。ときにはブレーキを踏んで、少しスピードダウンさせようとする。問題を感じとったら、遭難信号を送ることもある——速く動こうとしすぎていたり、無理なやり方をしていたり、混乱した考えや有害な行動パターンにはまりこんでいたりしたら。

自分の感覚に注意を払ってほしい。身体と心の合図に気づいてほしい。そして、あなたやあなたの知り合いが苦しんでいたら、怖がることなく助けを求めてほしい。手を差しのべてもらえるリソースやツールがいろいろとある。専門家の支援を受けて心の健康を保っている人がたくさんいて、セラピストやスクールカウンセラーと話したり、ヘルプラインに連絡したり、医療機関に相談したりしている。あなたはけっしてひとりではない。

✣問題が大きすぎたら、自分にできることを優先する

自分のペースですすんで、少し休み、苦しみを声にしてもかまわない。健康を優先させて、休んで回復する習慣をつけてもかまわない。この世界で変化を起こしたいという望みについては、全か無か《オール・オア・ナッシング》の巨大な目標を一つひとつの要素に分解すると、ときに役立つ。そうすれば、途方に暮れたり、疲弊したり、虚《むな》しい気分になったりしにくくなる。

これはどれも挫折ではない。挫折につながるのは、大きなものがよきものの敵になるときだ——すべてがとてつもなく大きく、圧倒されて、はじめる前から行き詰まるとき。問題がとて

も大きく見えて、本当は自分でなんとかできることをやりくりして、小さなステップを重ねていくのをあきらめてしまう。エネルギーを維持して可能性を広げるだけでもかまわない。自分にできることを優先させるのを忘れないでほしい。それは高校を卒業するのに集中することかもしれない。きちんとお金を管理して、将来の選択肢を増やすことかもしれない。長くつづく人間関係を築いて、時間が経つにつれて支えになる人を増やしていくことかもしれない。

　心にとめておいてほしい。大きな問題を解決したり、大きなことを成し遂げたりするには、たいてい何年もの時間がかかる。ティファニーが語ろうとしたのは、世界を征服してビヨンセよりもビッグになるためのエネルギーをときどき奮い起こせなくなる、ということだと思う。それに、〝この体制すべてをいますぐ変えたい〟というイマンは、燃えるような意欲をずっと保ちつづけるのはむずかしいと感じているかもしれない。

　だからこそ、大きなもののそばに小さなものを忘れずに置いておく必要がある。一方はもう一方のよき伴侶《はんりょ》だ。小さな努力は幸福を守る手助けをしてくれて、大きなもののために消耗しないようにしてくれる。気分がいいと、あまり立ちすくまなくなる。研究によると、幸福な人生を送っている人は、あまり幸福でない人よりも、大きな社会問題について行動を起こしやすい。[2]この研究結果からは、最も情熱を燃やす信念と同じぐらい健康管理にも力を注いでかまわないことがよくわかる。

　小さな勝利でも重要で意味があると認めて、それを祝福すると、変化は少しずつ起こると理解できるようになる――選挙での一票が民主主義を変える力になる。愛情を注がれて自分らしく生きる子どもを育てることが、国を変える力になる。ひとりの女の子に教育を受けさせることで、村全体をよい方向へ変えられる。

ホワイトハウスで暮らしていたとき、春になるとサウスローンの菜園の一角に〝スリー・シスターズ〟と呼ばれる野菜を植えた。ひとつの場所にトウモロコシ、マメ、カボチャを交ぜて植えること。これは、食料をうまく育てるためのネイティブ・アメリカンの伝統的な方法で、何百年も前から使われてきた。その土台にあるのは、それぞれの植物がほかの植物に欠かせないものを提供するという考えだ。

トウモロコシは育つと背が高くなり、自然の支柱になって、マメのつるがそこをのぼっていく。マメは窒素を供給し、その栄養のおかげでほかの植物が効率よく育つ。カボチャは地上の低いところにとどまって、横に広がる大きな葉が草を阻んで土の湿気を保つ。三つの植物は育つペースがちがうし、収穫の時期も異なるけれど、組みあわせることで互いに守りあい、恩恵を与える仕組みができる——背の高いものと低いものが協力をつづける。トウモロコシだけでなく、マメだけでもなくて、トウモロコシとマメとカボチャが組みあわさることで、健康な作物ができるのだ。この組み合わせからバランスが生まれる。

人生のことも、より広い人類のコミュニティのことも、わたしはこれと同じように考えるようになった。わたしたちは互いに役立ち、守りあうためにここにいる。わたしたちのバランスはこの理想に、この組み合わせの豊かさに支えられている。調子がずれていると感じはじめたら、支えがないと感じたり途方に暮れたりしたら、わたしは自分の菜園に何があって、何を植えていて、さらに何を加える必要があるかを把握しようとする。土に栄養を与えているのは何？　草が生えないようにしているのは？　背の低いものと高いものをどちらも育てている？

これはわたしの大切な習慣になり、頼りにするツールの一種になった。バランスが取れていると感じるとき、それを受けとめて感謝することを学び、最も安定し、集中していて、明晰《めいせき》だと感じる瞬間を楽しんで心にとめておくことを学んで、そこへたどり着くのに何が役立つのかを分析的に考えるようになった。そんなふうに自分自身を読み解けると、バランスを崩したときに把握しやすくなり、必要な助けを求めやすくなる。自分のなかの危険信号を知り、手に負えなくなる前に対処できるようになる。わたしはいま、愛する人につらく当たった？　自分ではどうしようもないことを心配している？　不安が高まってきた？

✣わたしたちにはこれがある

バランスを失っていることに気づいたら、わたしはまず手もとにある解決策を整理し、いろいろな方法を試して、体勢を立てなおそうとする。たいてい小さなことだ。ときには何より必要なのは、ただ家の外を散歩したり、トレーニングで汗をかいたり、夜ぐっすり眠ったりすることだったりする。心を落ちつかせて、ベッドを整えるというような単純な何かをすることが必要なときもある。ただシャワーを浴びてちゃんとした服を着ることが必要なときもある。友だちと長話したり、ひとりで過ごして考えを書き出したりすることが必要なときもある。場合によっては、先延ばしにしていたプロジェクトや何かのやり取りと向きあうだけでいい。人を助けることで自分が助けられることもある――だれかの一日を楽にしたり、明るくしたりというような、ささいなことひとつでも。ただ楽しく笑って、気分をリセットするだけでいいことも多い。

シカゴで少女たちと話した日、パンデミックの喪失、静けさ、ストレスに対処するために何をしたか尋ねた。気晴らしになった小さなことは何か。ある意味では、わたしは彼女たちに手を差しのべようとしていた。失っているバランスをことばにし、苦痛をやわらげて自分を安定させるために使える道具を見つけられるように。

その話題のおかげで、大きな心配事の話や、すでに話しあっていたいろいろな不安から離れられた。雰囲気が明るくなった。すらすらと答えが出てきた。みんなもっと笑うようになった。ダンスと音楽が苦境を乗りこえるのに役立ったと話す生徒がふたりいた。スポーツが役立ったと言う生徒もいる。ローガンという子は、ミュージカル『ハミルトン』のすべての歌のすべての歌詞を暗記したと誇らしげに語った。ただやりたかったからだと。

こういうささやかな対処法が、大きな結び目をほどくのに役立つ。「ただやりたかったから」する行為が土に栄養を与える。小さな勝利でも積み重ねていける。ひとつの小さなきっかけが別のきっかけを生んで、バランスを取るひとつの行為がさらに多くの行為を生む。ときには新しいことをひとつ試したり、取るに足らないと思う仕事をひとつやり遂げたりするだけで、より大きな行動と成果へ向かって、少しずつすすんでいける。

一四歳のアディソンがその一例だ。パンデミック初期のつらい数か月に、会えなくなった大切な人たちとシェアする動画をつくりはじめた。それをきっかけに、やがて事業計画をつくり、映像制作会社を立ちあげたという。またマディソンという別の子は、ジョージ・フロイドが死んだあとの騒動と悲しみに打ちのめされていたとき、地元のフード・ドライブと地域の清掃活動でボランティアをはじめて、その仕事のおかげで感謝と落ちつきを感じられるようになった。

コートニーという子は何か月も家でごろごろしていたけれど、「自分の箱から出て何かしなきゃ」と思いたった。そこで生徒会の選挙にいちかばちかで（オンラインで）出馬して、落選した。「でもやったんだから！」挑戦したことに胸をはって、コートニーはグループのみんなに語った。結局、落選したことで思いがけず新たな自信が湧いてきた。そのおかげでやる気が出て、地域でボランティア活動に取り組む若者グループを立ちあげた。

こんなふうに、小さなものには力がある。そこでは途中のステップに意味がある。目の前のものに取り組むことで、気持ちが楽になることがある。それに、スタートがゴールにつながりやすい。

こうやって、〝何もかもが手に負えない〟から〝わたしにはこれがある〟へ戻っていく。

こうやって、わたしたちは成長をつづける。

✣ 忍耐と努力のすえに見えるもの

新しいことをはじめるときには、どこへ向かっているのかわからないこともある。結果がはっきりわからないことを受け入れなければならない。編み物では、最初の目を立てて、編み図に従っていく——それは文字と数字の羅列で、編み物をしない人には解読不可能な暗号のように見える。編み図はどの編み目をどんな順番でつくるかを教えてくれるけれど、成果が目に見えるまでにはしばらく時間がかかる——編み糸のなかにパターンが見えるようになるまでには。それまでは、ただ手を動かしつづけてステップに従う。ある意味ではこれは、信念にもとづいた行為だ。

そう考えると、実はこれは取るに足らないことではない。このうえなく小さなかたちで、わたしたちは信じて実践する。実践することで、自分にできることを思いだす。実践することで、〝わたしはできる〟と言っている。〝気にかけている〟と言っている。あきらめていない。

編み物をするなかで、わたしは学んだ。人生のさまざまなことと同じで、大きな答えにたどり着く唯一の方法は、小さな編み目を一つひとつつくっていくことだ。編んで、編んで、また編んで、ひとつの段が完成する。一段目の上に二段目を編んで、二段目の上に三段目を編んで、三段目の上に四段目を編む。忍耐と努力のすえに、ようやく形が見えてくる。なんらかの答え——自分が望んでいたもの——が見えて、新しい作品が手のなかで形になる。

それは、友だちの出産前パーティーに持っていく小さな緑の帽子かもしれない。冬に寒がってばかりいるハワイ生まれの夫にあげる、柔らかいクルーネック・セーターかもしれない。あなたが編んだのは、ぐるぐる巻きのかわいいストラップがついたアルパカのホルターネックかもしれない。一九歳の娘の茶色い肌にとてもよく似合って、その子は笑顔で車のキーをつかみ、あなたの横を一直線に駆け抜けて、扉の外へ、永遠に完成することのない混沌とした世界へ出ていく。

そしてわずか一、二分のあいだ、それに意味があるのがわかる——自分がつくったのは、まさに必要じゅうぶんなものだったのだと。

おそらくそれは前進なのだろう。

とにかく、わたしはそう考えたい。

だからいま編みはじめよう。

バラクの隣に写っている『スター・ウォーズ』の毛むくじゃらのキャラクター、ウーキーのチューバッカは、サーシャをひどく怖がらせた。チューバッカはハロウィーン・パーティーを去ったと知らせて安心させるまで、サーシャは自分の寝室に隠れていた。

その翌年、ホワイトハウスのハロウィーン・パーティーのために仮装したわたしたち一家――チューバッカはもう招かれなかった。

第二章　不安を読み解く

✣子どものころ怖かった映画

子どものころ兄のクレイグは恐ろしいものが大好きで、そういうものにまったく動揺しないようだった。夜になるとクレイグは、ふたりで使っていたユークリッド通りの部屋でベッドに横たわり、眠りにつくためにラジオを聴く。おばけの話をもっぱら扱うAMラジオ番組だ。ふたりのスペースを隔てる薄い仕切りごしに、ラジオ司会者のバリトンの声が聞こえてくる。墓場とゾンビ、暗い屋根裏部屋と死んだ船長の話。そして物語の合間に、ぎくりとする効果音が入る——ドアが軋《きし》む音、かん高い笑い声、ぞっとするような悲鳴。

「消して！」自分のベッドからわたしは大声をあげた。「我慢できない」

でもクレイグは消さない。すでに眠っていることもしょっちゅうだった。

クレイグは、《クリーチャー・フィーチャーズ》というテレビ番組にもはまっていた。土曜の夜に、カルト的なモンスター映画を流す番組だ。わたしも兄といっしょにソファに座り、ふたりで毛布にくるまって、『狼男』、『ドラキュラ』、『フランケンシュタインの花嫁』といった昔の名作に夢中になった。というか、わたしが夢中になって、クレイグはそれほどでもなかった。わたしは、そういう映画を身体の芯《しん》で感じた。棺のふたが軋みをあげてひらき、死体がひっつかまれるのを見ながら、心臓をばくばくさせていた。ミイラが生き返ると、恐ろしくて涙を流した。

一方、兄はずっと笑顔で、わくわくしながら楽しんで観ていたけれど、妙に落ちついていた。エンドロールが流れるときには、ぐっすり眠っていることも多かった。

クレイグとわたしは同じソファに座っていて、肩を寄せあい、同じ映画を観ていたのに、明らかにちがう経験をしていた。これはすべて、わたしたちがフィルターを通してものを見ているからだ。当時のわたしには、フィルターがまったくなかった。モンスターだけを見て、恐怖だけを感じていた。二歳上のクレイグは、もっと広角のレンズを通して、コンテクストをふまえてすべてを見ることができた。そのおかげでモンスターを楽しめて、恐怖に乗っとられずにスリルを味わえた。目の前のものを読み解くことができていた。みんなモンスターの衣装を身につけた俳優だ。モンスターがいるのはテレビ画面のなかで、妹はパニック状態だけど、自分は安全にソファに座っている。

クレイグにはなんでもないことだったのに、わたしには地獄だった。

それなのにわたしは、結局いつもテレビの前に戻った。数週間に一度、ソファでクレイグの隣に腰を落ちつけて、また《クリーチャー・フィーチャーズ》を観る――チャンスさえあればいつでも兄のそばにいたかったからでもあるけれど、それだけではなかったと思う。たぶんわたしは、こんな考えにも引きつけられていた。ゾンビやモンスターを見て、もっと安心して怖がる方法をわたしも学べるんじゃないか。

✣緊張の上に思考を重ねる

わたしは兄のように恐ろしい映画を好きにはならなかった。いまでも、その種のスリルにはまったく興味がない。でも時間が経つにつれて気づいた。恐怖心や不安と直接向きあい、恐ろしい状況のなかで落ちつきを見いだそうとすることには意味がある。

さいわいわたしは信頼できる人に囲まれて、それなりに安全で安定した環境で育った。そのおかげで、安全と安定がどんな感じかを理解する一定の基準を持っている――だれもが恵まれているわけではない利点だ。恐れを抱くという経験について言えば、わたしが見ていないものも知らないこともたくさんある。たとえば、虐待を生き抜いた経験はわたしにはない。間近で戦争を経験したこともない。身体の安全はときどき脅かされてきたけれど、さいわい損なわれたことはない。それでもわたしは、アメリカで暮らす黒人だ。家父長制の世界に生きる女性だ。批判や評価にさらされる公人だし、怒りと憎しみの標的になることもある。ときどきわたしは緊張と闘う。感じたくない危機感を覚える。多くの人と同じように、人前に出たり、意見を表明したり、新しいことをはじめたりするときには、勇気を出すように自分に言い聞かせなければならないことだってある。

ここでわたしが語っているのは、ほとんどが抽象的な不安だ――恥をかいたり拒まれたりする不安、物事がうまくいかなかったり、だれかが傷ついたりするのではないかという心配。その危機は、人間として生きる経験に織りこまれている。あなたがだれでも、どんな見た目をしていても、どこで暮らしていても同じだ。遭遇の仕方やその度合いはいろいろかもしれないけれど、それを避けられる人はいない。『オックスフォード英語辞典』では〝危機（jeopardy）〟は「喪失、損害、失敗の危険」と定義されている。こういう危険に完全に適応して生きている人がいるだろうか？　喪失、損害、失敗を心配しない人がいる？　みんな絶えず不安を処理していて、本当の緊急事態と、でっちあげとを区別しようとしている。

不安が頻繁に宣伝道具として利用されるメディアの環境では、これはとくにむずかしいことがある。たとえば二〇二二年一月、暴力犯罪の発生率が上昇したのを受けて、ＦＯＸニュースがこんなテロップを流した。〝黙示録のような地獄の光景がアメリカの都市をのみこんでいる。これはリアルタイムで起こっている文明の崩壊だ〟[3]。ようするに、モンスター映画版のアメリカを独自につくりだしたのだ。もしこれが本当なら、どう反応すればいいのかすらわからない。だれも家から外に出ようと思わないだろうし、二〇二三年を無事に迎えられるとはとても思えないはずだ。

でもわたしたちは外に出ているし、二〇二三年を無事に迎えた。

たしかに、いまは困難な時代だ。たしかに、まっとうなニュース報道のなかにも深い不安を呼び起こすものがある。でも不安のせいで身動きが取れなくなったり、希望や個人の主体性が奪われたりすると、本当の大惨事に陥る。だから、細心の注意を払って心配を見定めて、不安を処理できるようになる必要がある。恐れを抱いているときの選択が、人生のより大きな結果を左右することも多い。

目標があっても、不安がすべて消えるわけではない。わたしはこれまで、身近なヒーローからマヤ・アンジェロウやネルソン・マンデラのような巨人まで、たくさんの勇気ある人に会ってきた――遠くから見ると、不安なんて寄せつけないと思えそうな人たちだ。それに、人の命を危険にさらしたり救ったりする、重圧のかかる決断をいつも下す世界のリーダーたちとも席をともにしてきた（いっしょに暮らしてもきた）。スタジアム規模の観客の前で魂をむき出しにできるパフォーマー、ほかの人たちの権利を守るために自由と安全を危険にさらしてきた活動家、すさまじく大胆に振る舞うことで創造力を得ている芸術家たちも知っている。そのなかのだれひとりとして、自分は恐れを知らない人間だとは言わないだろう。みんなに共通しているとわたしが思うのは、危機と共存し、危機が存在する状態でバランスを保って明確にものを考える力だ。どうすれば安心して怖がることができるか、みんな知っている。

安心して怖がるとはどういうこと？　わたしには、この考えはシンプルだ。不安にかしこく対処することを学んで、緊張のせいで動けなくなるのではなく、緊張に導いてもらえるようにすること。人生にゾンビとモンスターがいるのは避けられないけれど、そのなかで心を落ちつかせ、自分の判断を信じて有害なものと無害なものを見分け、もっと理性的にそれらと向きあえるようにすること。こんなふうに生きているときは、完全に安心しているわけでも完全に怖がっているわけでもない。中間地帯があることを受け入れて、油断なく用心しながらも尻込《しりご》みをせず、そのなかで動くことを学ぶ。

子ども時代のいちばん古い記憶のひとつが、冬休みに教会で上演する劇の出演者に選ばれたことだ。四歳ぐらいのときで、大おばのロビーがそれを仕切っていた。わたしは期待に胸をふくらませた。かわいい赤のベルベット・ドレスを着て、エナメル革の靴を履ける。わたしのたったひとつの役目は、舞台のクリスマスツリーの前で陽気にくるくるまわること。

でもリハーサルに出たとき、思ってもみなかったことに出くわした。ロビーと仕事熱心な教会の女性たちが、きらびやかな装飾品や小道具で舞台を飾っていて、クリスマスツリーのまわりには、包装したプレゼントや、背丈がわたしと変わらない四、五体の大きな動物のぬいぐるみが並べてあった。何より目をひいたのが、わたしが立つことになっている場所のすぐ横にいた不気味なアオウミガメで、頭が奇妙に傾いていて、黒のフェルトでできた巨大な目がついていた。そのウミガメを見て、わたしの頭のなかで警鐘が鳴りはじめた。なぜかはわからないけど、わたしは石のように固まった。首を振って涙をこらえ、ステージにあがるのを拒んだ。

子ども時代の不安は、あとで振り返ると少し馬鹿げていると思えることもあって、わたしの場合もそれは同じだ。不安は未知のこと、理解していないことへの反応として本能的に生まれることが多い。〝空でパチパチ、ブーンっていってる、あれはなに？〟〝ベッドの下の暗闇には何が住んでるの？〟〝いつも見ている人たちと見た目がちがう、この新しい人はだれ？〟こういう疑問の背後には、不安のもとになっている別のさまざまな疑問があって、それもまた本能的なものだ。〝この新しいものはわたしを傷つける？〟〝どうしてそれを信じられる？〟〝叫び声をあげて逃げたほうがいい?〟

　サーシャはいまでも、ホワイトハウスで参加した最初のハロウィーン・パーティーの記憶に身震いする。軍関係者の家族やそのほか大勢の人に扉をひらいて、軽食、衣装、パフォーマーたちとハロウィーンを祝ったときのこと。ゲストの多くが――わたしたちの子どももふたりも含めて――一〇歳未満だったから、恐ろしいイベントにしないようにきちんと考え、気軽なお楽しみ程度のものにしていた。ただ、わたしはとんでもない判断ミスをして、危うく取り返しのつかないことになるところだった。『スター・ウォーズ』のキャラクターを数人パーティーに招いていたのだ。

　ウーキーのチューバッカをひと目見た幼いサーシャの泣きっぷりを考えたら、わたしがサタンを招待したと思われても不思議ではない。茶色い毛皮の着ぐるみに身を包んだ男性はおとなしくてやさしい人だったし、パーティーにいるほかの子はまったく動揺していないようだったけど、そんなことはサーシャには関係なかった。いつもは恐れを知らないわたしの娘が、完全なパニック状態に陥った。パーティーから一目散に逃げだして、そのあとの二、三時間は二階の自分の部屋に閉じこもり、チューバッカは建物から出ていったと十数回言い聞かせるまで姿を見せなかった。

　サーシャのチューバッカは、わたしのウミガメだ。世のなかのあるべき姿について、わたしたちの理解は未完成で、どちらも侵入者のようなものだった。

✣ 緊張と不安のクリスマス劇

考えてみると、多くの場合、不安はこんなふうに生まれる。混乱やなじみのないものへの反応として、新しいものや怖《お》じ気づかせるものが意識へ侵入してきたときの反応として、本能的に。もっともな根拠があることもあれば、まったく根拠がないこともある。だからこそ、フィルターのかけ方を学ぶことはとても重要だ。

教会の劇に参加したわたしは、厳しい選択を迫られた。時間に追われ、全出演者を管理していて、だれも甘やかさない生真面目なロビーおばさんに突きつけられた選択だ。舞台のクリスマスツリーの横のぬいぐるみたちと友だちになり、スターとして大勢の観客の前で赤のドレス姿でくるくるまわるのか。それとも母の膝《ひざ》に座って、わたし抜きで劇がすすむのを見るのか。記憶では、ロビーは肩をすくめることでこのメッセージを伝えた――つまりわたし次第だと。結果は自分で引き受けなければならない。出演してもしなくても。ロビーには同じことだ。わたしを気遣って、ウミガメを舞台からどかせるつもりはなかった。

赤のベルベット・ドレスが大好きで、それを見せびらかしたくてたまらなかったのだと思う。結局、わたしは（さらに泣いてすねたあと）泣き言をひっこめて舞台へあがり、心臓をばくばくさせながらツリーに近づいた。ロビーのはっきりとした態度にどれだけ助けられたか、いまはわかる。選択肢をはかりにかけ、不安にもっともな根拠があるか判断する機会をロビーは与えてくれた。わかってやっていたにせよ、単に忙しすぎてかまっている暇がなかったにせよ、ロビーはわたしに不安を読み解かせてくれた。もちろん、ウミガメが害にならないことをわかったうえで。わたしが自分で気づけるようにしてくれたのだ。

ツリーの横の決められた場所へじりじりと近づいていくと、ウミガメが思っていたよりも大きくなくて驚いた。近くで見ると、目もまったく意地悪だとは感じられない。ありのままにそれを見ることができた。柔らかく、自力で動くことはなくて、恐ろしくない——ひょっとしたら、ちょっとかわいいかもしれない。危険ではなくて、目新しいだけだ。わたしは、知らない舞台へあがる不安を幼い頭で処理していた。たしかに居心地は悪かったけれど、時間が経って状況になじむにつれて、その気持ちは薄れていった。居心地の悪さを乗りこえたあとは足が軽く感じられて、思う存分くるくる回転できそうな気がした。

そして、まさにそのとおりにした。本番の日、わたしは舞台であまりにも一生懸命だったから——スカートは舞いあがり、顔は恍惚として天を仰いでいた——、母と父は劇の最初から最後まで笑いっぱなしで涙を流していたらしい。わたしにとって教会での一度の小さなリハーサルは、それから先の人生で経験するあらゆる瞬間のリハーサルになった。それは緊張のうえに思考を重ねる最初の練習になったのだ。

✣怖いと感じるのはなぜ？

多くの人が、何十年ものあいだこれと同じ心理状態をくり返し経験していると思う。ウミガメに相当するものをじっと見て、舞台へあがるのを躊躇《ちゅうちょ》し、また同じことをくり返す。不安は心理面に大きな影響を与える。それは電気の波のように押し寄せてきて、身体に警戒態勢を取らせる。新しい状況のなかで、新しい人や新しい感情に出くわしたときによく襲ってくる。不安と似た「懸念」はもっと漠然としていて、差し迫った脅威がないときでも、おそらくさらに強力に神経をかき乱す。うまくいかないかもと想像しているだけで。〝かもしれない〟と恐れているだけで。子どもから大人になっていっても、疑問は基本的に変わらない。〝わたしは安全？〟〝何が危険にさらされている？〟〝新しいものを受け入れて、自分の世界を少し大きくできる？〟

一般に新しいことには、たいてい余分な用心が求められる。でも問題は、ときどき不安に過剰反応してしまうこと。不安や心配が襲ってくると、身をひけ、その場にとどまれ、新しい経験を避けろ、という合図だと誤解しやすい。

年齢を重ねるにつれて、不安、ストレス、あらゆる脅威への反応は、もっとニュアンスを含んだものになる。子どものときのように悲鳴をあげて走って逃げることはなくなるかもしれないけれど、それでもほかのかたちで避難する。子どもの悲鳴に相当する大人の反応が回避だ。職場で昇進のチャンスがあっても、手をあげないかもしれない。尊敬する人と同じ部屋にいるのに、近くへ行って自己紹介しようとしないかもしれない。挑戦しがいのあるクラスに申しこまなかったり、なじみのない政治・宗教上の考えを持つ人と話そうとしなかったりするかもしれない。リスクを冒す心配と居心地の悪さを避けようとすることで、チャンスを逃している可能性がある。知っていることだけにしがみつくことで、自分の世界を小さくしている。成長のチャンスを自分で奪っている。

　いつでもこんなふうに自分に問いかける価値があると思う。怖いのは本当に危険にさらされているから？　それとも単に新しいことが目の前に迫っているから？

　不安を読み解くには、少し立ち止まって自分の直感を検討し、何からあとずさりして、何に向かってなら前進しやすいのかを考える必要がある。それにおそらく何より重要なのは、どうして前進したりあとずさりしたりするのかだ。

　これは、より大きな社会の問題にも当てはまる。新しいものや異なるものを避けて、そういう気持ちをそのままにしていたら、なじみのものばかり追い求め、それを優先させることになりがちだ。画一的なコミュニティに群がるかもしれない。同調を一種の居心地のよさとして、不安を避ける手段として受け入れるかもしれない。でも同じものに浸っていると、ちがいにいっそうたじろぐようになるだけだ。ひと目見てなじみのないもの——あるいは人——には、さらになじめなくなる。

　不安が目新しさへの反応なら、偏見は多くの場合、不安への反応と考えられるかもしれない。フーディーを着た黒人少年を見て、どうして道路の反対側へ渡ったの？　移民の一家が隣の家に引っ越してきたあと、どうして家を売りに出したの？　ふたりの男性が路上でキスしていると、どうして脅やかされているように感じるの？

✣ 夫が大統領選に出馬する

人生でいちばんの懸念を抱いたのは、バラクから合衆国大統領選挙へ出馬したいと初めて言われたときだと思う。その考えは実際、恐ろしかった。おそらくさらに悪いことに、二〇〇六年終盤の数週間で途切れ途切れに相談をつづけるなかで、バラクは決断は本当にわたし次第だとはっきり言った。バラクはわたしを愛していて、必要としていて、わたしたちはパートナーだ。つまり、この計画はリスクが高すぎると判断したり、家族にあまりにもたくさん問題が生じると考えたりするのなら、わたしがすべてを止められる。

ひとことノーと言うだけでよかった。周囲のあらゆる人がしきりにバラクへ出馬を勧めていたけれど、正直なところわたしはやめさせるつもりになっていた。でもそうする前に、その選択について誠実に考える責任がバラクに対して――わたしたちに対しても――あると思っていた。最初の動揺をこえて、さらに考えなければならなかった。心配をふるいにかけ、いちばん合理的な考えを見つけなければならなかった。途方もなく感じられて怖じ気づくようなこの思いを、わたしは二週間ほど抱えていた。オフィスへの通勤のときも、ジムでの激しいトレーニングのときも、ずっと頭のなかにあった。夜に娘たちを寝かしつけて、夫の隣でベッドに横たわるときも。

バラクが大統領になりたいのはわかっていた。すばらしい大統領になるにちがいないとも思っていた。でも同時に、わたしは政治の世界が好きではなかった。自分の仕事が好きだった。

サーシャとマリアには、何がなんでも静かで落ちついた暮らしをさせてやりたかった。わたしは混乱や予測できないことが好きではないのに、選挙戦にはそれが山のようについてくる。評価にさらされることもわかっていた。たくさんの評価に。大統領選に出馬することは、つまり投票によって自分を認めるか認めないかを示してほしいとすべてのアメリカ国民に頼むことにほかならない。

言わせてほしい。これは恐ろしいことだった。

ノーと言えばほっとするだろうと思った。ノーと言えば、いままでどおりで何も変わらない。すでに知っている人たちに囲まれて、いまの家、街、仕事に居心地よくとどまる。転校も引っ越しも必要ないし、まったく何も変わらない。

そこでようやく、わたしの不安が避けようとしていたものが明らかになった。わたしは変化がいやだったのだ。居心地の悪さ、不確かさ、コントロールを失うことがいやだった。夫に大統領選に出馬してもらいたくなかったのは、その経験の先に何があるか予想できなかった——というよりは想像できなかった——からだ。もちろん、根拠のある心配もあったけれど、わたしが本当に怖がっていたのは何だろう？　新しさだ。

これに気づいたことで、もっとはっきりものを考えられるようになった。大統領選出馬という考えはそれほど途方もないものではなく、怖じ気づくようなものでもないと思うようになった。心配を腑分《ふわ》けすることで、身がすくむことはあまりなくなった。わたしはずっと前から——はるか昔、ロビーおばさんの劇でウミガメと出会ったときから——その練習をしていたし、バラクも同じことをしていた。ふたりともたくさんの変化、たくさんの新しいことをくぐり抜けてきたのだ。わたしは自分にそう言い聞かせた。

ティーンエイジャーのとき、わたしたちは安全な家族のもとを離れて大学へ進学した。転職もした。いろいろな場所でひとりきりの黒人として生き抜いてきた。バラクはそれまでにも選挙で勝ち、負けていた。不妊、親の死、幼い子どもを育てる重圧に対処した。不確かさのせいで懸念を抱いた？　新しさのせいで居心地が悪くなった？　もちろん、何度も。でも、その一歩一歩でさらなる能力と適応力を発揮しなかった？　発揮した。実はわたしたちは、すでにかなりの練習を積んでいた。

結局、わたしはそんなふうに自分を納得させた。

不安のせいでわたしが歴史の流れを変えていたかもしれないと思うと、不思議な気分になる。でも、そうはしなかった。わたしはイエスと言った。

何よりわたしは、もうひとつのバージョンの物語を生きたくはなかった。夕食のテーブルを囲んで、選ばなかった道のことを語ったり、ひょっとしたらこうなっていたかもと話したりする一家にはなりたくなかった。お父さんは大統領になっていたかもしれないんだよと、いつか娘たちに話さなければならないのはいやだった――お父さんはたくさんの人から信頼されていて、とてつもないことをやろうとする勇気があったけれど、わたしがその可能性を捨てたのだと。みんなのためというふりをしながら、実はいまの自分の安心感と現状を維持したいという気持ちを守ろうとしていたために。

✣ふたりの祖父から受け継いだもの

わたしは、ふたりの祖父から受け継いだものに少し縛られていると同時に、少し反発してもいた。どちらも懸命に働いて家族を大切にした誇り高い黒人男性だったけれど、不安のために――多くの場合、具体的で根拠のある不安のために――人生が制限されていて、その結果、世界が狭くなっていた。母の父、サウスサイドは、家族以外の人をなかなか信じられず、だれであれ白人を信じるのは不可能に近かったから、そのために医師や歯科医など多くの人を避けて、健康を損ねた。

いつも子どもや孫の安全のことで気をもんでいた。自分は歯がぼろぼろになって抜けるのにまかせ、肺がんの初期症状も対処せずに放置していたのに、わたしたちが家からあまりにも離れた場所まで行くと、危ない目に遭うにちがいないと思っていた。わたしの子ども時代の自宅から数ブロックのところにあった祖父の家は、祖父の宮殿だった。ジャズで満たされた安全で楽しい場所で、みんなが笑い、よく食べて、愛されていると感じられる場所。でも、祖父サウスサイドをほかの場所で見かけることは、めったになかった。

もうひとりの祖父、ダンディの気性はまたちがった。サウスサイドよりも陽気でなく、社交的でもなかったけれど、世界を信用していないのは同じだった。苦悩がもっと表面の近くにあって、そのすぐ隣にプライドがあった。このふたつがときどき混ざりあって、怒りとして姿を現した。サウスサイドと同じように、ダンディもジム・クロウ法（人種を隔離する黒人差別の法体系）のもとの南部で生まれ、早くに父を亡くして、よりよい暮らしを求めてシカゴへ移り住んだ。けれども大恐慌に出くわしたうえ、北部もまた南部と同じ人種のカースト制に支配されていた。大学へ進学することを夢見ていたのに、たいてい日雇い労働者として仕事をして、皿洗いをしたり、クリーニング店で働いたり、ボウリング場でピンを並べたりした。修理し、繕い、運んだ。

祖父はふたりとも――ダンディは電気工として、サウスサイドは大工として――本来ならば労働組合に入って仕事をできるだけの頭のよさとスキルがあったのに、安定した職には就けなかった。当時の組合は、黒人の参加を認めることがめったになかったからだ。レイシズムのせいで、四人の祖父母がどんな犠牲を払ったのか――閉ざされていた扉、語らなかった屈辱――、わたしはその一部しか知らずに育ったけれど、課された制約のなかで生きるほかに選択肢がなかったのはわかっていた。そういう制約が与える影響を見ていたし、ふたりの祖父の心理にそれが深く刻みこまれているのも目の当たりにしていた。

わたしが一〇代前半だったころのある日のこと。母が仕事だったから、ダンディに車で医者へ連れていってもらう必要があった。ダンディは愛車でユークリッド通りまで迎えにきた。外出用の服を着ていて、わたしたちがアパートを訪ねるといつも見せる得意げな話しぶりとプライドでいっぱいだ。でも市街地へ向かって走りだすと、歯を食いしばってハンドルを強く握っているのに気づいた。おずおずと左折して、どちらにもすすめると勘ちがいして一方通行の道に入ったから、わたしが指摘した。そのすぐあとには無理な車線変更をして、横を走っていた車の運転手がハンドルを切ってクラクションを鳴らした。そのせいで、祖父は今度は赤信号を無視した。

祖父が酒飲みだったら、酔っぱらっていると思ったかもしれない。でも、酔っぱらっていたわけではまったくない。なじみのない役目を引き受け、街のなかでもなじみのない場所にいたせいで、すっかり心を乱されて身がすくんでいたのだ。当時はたぶん六五歳ぐらいだったけれど、近所を移動するときにいつも通るいくつかの区画のほかは、まったく不案内だった。不安そのものが車を運転しているようなものだ。順調とはとても言えなかった。

痛みは不安に変わる。不安は自分の限界になる。

わたしたちの多くには、これは何世代ものあいだ受け継がれてきた重たい遺産だ。それと闘って忘れようとするのは、並大抵のことではない。

✣両親がわたしたちにもたらしたこと

わたしの両親は、その両親のもとで育った。つまりおおむね用心深く実際的な人で、リスクを冒すのに慎重だったし、新しい方向へすすむ黒人につきまとう危険をよくわきまえていた。でも同時にふたりは、親の限界の影響も目にしていて、親の世界がほかより小さいことも知っていたのだと思う。

わたしがバラクの大統領選出馬にノーと言っていたら逃していたいろいろなチャンス、それをいま考えると恐ろしくなる――不安に妨げられるのを許していたら会うことがなかったあらゆる人、することがなかったあらゆる経験、自分の国と世界について知ることがなかったあらゆること。母と父はできるかぎりのことをして不安の循環を断ち切り、自分の限界がわたしたちの限界にならないようにしてくれた。ふたりは、わが子にもっと多くのものを望んでいた。自分たちとは異なる生き方――もっと広い範囲で安心して旅をできること――を望んでいて、わたしたちの不安をいっしょに読み解いてくれたことにもそれは表れていた。

幼いころ、むし暑い夏の夜に激しい雷雨がシカゴを通過するあいだ、わたしはよくパニックに陥った。そういうとき父は両腕でわたしを抱き、まわりの天気の仕組みをかみ砕いて教えてくれた。この轟音《ごうおん》は無害な空気の柱がぶつかっているだけだし、窓や水から離れていれば雷には打たれないと説明してくれた。不安を克服しろとは言わなかったし、不合理だとか馬鹿げているとか言って不安を軽くあしらうこともなかった。たしかな情報を使って脅威を腑分けし、安全でいるための道具を与えてくれた。

一方で母は、わたしが怖がるたいていのものに動じることなく落ちついて対処し、お手本を示してくれた。いやな見た目のクモを玄関前の段から払い落とした。近所のメンドーサ家のポーチの前を通りすぎるたびに、吠《ほ》えかかってくる怒りっぽい犬たちを追い払った。ある週末の早朝、母と父がまだ寝ているときに、クレイグとわたしがトースターで二枚のポップタルトを発火させたときには、たちまち母が姿を現してトースターのプラグをコンセントから抜き、煙が出ている塊を平然とシンクへ放りこんだ。

バスローブ姿で寝ぼけていても、母は能力の女神だった。そして、能力は不安の対極にあるのだとわたしは学んだ。

クレイグとわたしは脅威がたくさんあるなかで育ち、その脅威は具体的なものだった。シカゴのサウスサイドはセサミストリートではない。危険なブロックは歩かないようにしていた。火事で近所の人たちが亡くなった。借金が増えて賃金は増えず、家を追いだされた人たちも見た。うちの家族には警戒しておく理由が数えきれないほどあった――たぶん子どものわたしが知っていたよりもたくさん。でも母と父は、その警戒心をよく考えて分析する方法を示してくれた――恐怖心を呼ぶものの仕組みをかみ砕いて説明してくれて、不安が役に立っているときと、そのせいで尻込みしているときを見分けられるように手を貸してくれた。

母と父は、兄とわたしが前へすすんで能力を発揮できるように、背中をそっと押してくれた。新しいことを克服するたびに、確かなものに触れた手ごたえと達成感を得られるようにしてくれた。ふたりと同じように、わたしも能力は安全の一形態だと思っている。つまり、緊張は身を守ってくれるものだけれど、それでも前へ足を踏みだす方法を知っているということ。ふたりの仕事は、それが可能であることをわたしたちに示すことだった。

たとえば、ひとりで歩いて小学校へ登下校させられた最初の数回、わたしは身がすくんだけれど、母は、もうそれぐらいできなければいけないと言って譲らなかった。そのときわたしは五歳で、幼稚園を終えたばかりだった――母の頭がおかしくなったんじゃないかと思えるぐらいの年にはなっていた。わたしがひとりで学校まで歩けるなんて、本気で思ってるの？

でも母がわたしにそうさせたのは、まさにそれが理由だった。母自身の不安を脇へ追いやり、たとえ幼稚園を終えたばかりでも、わたしが能力を発揮できるようにすることが大切だとわかっていたからだ。それに母はわたしを信じていて、わたしも自分を信じていたからだ。恐ろしくはあったけれど、プライドと自立の感覚も味わった。それが重要な構成要素になって、自立したひとりの人間としてのわたしの土台ができた。

いまでも憶《おぼ》えている。学校までの一ブロック半を初めて歩いたときの、不安でたまらない一歩一歩。同じぐらいはっきり憶えている。帰宅のとき、最後に全力疾走するわたしを見た母の笑顔。

母は家の前の芝生に立って待っていて、角を曲がってくるわたしを見つけようと首をのばしていた。それを見て、母も少し心配していたのだとわかった。母も一抹の不安を覚えていた。それでも母は不安のせいで思いとどまることはなかった。いまのわたしも不安のせいで思いとどまりはしない。安心して怖がるのがどういう感じか、母が教えてくれたから。

親としてふたりの娘を育てるあいだ、この考えはずっとわたしのなかにあった。この世界の恐ろしいこと、有害なことすべてから子どもを守りたいという深く身体に組みこまれた猛烈な衝動と格闘するなかで、何度も立ち止まって考えるきっかけになった。いつでもどこでも、娘たちの敵を追い払いたかったし、危険を撃退したかったし、すべての脅威を避けて通れるように娘たちに付き添っていたかった。

これは基本的な本能で、わたしの不安から生まれた気持ちだ。それをわかっているから、わたしは母と同じように家の前の芝生にじっと立ち、ふたりが自分で道を見つけて、自信のある自立した人間になるのを見守ろうとしている。ふたりが自分で自分のことをして、安全を築いていくのを見守ろうとしている。神経がぴりぴりして心臓が胸から飛び出しそうになっていても、ふたりが出かけるのを見送って、帰ってくるのを待つ。不安を感じさせないようにすると、子どもは有能感も持てなくなると母が教えてくれたから。

〝スプーン一杯の不安を持って出かけて、ワゴン一杯の有能感を持って帰ってくる〟。これがユークリッド通り７４３６番地の教えだった。なくなることのない不安を自分でも引きつづきたくさん抱えながら、わたしも娘たちに同じことをしようとしてきた。わたしはずっと、安心して怖がっている。

✣ 疑念は自分のなかからやってくる

子ども時代、モンスター映画を観ていないときのクレイグとわたしは、ときどきテレビでイーヴェル・クニーヴェルというバイクの有名スタントマンを見た。おそらく、だれよりも興味をそそるアメリカのヒーローだ。星条旗模様で飾られた白い革のジャンプスーツを身につけ、どことなくエルヴィス・プレスリーをまねていて、バイクに乗って危険な離れわざを披露する。とまった車や長距離バスの列の上をジャンプしようとしたり、アイダホ州の峡谷を跳びこえようとしたり。めちゃくちゃだけど、心を奪われた。

うまく着地できることもあれば、失敗することもある。たくさん骨折し、たくさん脳震とうを起こして、ときどき自分のバイクに轢《ひ》かれたけれど、なんとかいつもよたよたと歩き去った。

いまのは奇跡？　それとも大惨事？　当時はみんな、そんなことはどうでもよさそうだった。ただただ見つづけた。その男と大きく重たいハーレーダビッドソンが、発進して飛ぼうとするのを。

バラクの大統領選出馬にイエスと答えたあとの二〇〇七年、わたしは少しこんな気持ちになった――重力の法則も常識の力も無視して、突然バイクで空中に放りだされたような気持ちに。みんな選挙戦を〝発射《ローンチ》〟させると言うけれど、いまはその理由がわかる。まさにそんなふうに感じるから――急激に加速して空中へ飛びたつ。進入車線は短くて急勾配《こうばい》だ。あなたとあなたの大切な人たちは発射《ローンチ》される。突然、外に向かって、上に向かって発射されて、わざと世間をあっといわせるかたちで舞いあがり、みんなの目を引きつける。

わたしにとってこれは、まったく新次元の不確かな状況だった。そもそもわたしは、わたしの両親と祖父母のもとで育った人間で、ようするに跳んだり飛んだりするようにはできていない。はしごを一段ずつのぼっていく慎重な人間だ。典型的な山羊《やぎ》座の人ならみんなそうだけれど、自分がいる場所を把握してから次の行動に移りたい。でも、動きが目まぐるしい大統領選の成層圏では、自分がいる場所がなかなかわからない。ペースはあまりにも速く、高さは目まいがするほどで、露出は大きすぎる。さらにそのクレイジーな空飛ぶバイクには、娘ふたりも紐《ひも》でくくりつけていっしょに乗せていた。

この時期にわたしは、いっそう深く不安な心のことがわかるようになった。何もうまくいかない――あるいはできない――と思いこんでいる、わたしのなかの情け容赦なく否定的な部分のこと。それに耳を傾けないように何度も、何度も、何度も自分に言い聞かせなければならなかった。耳を傾けたらどうなるか、はっきりわかっていたから。怖じ気づく。信念が消える。何もできないという考えに頭が飛びついて、そこから体勢が傾きはじめる。

ありえないほど、気が遠くなるほど高いその場所から地上を見おろして、自分たちが落っこちて大破する場所をはっきりと見つけ、そこへ向かって落ちていく。自分の頭のなかだけで、墜落をはじめてしまう。

これも心にとめておくべきことだ。疑念は自分のなかからやってくる。不安な心はたいていいつも、ハンドルを奪ってコースを変えようとする。そのもっぱらの役目は、大失敗のリハーサルをし、あなたを脅かして、チャンスを手放させ、あなたの夢に石を投げつけること。あなたを不安と疑念でいっぱいにしたがる。そうすればあなたは家に閉じこもり、すっかり受け身になってソファでくつろいで、リスクをまったく冒さなくなるだろうから。

つまり自分の不安に反抗することは、たいていいつでも自分自身の一部に反抗することだ。これは解読のとても重要な一面だと思う。自分のなかにあるものを見つけ、手なずける方法を学ばなければならない。そういう不安を乗りこえる練習をしなければならない。練習すればするほどうまくなる。跳躍するたびに、次の跳躍がやさしくなる。

✣不安を燃料にした『ハミルトン』作者

昔、CBSニュースのインタビューで、リン゠マニュエル・ミランダが初めて舞台にあがったときのことを振り返り、公演前の不安は一種の「ロケット燃料」だと語っていた。小学一年生のとき、彼は学校の演芸会でフィル・コリンズの歌を口パクでうたうことになっていたのに、激しい腹痛に襲われた。そのとき、自分の不安にどう対処するか、さらに大きな選択を迫られていることに気づいた。「屈するか、支配するか、どっちかだって気づいたんです」と彼は言う。「ぼくは緊張をそんなふうに考えている。それは燃料源で［…］支配できれば船を動かしてくれるけど、支配できなければ爆破される」[4]

それを聞いて、二〇〇九年にリン＝マニュエルが初めてホワイトハウスでパフォーマンスしたときのことを思いだした。大統領就任記念のスポークン・ワードと詩のセッションに招かれたときのこと。彼は当時二九歳で、あからさまに緊張していた。わたしたちのイベントで披露するために、彼は制作中の歌を急いで完成させていた。

のちにその歌は、大成功を収めるミュージカル『ハミルトン』のオープニング曲になるのだけれど、リン＝マニュエルはそのプロジェクトに着手したばかりだった。まだ実験中で、素材が通用するか確信がなかった。アレグザンダー・ハミルトンについてのラップを聴衆の前で――彼にしてみればとくに恐ろしい聴衆の前で――披露するのは初めてで、反応はまったく予想できない。その夜、この歌がうまくいかなければ、すべて投げださなければならないかもと思っていた。

これは不安でいっぱいの彼の心の声だ。メッセージははっきりしている。〝失敗すれば、すべてを失う〟。不安な心は緊張が頂点に達しているときに姿を現すのが大好きで、はっきりとした目的をもって登場する。すべてを拒否すること。舞台でくるくるまわるのには大反対だ。

その夜、盛装してイーストルームに集まった二〇〇人を前に、リン＝マニュエルは舞台へあがった。自己紹介をして、かろうじて生まれたばかりのミュージカルの説明をはじめると、たちまち緊張が高まった。目がきょろきょろしはじめる。避難しなければいけないときのために、非常口の標識を探していたとリン＝マニュエルは言い張っている。[5] それに少しことばに詰まっていて、おかしな調子の声が出てさらに動揺した。

のちにリン＝マニュエルは、その経験をポッドキャストのインタビューで振り返っている。「本気で緊張してたんだ」と彼は言う。「最初に大統領と目を合わせたんだけど、まちがいだった。〝見たらだめだ、恐ろしすぎる〟って気づいて[6]」。それからわたしを見て、わたしのことも恐ろしすぎると思ったらしい。でもそのあと、彼の目はわたしの母を見つけた。バラクの向こうの席に座っていて、母の表情の何かが——わたしには驚きではないけれど——だいじょうぶだと告げていた。

そのあとの出来事は、歴史のちょっとしたひとこまのように感じられた。ピアニスト、アレックス・ラカモアの伴奏に合わせて、リン＝マニュエルは三分間のしびれるようなラップ・パフォーマンスを披露する。そして、火を吐くようなショーマンシップと、建国の父たちについてのすさまじく新鮮な解釈で聴衆を魅了した。パフォーマンスを終えると笑顔になり、手を振って舞台をおりた。不安を心底忘れがたいものに変え、みんな圧倒されてことばを失った。

わたしたちが目にしたのは、緊張を克服した人だ。

息をのむような経験だった。その瞬間には、さらに大きなメッセージが含まれていたと思う。不安をロケット燃料に変える方法を見つけたとき、何ができるのか。

なじみのないものに近づくときや、新しい場所へ入って危険が高まるときには、たいていいつも緊張が用心棒としてついてくる。それは避けられない。考えてほしい。学校の初日に、とても居心地の悪い思いをしない人なんている？　新しい仕事の初日に、ちょっとした不安を覚えない人がいる？　あるいは最初のデートのときに？　見知らぬ人でいっぱいの部屋へ入ったり、重要なことについておおやけに立場を表明したりするとき、動揺しない人がいる？　これらははっきりと居心地の悪さを感じる瞬間で、人生によって定期的に押しつけられる。でも、ときにスリリングでもある。

どうして？　最初の経験の先に何があるかわからないから。そこへたどり着くまでの旅は、人生を変える経験になるかもしれない。

デートに行かなければ、どうやってパートナーに出会うの？　新しい仕事に就いたり、新しい街へ引っ越したりしなければ、どうやって前へすすむの？　不安のせいで実家を出られずに大学へ行けなかったら、どうやって学んで成長するの？　知らない人でいっぱいの部屋へ足を踏みいれたり、新しい国へ旅をしたり、肌の色がちがう人と友だちになったりしなかったら？未知のものには可能性が光り輝いている。リスクを冒さなければ、動揺をいくつか乗りこえなければ、変わるチャンスを自分で奪ってしまう。

〝自分の世界を少し大きくできる？〟答えはたいていイエスだと、わたしは信じている。

✣わたしのなかのモンスター、「不安」

いまでもわたしは、バラクとわたしが空飛ぶバイクを着地させられたことに少し驚いている――ホワイトハウスへたどり着き、八年を無事に終えたことに。でも、なんとかわたしたちはやり遂げた。悪い知らせがある。だからといって、わたしの人生から不安や疑念がなくなったわけではない。いい知らせもある。もう自分の考えのせいで怖じ気づくことはなくなった。

不安な心とは、知り合いになっておく価値がある。わたしはそう信じるようになった。なぜ？　ひとつには、それがいなくなることはないから。不安な心を追いだすことはできない。多かれ少なかれ心理に組みこまれていて、足を踏みいれるすべての舞台に、足を運ぶすべての仕事の面接に、加わるすべての新しい人間関係についてくる。いつもそこにいて、口をつぐむことはない。不安な心は、子ども時代に経験していたのと同じ自衛本能――雷雨のときに泣いたり、ショッピングセンターでサンタの膝に無理やり座らされたときに金切り声をあげたりしたのと同じ本能――で、いまはあなた自身と同じく、成長してもっと洗練されているだけだ。それに、これまでの人生で居心地の悪い状況をいろいろ押しつけてきたことを考えると、不安な心のほうも、あなたにかなりむかついているにちがいない。

すでに書いたように、不安な心はあなたをバイクからおろし、家のソファに座らせておこうとする。

つまり不安な心は、あなたが選んだわけではない人生のパートナーだ。念のために言っておくと、向こうもこっちを選んだわけではない。こっちは最低だし、だめ人間だし、あまりかしこくないし、それに加えて、何ひとつちゃんとできないのだから。まじめな話、どんな理由であれ自分のことを選ぶ人なんているわけがない。

身に覚えがある？　わたしにはある。

わたしは、不安な心と五八年間いっしょに生きてきた。仲はよくない。彼女のせいで落ちつかない気分になる。彼女は弱いわたしを見るのが好きだ。膨れあがった巨大な書類ばさみを持っていて、これまでにわたしが犯したまちがいと過ちを逐一そこに記録している。そして絶えず世界に目を走らせて、失敗のさらなる証拠を探している。いつでもどんなときでも、わたしの見た目が大嫌いだ。わたしが同僚に送ったメールが気に入らない。昨夜のディナーパーティーでのコメントも気に入らない。わたしが全般にとても愚かなことを言うのが信じられない。毎日、〝あなたは自分が何をやっているかわかってない〟と諭そうとしてくる。毎日、わたしは彼女に口答えしようとする。少なくとも、もっとポジティブな考えで彼女の言うことを覆そうとする。それでも彼女はいなくならない。

彼女は、わたしが知るありとあらゆるモンスターだ。それにわたし自身でもある。

でも時間が経つにつれて、彼女の存在をうまく受け入れられるようになった。かならずしもうれしいわけではないけれど、彼女がわたしの頭のなかに家を構えていることは認めている。それどころか、完全な市民権を彼女に与えている。そうすれば、名指しして読み解きやすくなるから。いないふりをしたり、絶えず打ち負かそうとしたりするのではなく、不安な心がわたしを知っているのと同じぐらい、わたしも彼女を知るようになった。ただそうすることによってのみ、支配の手をゆるめさせて、目に見えやすい存在にできる。動揺に襲われても、わたしはそう簡単に不意打ちは受けない。わたしにとって不安な心は、やかましいけれども影響はほとんどないもの——稲妻というよりは雷鳴——で、彼女の目的は骨抜きにされている。

否定や自己批判の声が頭のなかでうるさくなりはじめたり、疑念が大きくなりだしたりしたら、そのたびに少し立ち止まって、見たままにそれを呼ぼうとする。一歩ひき、親しみをこめて不安な心に話しかけて、なかばフレンドリーに肩をすくめ、ちょっとしたことばをかける。そんな練習をしてきた。

〝あらこんにちは。また会ったね。

来てくれてありがとう。とても警戒させてくれて。

でもわかってる。

わたしにとって、あなたはモンスターじゃないって〟

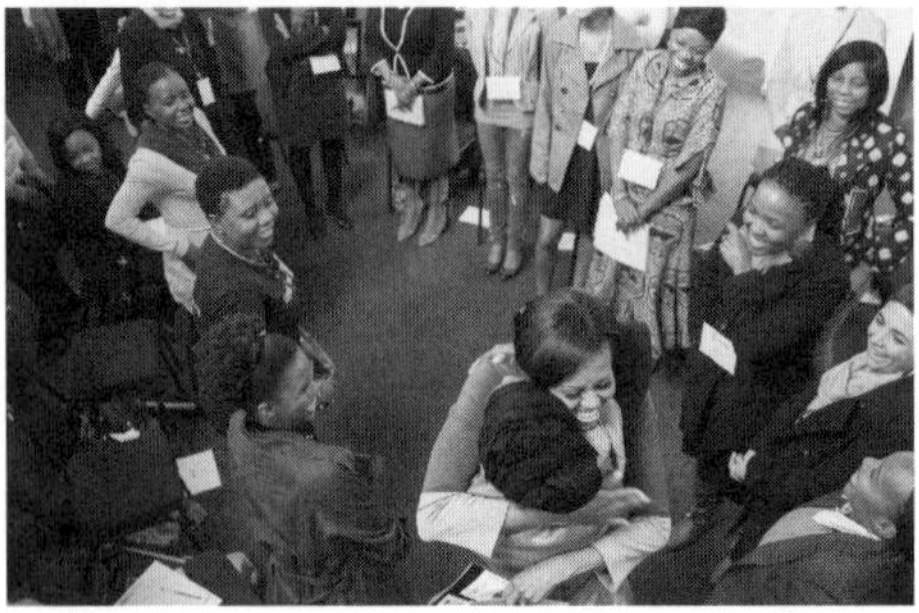

相手がそこにいてくれるよろこびを伝えるひときわ強力な道具が、シンプルなハグだ。

第三章　やさしくはじめる

✣自分にやさしく一日をはじめる

友人のロンは、一日のはじめに鏡のなかの自分にあいさつする。大真面目にやっていて、声を出してすることも多い。

わたしがそれを知らされたのは、ロンではなく妻のマトリスからだった。

マトリスの話では、バスルームで夫が洗面台の鏡に映る自分に向かって元気に早朝のあいさつをしていて、その声で目が覚めたらしい。

「へーイ、相棒《バディ》！」というのがロンのことばだ。

妻たちがよくするように、マトリスはロンの口調を完璧にまねる。ロンの声を伝える彼女の声を聞くと、新しい一日の最初にロンが自分に見いだす新鮮な愛情が感じられる。ロンは思いやりでいっぱいだ。その声は、大切な同僚や突然現れた昔の友だちにあいさつしている声のように聞こえる。何かの用事でやってきた人に、うれしい驚きを覚えているかのように。

ベッドでこのことばを聞くのは、マトリスにとってもいちばんの目覚め方だという。

このささやかなロンの習慣のことを初めて聞いたとき、わたしは声をあげて笑った。おかしかったのは、その姿をすぐに想像できたからでもある。ロンはこのうえなく優秀で成功した男性で、人をたちまち引きつける。自信があるけれど、得意ぶったところはない。思いやりとカリスマと落ちつきがにじみ出ている。大都市の市長を務めていて、かわいい子どもたちとしあわせな家族がいる。とてもにこやかで、くつろいだ物腰で、うらやましいほど泰然とした人物だ。

でも、考えてみて気づいた。ロンの「ヘーイ、相棒！」は、ただの愉快な習慣ではない。この種の習慣には、重要な何かが含まれている。心を落ちつかせ、自分にやさしく一日をはじめる人の姿がそこからうかがえる。

ロンはもちろん男性だ。だから、わたしたちの多くが強いられているよりも、見た目の悩みがずっと少ない状態で鏡の前に立つと考えていいと思う。とりわけ男性以外のたくさんの人にとって、鏡はときに恐ろしい場所だ。鏡には気軽に近づけない。朝一番にはとくに。

わたしたちは、反射的に厳しい自己評価を下すことがある。見た目についての否定的なコメントをよく自分のなかに取りこんで、そのメッセージのせいで、自分はモノのようだ、価値がない、目に見えない存在だと感じる。それに女性は、身だしなみやスタイルを高い水準に保つようにつねに迫られていて、より手のこんだ、お金と時間のかかる準備をしなければ、職場へ向かったり、単純に新しい一日をはじめたりする気分になれない。

わたし自身、バスルームの電気をつけ、鏡をひと目見て、すぐに電気を消したくなる朝がしょっちゅうある。正面から自分の顔と向きあうと、反射的に欠点をあげはじめる。乾燥してむくんだところだけを見て、もっとましにできるところや、ましであるはずのところにばかり目を向ける。自分自身を評価することで、たちまちわたしは自分から切り離される。分裂した状態で一日をはじめる――ひとりのわたしは批判者で、もうひとりは野暮ったい人間。片方が嚙《か》みついて、もう片方は痛がる。当然、気分はよくない。その気分はなかなか振り払えない。

わたしがここで話したいのはそのことだ――やさしくはじめる可能性。みんなと同じで、友人ロンも、疲れてむくんだ顔で鏡に映ることがよくあるはずだ。ロンにも欠点がたくさんあって、当然それは目にとまるし気になる。でもロンが最初に見るもの、あえて選んで認めるものは、まるまるひとりの人間、会えて心からうれしいと思う人だ。多くの人とはちがって、ロンはわかっている。自己嫌悪は、新しい一日をはじめるのにふさわしい出発点ではない。

ロンの「ヘーイ、相棒！」には、ある種のひそやかな効き目がある。効率的で、大げさなところはなく、自分だけのもの（マトリクスがわたしに教えてくれるまでは）。何より重要なのは、評価ではないことだ。そのあとに「クソみたいな見た目だな」とか「もっとましにできないのか？」とかいうことばはつづかない。鏡の前に立つロンは、裁いたり自分を悪く言ったりする衝動をすべてほかへ振り向けている。自己批判に飛びつくのを拒み、思いやりと承認のシンプルなメッセージで一日をはじめる。

考えてみたら、これは多くの人がほかの人から必死で引き出そうとしているものだ。親、先生、上司、恋人などから引き出そうとして、手に入れられなかったときに打ちひしがれるもの。

「へーイ、相棒!」がすばらしいのは、ひとつにはそれが大それたものではないことだ。激励というほどのものではない。情熱はいらないし、雄弁である必要もない。これからはじまるのはすばらしい一日で、新しいチャンスと前向きな成長にあふれていると思う必要もまったくない。それはフレンドリーなあいさつにすぎない――あたたかい調子で口にする、ふたつのことば。だからおそらく、もっと多くの人が試してみることができる。

✣明るい笑顔で子どもをまるまる受けとめる

ずっと昔、テレビで放送された〈オプラズ・ブック・クラブ〉のインタビューで、ノーベル賞作家の故トニ・モリスンが子育てについて学んだ意義深いことを語っていた――より一般的に子どもの前で大人でいることについて、またおそらく人間であることについても。「自分の子でもほかのだれかの子でも、子どもが部屋に入ってきたら、あなたは明るい笑顔になっていますか?」その日、モリスンは聴衆にそう問いかけた。「それが子どもたちの求めていることです」

モリスンのふたりの息子はすでに成人していたけれど、学んだことは彼女の頭に残っていた。「子どもたちが小さいころ、わたしは部屋へ入ってくるふたりを見て、ベルトでズボンをとめているか、髪をとかしているか、靴下がずり落ちていないか確かめたものです」とモリスンは言う。「子どもたちのことを気にかけているのだから、やさしさと深い愛が表に出ていると思うでしょう。ちがうの。子どもたちがこちらを見るとき、見ているのは批判的な顔です。〝今度は何がいけないんだろう？〟[7]」

親としてモリスンは気づいた。批判的な顔は、ほかの何より強く表に現れる、やさしさや深い愛をどれだけともなっていても関係ない。並べて競いあわせると、勝つのはいつも批判的な顔のほうだ。四歳の子でも、何がいけなかったんだろうと思う。多くの人が、周囲の批判的な顔を記憶にとどめながら一生を過ごす。次々と評価を下されているように感じ、何がいけなかったのかと自問して、生涯引きずる有害なかたちでその答えを自分のなかに取りこむ。たいていみんな、批判のまなざしを直接自分に向ける。正しいことに少しでも目を向ける前に、まちがっていることのせいで自分を罰してしまう。

この点が、トニ・モリスンのふたつ目の気づきにつながる。厳しさとやさしさのバランスを逆転させてもかまわないということ——ときには逆転させることが大切ですらある。モリスンは子どもに評価を下すのを控えるようになり、もっとあたたかく、誠実で、直接的なものによって子どもを導くようになった——明るい笑顔、何にも縛られないよろこびの気持ちによって。とかした髪や引っぱりあげた靴下ではなく、目の前に現れた人をまるまるすべて受けとめることによって。「子どもたちが部屋に入ってきたら、ふたりの顔を見られてうれしいから」とモリスンは言う。「そんなささやかなことなの」

モリスンは、よろこびをまっ先に前面に押し出すことを学んだ。自分の子どもだけでなく、すべての子どもを相手に。ロンと同じで、やさしくはじめるように心がけた。

トニ・モリスンは子どもを甘やかしていたわけではないし、子どもに期待しなくなったわけでもない。自分で自分のことをできない子を育てたわけでもなければ、人から認めてもらうことばかり求める子を育てたわけでもない。むしろその反対だと思う。モリスンが子どもにしたことは、母と父がわたしにしてくれたことだ。モリスンは、あなたはあなたでいいというシンプルなメッセージを伝えていた。子どもたちの光を、それぞれのなかにある唯一無二の輝きを受けとめて、それを認めていた——光はそこにあり、それはあなたのものなのだと、誇張なしに示していた。それは自分のために使える力なのだと。

✣ ハグは雄弁

もちろん、よろこびと〝あなたはあなたでいい〟のメッセージは、普通は人生でなかなか手に入らないし、率直に伝えられることもめったにない。学校でも職場でも、家族や親しい人間関係のなかでさえも、いつも自分の価値を証明することを求められる。いろいろなテストに合格して、承認を勝ちとったり、前にすすんだりしなければならないと思わされている。初日から全幅の信頼を寄せてくれる上司や、出社するたびにうれしそうな顔をしてくれる同僚なんてめったにいない。世界一すばらしい人生のパートナーでさえも、ごみを出しにいくときや、おむつを替えに何度も二階へ向かうときには、明るい笑顔をつくれないかもしれない。

でも、だれかが自分のために明るい笑顔を見せてくれたら、わたしたちはそれを忘れない。その気持ちは根をおろす。いまでもわたしは、小学三年生のときの先生から感じたあたたかさを思いだせる。シールズ先生は毎日、教え子たちに会うのが心からうれしそうだった。最初にやさしくしてもらったとき、つまりだれかが無条件のよろこびをこめてあいさつしてくれたり、成功する能力があると信じてくれたりしたとき、その効果はずっとあとまで残って、人生にプラスの影響を与える。

顔を合わせたとき、いのいちばんによろこびを示してくれた先生、親、コーチ、友だちの顔を憶えている人がたくさんいると思う。研究によると、教師が教室の入口で生徒を一人ひとり出迎えると、学習への取り組みのレベルが二〇パーセント以上あがり、規律を乱す行動は減るという。[8] これは世界一シンプルな考えだ。よろこびは栄養になる。それは贈り物だ。顔を合わせた相手がよろこんでくれたら、わたしたちは少し元気になる。心を落ちつかせやすくなる。そして、その気持ちを携えて前へすすんでいく。

いつでも子どもを見ると、よろこびを求める気持ちは本能的なものだとわかる。子どもは、やさしさを引きつける磁石のようなものだ。毎年、ホワイトハウスでは、〈子どもを職場へ連れていく日（Take Your Child to Work Day）〉に子どもたちを受け入れていた。二〇〇人ほどの子どもが来てキッチンを見学し、犬のボーとサニーに会って、〈ビースト〉という大統領専用装甲車のなかをのぞく。最後にわたしがみんなといっしょにイーストルームに腰をおろし、質問になんでも答える。子どもたちが手をあげて、あてられるのを待つ。こんなことを尋ねられる。「好きな食べ物はなんですか？」「どうしてそんなにいっぱい運動するの？」「ここにプールはある？」「大統領はいい人ですか？」

ある年、アナヤという少女が手をあげた。指名すると立ちあがり、わたしの年齢を尋ねて

（そのときは五一歳だった）、そんな年には見えないとおだててくれた。わたしは笑って手招きし、その子を部屋の前のほうへ呼んで、包みこむように大きくハグした。

たちまち手がたくさんあがった。終わりの時間が近づくなか、ほかの質問の多くは消えてなくなったようで、あとに残ったのはひとつだけだ。

「わたしもハグしてくれる？」別の子が声をあげる。

そのあとも次から次へと。「ハグしてくれる？」

部屋のあちこちから声があがって、それがどんどん膨れあがり、子どもたちの声がひとつになった。「自分も、自分も、自分も！」

その日の収穫として、ハグのほうが有意義だと直感的にみんなわかっていたようだ――ハグをしたときの気持ちは、わたしが口にするどんなことばより、伝えるどんな情報より、ずっと長く記憶に残るだろう。子どもたちが何より求めていたのは、わたしの率直なよろこびを感じることだ。実はわたしも同じものをその子たちから求めていた。こんなふうに、よろこびは互いに与えあう。ファーストレディ時代、わたしは子どもよりも大人にたくさん会ったけれど、くたびれ果てた日に魂を満たしてくれ、エネルギーを与えてくれるのは子どもたちだった。

子どもに会うのは、わたしの役目のなかでもひときわ楽しい部分だった。明るい笑顔を見せてくれる人がこれまでいなくて、この先も現れない、そんな子が世界にたくさんいることを、わたしは痛いほどわかっていた。だからファーストレディとしての務めのひとつは、出会う子みんなに明るい笑顔を見せることだと思っていた。万が一のために。わが子に接するときと同じように、わたしは出会った子どもたちに明るい笑顔で接した。よろこびを表現することで、その子たちに価値があることを——どれだけ大切に思われているかを——示せるとわかっていたから。

この先の章では、よろこびの気持ちを土台にした関係を見つけ、それを育《はぐく》むのに必要なことをさらに詳しく見る——落ちつきを与えてくれる人をあなたの世界でどう見つけるのか、まわりの人にとってあなたがそういう存在になるにはどうすればいいのか。それに、よろこびをこめて見てもらうことのむずかしさだけでなく、より広く、人の目にとまること全般のむずかしさについても語る。わたしたちの多くが、人の目に見えていないという感覚と闘っていることや、ありのままの自分として完全に認められるためにステレオタイプを乗りこえなければならないことについて。でも、さしあたりひとこと言っておきたい。本当の成長は、自分自身によろこびの目を向けられるようになることからはじまる。

✣自分で自分にやさしさを届ける

ロンの話に戻ろう。新しい一日のはじまりに、自分にあいさつする——あたたかい調子で口にする、ふたつのことば。ロンはまず自分のよろこびをはっきり表現して、評価を下す前にそれを口に出すようにしている。そうすることで、文字どおり自分を安心させられる。

自力でこれをできることは忘れられがちだ。わたしたちは承認とやさしさを自宅にデリバリーできる。目の前の鏡に映る、くたびれた不完全な人のもとへさえも。自分で自分の光を認められる。ありのままの自分の感覚を認められる。感謝の力についてたくさん本が書かれていて、それにはもっともな理由がある。効き目があるからだ。たいした手間はかからない。たぶん少し練習が必要なだけ。おそらく、自分をけなそうとする反射的な気持ちに気づくように意識して、そういう考えがたやすくやってくることを心にとめておく。そして、その代わりに自分なりのやさしい「ヘーイ、相棒」を実践するように努める。それはなんでもかまわない。

最近わたしは、朝起きたら自分で一日をやさしくはじめようと取り組んでいる——意識して意図的に、自分をけなしたり否定したりする第一の考えを捕まえて、それを脇へ追いやる。それから第二の考えを呼び寄せる。もっと前向きでやさしいもの。もっと計画的で、自分にフレンドリーな何か。そして、それをわたしの出発点にする。第二の考えはたいていシンプルだ。多くの場合、新しい一日のスタートラインにまた立てたことを静かに、けれども感謝の気持ちをこめて認めることだ。

ハードルはかなり低い。やさしくはじめることは、かならずしも大きくはじめることではない。その日に何をするか宣言する必要もなければ、深い自信の源を新しく見つける必要もないし、無敵のふりをする必要もない。声に出してしなくてもいいし、もちろん鏡の前でする必要はまったくない。なんらかの方法で自分のなかの批判者をブロックし、よろこびを前に押し出そうとするだけでいい。ほんの少しの思いやりをこめて自分と——比喩《ひゆ》的にでも——目を合わせ、なにかしらのフレンドリーなあいさつを口にする。そのためには、ちょっとした自意識や、おそらく隣の部屋から聞こえてくる妻や夫の笑い声を乗りこえる必要があるかもしれないけれど。

いずれにせよ、ロンはいまもそれをつづけている。朝、目を覚ましたあと、安定を与えてくれる力強いものを自分のなかから呼び起こす。こんなメッセージをこめて自分にあいさつする。〝きみはここにいて、それはしあわせな奇跡だ。だから、それを追いかけよう〟。これはすてきなことだとわたしは思う。

それでもマトリスとわたしは、そのことでくすくす笑うのが好きだ。ちょっとかわいらしいと思うから。

「ヘーイ、相棒！」マトリスとわたしは、おもしろ半分にお互い口にするようになった。

「ヘーイ、相棒！」次にロンに会ったとき、同じ部屋にいた彼に少し離れたところから声をかけた。

ロンは安定していて落ちついた人で、自分にフレンドリーに接する方法を知っているから、まったく恥ずかしがらなかった。

ただわたしに向かってにっこり笑い、同じことばを返してきた。

わたしの背の高さは、見逃すことのできないほかとのちがいだった――最後列のまんなかにいるわたしは、ブリン・マー小学校のクラスの女子でいちばん背が高かった。

第四章　わたしは見えている？

✣人とちがうつらさ

自分なんてどうでもいい存在だと感じたことはある？　自分のことをだれも見ようとしない世界に生きているって？

どこかを訪れるたびに、学校で、職場で、さらに大きなコミュニティで、ありのままの自分として受け入れられずに悪戦苦闘していると言う人に会う。その人たちは、場ちがいなところにいるときの自意識について語る。わたしもそれを知っているし、それを抱えて人生の大部分を生きてきた。

地球上のほとんどすべての人が、どこかの時点でこの種の気持ちを味わう――いまいる環境にどこかなじんでいなくて、侵入者と見なされているという刺すような意識。でも、ほかとちがう存在と見なされるわたしたちにとって、そういう気持ちは単純に現れては消えるものではない――そのちがいが人種、民族、身体の大きさ、ジェンダー、クィアネス、障害、ニューロ・ダイバーシティによるものでも、そのほかのさまざまなものでも、あらゆる組み合わせによるものでも。そういう気持ちはときに強烈で、弱まることがない。それを抱えて生きるのはたいへんだし、原因と対処法を把握しようとするのは、控えめに言っても厄介だ。

わたしが周囲の人とちがうと感じた最初期の記憶は、そのほとんどが黒人であることとはなんの関係もない。わたしが育った地区では、わたしの肌の色は基本的にまわりに溶けこんでいた。通っていた学校には、いろいろな背景のいろいろな子が集まっていて、その交じり合いのおかげで、みんなが自分自身でいられる余地が大きくなっていたように思う。

でも、わたしは背が高かった。そして、背の高さと闘わなければならなくなった。背が高いとまわりから浮く。「背が高い」は最初にわたしに貼りつけられたレッテルで、そのあとずっと剝がれなかった。振り払うことはできないし、隠すこともできない。幼稚園の初日から背が高くて、そのあと着々と大きくなり、一六歳ぐらいのときにいまの身長――一八〇センチ――で頭打ちになった。

小学校では、休み時間に外へ出たり、避難訓練をしたり、学芸会の準備をしたりするたびに、きまって飛んでくる先生のかけ声が恐ろしくてたまらなかった。「オーケー、みんな、背の順に並んで!」順番は言われなくてもわかっている。〝小さい子が前、大きい子がうしろ〟

先生にそんなつもりがなかったのはわかっているけど、こういうかけ声のせいで、すでに感じていたきまりの悪さがいっそう大きくなって、まるで教室の隅が自分の居場所だとおおっぴらに言われているみたいだった。そのメッセージは、わたしにはこんなふうにしか聞こえなかった。〝あなたはよそ者ですよ〟。わたしのなかに小さな傷が、自己嫌悪のとても小さな核ができて、自分のいいところを受け入れられなくなった。背の高い子として、たいていのグループでうしろに追いやられて、小学三年生のときの合唱では最後列で歌った。いつだっていちばんうしろ。背の高さに注目されるせいで、新しい自意識がわたしのなかで芽生えた。自分はよそ者だというかすかな感覚。きまりの悪さに完全に浸って部屋にいて、たったひとつのことしか考えられないときもあった。〝わたしは背の高い女子で、列のうしろに向かわされる〟

いまはわかる。実はわたしは、ふたつの考えを同時に自分に伝えていた。そのふたつのメッセージは、組みあわさるとひときわ有害だ。〝わたしは浮いている〟と〝わたしはどうでもいい存在だ〟。

✣ナディア・コマネチになれなかったわたし

わたしの身長は、兄のようには役に立たなかった。兄は一三歳のときにはもうかなり大きくて、家の向かいの公園にあるバスケコートで大人の男たちと張りあえるほどだった。強さと運動神経を褒められていた。兄はそれを道具として使うようになり、その助けを借りて友だちをつくって、近所の人の尊敬を集めた。それのおかげで大学へ進学でき、仲間の選手たちとつながって、スムーズに環境の変化に適応できた。そのうえチームの後援者たちとのつながりもできて、その人たちが人生の師《メンター》になり、さらなるつながりをつくる手助けをしてくれた。背の高さと強さのおかげで、結局、クレイグは指導者としてのキャリアで成功を収めた。

でもわたしには、背の高さと強さの組み合わせは財産ではなく重荷だった。少女時代のわたしは、それをどう使えばいいのか見当がつかなかった。一九七六年のオリンピックを観て、ルーマニアの体操選手ナディア・コマネチに夢中になった。段違い平行棒で完璧な演技を披露し、オリンピック・レベルの体操競技で史上初の「一〇点満点」を出して、みんなを驚かせた選手だ。それだけではない――さらにそれを六回も成し遂げ、段違い平行棒と平均台で優勝して、個人総合の金メダルも獲得した。

コマネチの力にわたしは息をのんだ。彼女の身のこなしに魅了された。すばらしい成果を果敢に追い求める彼女を見て、わたしのなかの何かが刺激された。ナディア・コマネチが登場する前は、一〇点満点は目指すべき理想、はかない奇跡にすぎなかったのに、彼女はそれを達成できることを証明したのだ――完全に新しい次元の偉業だった。わたしたちが目にしたのは、スポーツ界での月面着陸に相当するものだ。

さらにすばらしかったのは、ナディアがたった一四歳だったこと。厳密には一四歳半で、当時わたしは一二歳半だった。その年齢差にわたしは勇気づけられた。体操に挑戦したことすらないことよりも、ナディアのような姿になるのにまる二年も準備期間があることのほうが重要だった。二年後には、滑り止めの粉を手につけて国際大会に出場する。ナディアは、年齢についてのわたしの新基準になった。こんなふうにしか考えられなくなった。「オーケー、一四歳半っていうのはこういうものなんだ」

わたしもスポーツ界で月面着陸ができると思って、同じ方向を目指すことにした。

母も賛成してくれて、わたしは普段ダンスを習っていたメイフェア・アカデミーで、週に一度の〝アクロバット〟クラスに登録した。メイフェアは、サウスサイド出身で成功したアフリカ系アメリカ人のタップダンサーで振り付け師の男性が、一九五〇年代終わりにつくったスタジオだ。自分のコミュニティの子どもたちに、北部の豊かで白人の多い地域で見たダンスや動きを学ぶ機会を提供したいというのが彼の望みだった。

その小さなスタジオは、サウスサイドではいちばん体操施設に近い存在だったけれど、体操競技のために設備が整えられていたわけではないから、平均台もフロアマットもなかったし、トレーナーもいなければ練習用ピットもなかったし、跳馬もなければ平行棒もなかった。ランナーマットがたった一枚敷かれているだけで、そこでわたしとナディアを目指すほかの十数人は、跳躍《タンブリング》・回転運動や開脚《スプリット》の練習をした。

まるまる一学年近く、逆立ち、腕立て側転、ロンダートにせっせと取り組んだ。ときどき後方ウォークオーバーを成功させたけれど、たいてい失敗した。体重のバランスのせいで、そもそもわたしにはむずかしいみたいだった。ぶかっこうな後屈姿勢のまま五分間固まっている。腕の筋肉をぴくぴく震わせながら、バッタみたいなひょろ長い脚を蹴《け》りあげ、弓なりに反らした身体の上をこえさせようとするけれど、うまく勢いをつけられなかったり、てこの支点を見つけられなかったりする。結局、背中から床にへたりこんだ。

わたしは、まわりの子たちのなかで少し場ちがいだと感じはじめた。さらにつらかったのが、新しい子たち――ほとんどが細身の女の子で、わたしより最低でも一五センチは背が低かった――が新品のレオタードを着てやってきて、わたしができない技をたちまち身につけてしまうことだ。

わたしは少し恥ずかしくなった。そしてやる気を失いはじめた。

結局、月へのロケット打ちあげは失敗したと認めて、わたしは一三歳で体操競技から正式に引退した。

わたしはナディアではなかった。ナディアにはなれないとわかった。

✣ 見えないものを夢見るのはむずかしい

実のところ、わたしの身体はナディアになるようにできていなかった。重心が高すぎた。手脚が長すぎて、身体を丸めたり回転したりできなかった。体操で成功するには単純に背が高すぎたし、上達に必要な専用の器具や指導を手に入れようとしたら、うちの一家は破産していただろう。どれだけやる気があっても関係ない。ナディアが次々と一〇点満点を出すのを見て、わたしの衝動に火がついていても、力を証明したいという強い想いに駆られていても、自分にも驚くようなことができる気持ちになっていても、どれも関係なかった。すばらしいヒーローは見つけたけれど、それは不可能な道だった。

自分の力をどう扱えばいいのだろう？　わたしは強い一家の強い子どもだったけれど、〝強い〟は普通、女子に貼られるレッテルではないし、少なくともいい意味では使われない。それは大切にしたり育んだりするものではなかった。わたしは身体が強くて個性も強く、意欲も強かった。でもその力は、わたしが育った家の外ではあまり意味がないようだった。それは自分のなかに閉じこめた何かのように感じられた。

さらに大きな問題は、ほかの選択肢を知らなかったことだ。お手本になるヒーローをすぐに見つけられなかった。力の新しいはけ口を見つけるのに苦労した。わたしが暮らす地域には、女子サッカーやソフトボールのリーグは（少なくともわたしが知るかぎり）なかった。テニスの道具や教室も身近になかった。プレイできるバスケットボールのチームは見つけられたかもしれないけれど、わたしのなかの何かが本能的にそれに反発した（ここにも例の自己嫌悪の核があった）。背の高い女子が普通やると思われているスポーツに引き寄せられるのはいやだった。どこかで負けを認めることになる気がしたから。

念のために言っておくと、これはいまとはちがう時代の話だ。ヴィーナスとセリーナが登場するずっと前のこと。マヤ・ムーア（女子バスケットボール選手）はいなかったし、全米女子バスケットボール協会（WNBA）もなかったし、女子サッカーやホッケーのアメリカ代表チームもなかった。女性が汗をかいたり、戦ったり、チームでプレイしたりするのを目にすることはほとんどなかった。黒人の陸上競技選手ウィルマ・ルドルフが、一九六〇年代はじめにつかの間、世界の注目を集めた。その次のアメリカのスーパースター短距離走者、フローレンス・グリフィス＝ジョイナー（〝フロー＝ジョー〟）は、当時まだ登場していなかった。

ジェンダーによる差別を教育の場で禁じる画期的な公民権修正条項、教育改正法第九編（タイトルナイン）によって、やがて大学の運動競技が再編され、新世代の女性アスリートが生まれる。でもわたしが一三歳のときには、タイトルナインが成立してまだ四年ほどで、少しずつしか施行されていなかった。テレビをつけたら、男性がフットボール、野球、ゴルフ、バスケットボールをしているのはほとんど毎日見られるのに、運動競技で女性が競っているのをテレビで見かけるのは、たまにテニスの試合が放送されるときぐらい。だから四年に一度のオリンピックには、すっかり目が釘《くぎ》づけになった。

でもそのときでさえ、女性オリンピック選手が取りあげられるのは、体操競技やフィギュアスケートといったスポーツに大きく偏っていた。身体にぴったりのアスレチックウェアを着て個人で出場する、小柄な白人女性にスポットを当てる競技だ。そういう女性たちは汗をかかないように見えて、彼女たちの力は慎重にコントロールされ、強調的なまでに女性らしいしとやかさに包み隠されている。子ども時代に黒人女性のアスリートをテレビで見た記憶はない。ゴールデンタイムに放映されない競技や、テレビ局のカメラが関心を向けない国など、どこかにはいたはずなのに、一度たりとも。

スポーツだけではない。テレビでも映画でも雑誌でも本でも、わたしのような人にはほとんど出くわさなかった。テレビ番組では、自分の考えを持つ強い女性はたいてい変わり種として使われるだけで、口うるさい、あるいは意地悪な脇役として男性を引き立てるだけだ。黒人は犯罪者かメイドとして描かれることが多くて、医師、弁護士、芸術家、大学教員、科学者として登場することはまずなかった。あるいは、黒人は漫画のように極端に描かれていた。《グッド・タイムズ》のエヴァンズ一家は公営住宅で冗談だらけの生活を送っていて、《ザ・ジェファーソンズ》のジョージとウィージーは貧困地区を脱出し、「空に浮かぶデーラックスなアパートメント」の高層階へ移る。わたしたちがこういうコメディドラマの家族に大笑いするたびに、父は目をぐるりとまわした。「どうしてみんな、いつもすかんぴんで間抜けなんだ？」そう言って首を振る。

子どものときのわたしは、よく見えない何かを目指していた。ナディアを除けば、わたしのお手本《ロールモデル》になる人物は、メアリー・タイラー・ムーア、スティーヴィー・ワンダー、シカゴ・カブスの外野手ホセ・カーデナルだった。この人たちを混ぜあわせたら、わたしがなりたいと思っていた人間がぼんやり浮かびあがったのかもしれないけれど、目を細めて見なければそんな人物は想像すらできなかっただろう。

わたしはヒーローを求めていた。ほんの少しでも自分に似ていて、すすむべき道を照らしてくれて、わたしに何ができるかを示してくれる人。〝オーケー、専門職に就く女性はこんな人なのね。パワフルな女性リーダーはこんな人。黒人アスリートは自分の力を使ってこんなことをするんだ〟

人生では、見えないものを夢見るのはむずかしい。まわりを見て、より広い範囲の世界になんらかのバージョンの自分を見つけられなければ、地平線を見わたして、自分のような人が見あたらなければ、さらに孤独を感じて、自分の希望、計画、強さと自分自身がマッチしていない感覚を抱きはじめる。どこに——どうやって——居場所を見つけられるのか、わからなくなる。

✣ まわりに合わせる努力

高校へ入学するときには、簡単にまわりに溶けこめる子を少しうらやましく思うようになっていた。クラスには満足していたし、いい友だちもいたけれど、背が高いというレッテルをやっぱり感じていた。ほとんどいつもそれを意識していた。小柄な子が本当にうらやましかった。どんな服を買うかとか、男の子がダンスに誘うのをためらうんじゃないかとか、身体の大きさのせいで思い悩む必要がなさそうだったから。

空き時間の多くが、自分の体型とサイズに合う服を探すために消えた。たいてい、いまいちしっくりこない服で妥協するしかなかった。小柄な友だちが、裾《すそ》が〝つんつるてん〟になるんじゃないかと一秒たりとも心配する必要なくカルバン・クラインのジーンズを棚から無造作にとるのを見ながら、気を落とさないようにしようと努めた。ヒールの高さのことでえんえんと悩んだ。かっこよく見せたいけれど、いまより背が高く見えすぎないようにもしたかったから。授業中も、流行に合わせてくるぶしが見えないようにしようとズボンを引っぱったりして、集中できないことがよくあった。それに、シャツとジャケットの袖《そで》はいつも短すぎたから、気づかれないようにしようとずっとロールアップしていた。隠し、調整し、自分にないものを補うためにエネルギーを使っていた。

学校でスポーツの試合前の激励集会《ペップラリー》へ行き、チアリーダーが宙返りをしてポンポンを振るのを見ていると、体操選手と同じように強さとパフォーマンスの美しさとが同居しているのがわかった。そのうち数人の身体はわたしの片脚と同じぐらいの大きさで、ほんの少し気が沈んだ。それと同時に、ジェンダーの力学がそこに働いているのにも気づきはじめていた――わたしがうらやむ女の子たちも弱者なのだと。小柄でも、典型的にかわいくても、みんな狭い選択肢のなかで動いている。チアリーダーたちは強くて鍛えられているかもしれないけれど、それでもおおむね飾りと見なされている――元気のいい脇役のマスコットで、男子のフットボールやバスケットボールのさらに大きく魅力的なドラマを支えることがその役目だと思われている。拍手はおもに男子へ向けられる。

わたしは、自分がいる場所に自分を合わせようとしつづけた。わたしたちはみんな、まわりに合わせようとしていた。それはティーンエイジャーにつきものの経験だったのだといまはわかる。多くの人は、そのために早い時期に失敗を経験する。娘たちに昔よく話した。人気者で自信のある子でも、ひそかに怯《おび》えている――まわりに合わせる努力を隠すのが、ほんの少しうまいだけ。その年ごろでは、たいていみんな何かの仮面をかぶっている。

✣わたしはどんなふうに見られている？

この種の自意識は、ほとんど発達段階のひとつと言ってもいい――耐えて、そこから学んで、乗りこえようとするもの。でも、周囲になじんでいない、普通の状態から外れて生きなければならないというこの感覚は、大人になってからもずっとついてまわることが多い。

〝ここはわたしの居場所？〟

〝みんなは、わたしのことをどう思っている？〟

〝わたしはどんなふうに見られている？〟

こんなふうに自分に問いかけて、つらくない答えを出すために、ときどき自分をねじ曲げる。調整し、隠し、自分にないものを補って、いまいる場所での自分のちがいと折りあいをつける。状況に合わせていろいろな仮面をかぶって——というか平静を装って——、もっと安全だ、そこが自分の居場所だと感じたいと望んでいるけれど、完全に自分自身でいる感じはない。

人とちがう、あなたのいちばん浮いている部分は、ほかの人がまず気づいて、いちばんよく憶《おぼ》えている部分だと思いがちだ。実際そのとおりのこともあるけれど、そうでないこともある。むずかしいのは、自分ではなかなかわからないこと。いずれにせよ前にすすみつづけるしかない。でも問題がある。他人の評価を取りこむと心を乱される。これが自意識の特徴だ。自分のことを考えるのをやめて、他人にどう思われているのかを推しはかるようになる。

これは、ある種の自己破壊にもなりかねない。突然、自分でも他人とのちがいがまず目にとまるようになるからだ。黒板に書かれた数学の問題に集中する代わりに、自分の見た目を心配する。講義で手をあげて質問するけれど、それと同時に、自分とはちがう人ばかりの教室で自分の声がどう聞こえるかを気にする。上司との打ち合わせの場へ向かいながら、どんな印象を与えるだろうとあれこれ考えて、スカートの長さはどうか、口紅をつけたほうがいいかと悩む。

あなたはレッテルの重みを背負いはじめる。それが何であれ、ほかとのちがいが旗のように掲げられる。

こういうことがさらなる負担になり、いっそう気が散る。ほかの人にはなんてことないのに、あなたにはエネルギーが必要な状況に置かれ、考えなければならないことが増える。目の前で世界がそっとふたつに分かれたように感じる。たくさん考えなければならない人と、あまり考えなくてもいい人に。

✣〝唯一《オンリー》の子〟として育つ重荷

わたしの友だちには、白人が暮らす豊かな郊外で育った人がたくさんいる。その多くは、こんなふうに言う。親が意識的に選択して、設備の整った公立学校があり、身近に自然があって、きれいな水と空気をあてにできる場所で子育てすることにしたのだと。つまりたいてい一家で故郷の街と親類のもとを離れ、お金をかき集めて、新しい郵便番号へたどり着いたということだ。こんなふうに、もっといい学校があるもっといい環境で暮らすために、小さな賃貸アパートへ行きつくこともある。街のいちばん端の、通勤列車の駅のそばにある小さな部屋へ――それでも、いろいろな有利な条件への足がかりになる。たいてい子どもたちは、〝唯一《オンリー》の子〟として育つ。クラス、スポーツチーム、映画館でポップコーンを買う列、スーパーマーケットの通路で有色の子を見かけることは、あったとしてもとても少ない。子どもによりよいチャンスを与えるために、親はある種の人種のフロンティアへ身を置く。

ニューヨークのベッドタウンで、〝オンリー〟として育った友人がいる――ここではアンドレアと呼ぶことにしたい。カントリークラブや小高い森林があちこちに点在する町で、父親たちは列車で通勤し、母親たちはたいてい子どもと家にいる。アンドレアの両親は専門職に就く成功を収めた黒人で、教育を受けていて、とても野心的だった。いい家に住み、いい車に乗っていた。裕福であるという点では、一家は町にとてもよく溶けこんでいた。でもだからといって、均質的な白人の町で黒い身体がまわりから浮くのを埋めあわせることはできない。

とても幼いころから、アンドレアはまわりの人が示すちょっとしたためらいに気づきはじめた。特権的な空間に黒人少女がいることを初対面の人が受けとめようとする、ほんの一瞬の間《ま》。ごくわずかなプラスアルファの考え。〝どうやってここへ来たんだろう？〟〝これはいったいどういうこと？〟ありのままの自分を愛してくれる友だちができなかったわけではないし、暮らす場所のせいで不幸な子ども時代を送ったわけでもない。でも幼いころからアンドレアは、ほかとはちがうというレッテルと闘っていて、おまえは場ちがいだという合図に気づいていた。自分が暮らす町なのに、どういうわけか不当に侵入していると感じさせられる、水面下の無言のほのめかし。

〝場ちがいだ〟というメッセージは傷を生み、その傷は簡単には消えない。アンドレアは高い教育を受け、本人も専門職に就いて裕福になった。キャリアの大部分を企業での多様性《ダイバーシティ》と包摂《インクルージョン》の取り組みに捧《ささ》げてきて、自分の職場で〝オンリー〟を減らそうと努めてきた。彼女をよそ者と見なす人のなかで長年うまく立ちまわる必要があったから、アンドレアは自分に役立ちそうなツールと感情面の鎧《よろい》をひとそろい整えてきた。

それでも昔の傷は消えていない。幼稚園の先生は、白人のクラスメイトには明るい笑顔を見せて愛情のこもったハグをするのに、自分には尻込《しりご》みして触れてくれなかった。それを思いだして感情を抑えられなくなる。白人の友だちは、励ましの星印や笑顔のマークでいっぱいの練習問題用紙を先生から返してもらっているのに、同じぐらいきちんと正解した自分の用紙には、そっけないチェックマークしかついていなかった。それを思いだすと、いまでも涙が出る。これは微妙だけれどあからさまな出来事で、たくさんある小さな傷のひとつだ。

わたしの母と父は郊外にも、それが提供するどんな足がかりにも興味がないようだった。ふたりの選択は、わたしたちを街のコミュニティに根づかせて、おば、おじ、祖父母、いとこのそばへ置いておくこと。ほかの家族が――とくに白人の家族が――ほかの場所へ移りはじめても、変わることはなかった。たぶんこれは、よく考えた計画というよりは、母が変化全般を嫌っていたせいだけど、母と父がわたしたちの暮らす場所を好きだったのはたしかだと思う。わたしたちは近所の人たちを知っていた。いろいろな人が交じりあっているなかで、幅広い人種、階級、文化に囲まれているのが心地よかった。その交じり合いは、憩《シェルター》いの場だった。わたしたちには、ただただ望ましいものだった。

✣自分とはちがう人ばかりの大学

でも、それはつまり人生の最初の一七年間、わたしは一度も〝オンリー〟だったことがないということだ。大学に入学して初めて、人種のせいで目に見えない存在でいることを本当の意味で経験した。父の車でシカゴからプリンストンへ行くと、たちまちわたしは一九世紀の石造りの建物のあいだを抜ける小道を歩いていた。シャツの裾を出した私立中等学校《プレップ・スクール》の生徒が投げたフリスビーから身をかわしながら、美しい中庭で驚きの声をのみこんでいた。ただただ呆然《ぼうぜん》としていた。こんな場所がそもそも存在することに。それにこのわたしが、ユークリッド通りのミシェル・ロビンソンが、ここへたどり着けたことに。

その場所は美しく、わたしには少し張りつめた感じもした。それまで、白人の若い男性がほとんどを占める環境にいたことなんてなかった（これは一般化しているのではなくて事実だ。大学のわたしの学年では、四分の三をこえる学生が白人で、その三分の二近くが男性だった）[9]。ほぼ確実に、彼らがわたしの存在を感じるよりも、わたしのほうが彼らの存在を意識していたと思う。若い黒人女性であるわたしは、ふたつの面でマイノリティだった。キャンパスを歩いていると、力の場《フォースフィールド》を、ある種のフロンティアを歩いているような気がした。自分がどれだけほかとちがうのか、考えないように努めなければならなかった。

わたしはほかとちがったけれど、すぐに気づいた。だれもわたしに注意を払っていない。わたしは、ひと吹きの空気と同じぐらい取るに足らない存在だった。プリンストンには、全般に一種の鈍感さがあった。ゴシック様式の気どったアーチと、二〇〇〇年をこえる誇り高いエリート意識（〝アカデミック・エクセレンス〟とも呼ばれる）の何かのせいで、どこから来たかは関係なく、みんなこの場所を通りすぎる訪問者にすぎないという感覚があった。わたしたちのだれよりも大学は長生きするのだと。

それでも、こういう環境にもっとうまくなじめるクラスメイトがいるのもわかってきた。豊かさにあまりショックを受けず、自分の力を証明する必要をあまり感じない人たち。一部の人には、プリンストンで学ぶのは事実上、生まれながらの権利だった――わたしの学年の八人にひとりは、卒業生の親族への優先制度を使って入学していた。[10]同じアーチをくぐった父親と祖父の家系に連なるいちばん新しい子で、いつか自分の子どもも同じ道をたどると無理なく想定できる人たちだ（当時、プリンストンは共学になってまだ一二年で、母親や祖母になった卒業生はその方程式に組みこまれていなかった）。

当時のわたしは、何もわかっていなかった。当然の権利《エンタイトルメント》という考えをまだ把握していなかった。仲間の一部の落ちつきと気楽さを支えているのが、世代をこえて受け継がれた富と、特権の深いネットワークだとは気づいていなかった。わかっていたのは、わたしはほかとちがうと感じて、ときどき惨めな気持ちになることだけ。大学には入学できたけれど、だからといって、かならずしも自分の居場所だと感じられたわけではない。

ある場所にいて、自分のような見た目の人がまわりにいなかったら、どこか不安になる。心を乱されて、まるで自分の〝同類〟が地球上から完全に消し去られたかのように感じる。祖父母とその食べ物、文化、しゃべり方を知って育ったのに、いきなりその歴史がなくなる。自分の現実が消えてしまったみたいに。教室や食堂の壁に並ぶ肖像画に、自分のような顔はない。毎日を過ごす建物には、すべて白人男性にちなんだ名前がついている。教師は自分みたいではない。仲間も自分みたいではない。大学の外の町の路上ですら、自分みたいな人はほとんど見かけない。

大学へ行くまで、本当に思いもよらなかった。アメリカには、わたしの出身地よりもプリンストンに似たほかから隔てられた地域があちこちにあって、そこには異なる種類の人が基本的にいない。多くの人には、それが単純に普通の状態だ。初対面の人がわたしを見たときの、ちょっとしたためらい。まわりとちがうわたしがこの場にいることを頭で処理する、プラスの一秒。それにわたしも気づきはじめた。

クラスメイトの多くは見た目も振る舞いも同じような人に囲まれて育っていて、同じであることに人生が形づくられ、居心地のよさもそれに定義されていることもわかった。黒人や褐色肌の仲間がひとりもいない人もいた。そのせいでわたしは、その人たちにはほぼ認識不可能な人間で、よそ者のなかのよそ者だった。わたしをすぐに型にはめるのも無理はない。わたしの髪、肌の色を怖がっているようなのも無理はない。わたしみたいな子は、その子たちの世界のどこにも居場所がない。その子たちの生まれ育ったところでは、わたしみたいな人間は文字どおり存在しなかった。

✣〝人とちがう〟という自意識

時間が経つにつれて、わたしは大学のなかの特定の場所に憩いの場とコミュニティを見つけた――友人アンジェラ、スザンヌといっしょの寮の部屋と、有色の学生がよく集まるキャンパスの多文化センターだ。センターでは自意識を脱ぎ捨ててくつろいだ気分になれて、他人にどう思われるか心配しなくてよかった。そこで友だちができて、センター長のサーニー・ブラジュエルが大人としてすばらしい人生の師《メンター》になってくれた。彼女はわたしのワークスタディの指導者になり、わたしが成功できるように力を注いでくれた。大学でわたしが生き残れたのは、非公式の〝諮問委員会〟をつくることができたおかげで、そこには友人、なんでも打ち明けられる親友、助言者、〝オンリー〟であるおかしな感覚も含めて何でも冗談を言える人たちがいた。

知り合いの黒人学生にはみんな、自分に貼られたレッテルのことで語るべき話があった。〝黒人〟であることに〝大学生〟であることがほとんどいつも覆い隠されることについて。ある男友だちは、夜に寮の部屋へ歩いて帰るとき、守衛に何度かあとをつけられた。ほかの女友だちは、ふたりのときはフレンドリーでやさしい白人のルームメイトが、パーティーでは他人のふりをすると語った。

たぶんほかに選択肢がなかったからだと思う。わたしたちは、そういうことを笑いとばす術《すべ》を見つけた。でも笑いとばしながら、実際に役に立つこともしていたのだと思う。経験を寄せ集めることで、支えになり、不思議と安心感を与えてくれる事実にたどり着いていた。わたしたちはクレイジーじゃない。これは自分の頭のなかだけで起こっているのではない。わたしたち一人ひとりが経験している断絶と孤立――自意識の原因になっているもの――は、頭のなかででっちあげたものではないし、自分の欠点や努力不足のせいでもない。わたしたちをよそ者の立場へ追いやる偏見は、自分たちがただ想像しているだけではない。すべて現実だ。すべて本物だ。どう変えればいいかはわからなくても、これを知り、認めることは大切だった。

友人たちのおかげで、わたしはひとりぼっちだとはあまり感じなくなったけれど、大学の勉強に取り組み、大学で得るべきものを得るには、やはり居心地のいい仲間の輪から足を踏みだして、もっと広い文化の力の場《フォースフィールド》へ入っていかなければならなかった。キャンパスの食堂や講義室を歩きながら、まわりに溶けこみたいと思いつつも、みんなとはちがう自分を過剰に意識して、心がふたつの道を同時に走っていることがときどきあった。席を見つけるのに集中しながら、席を見つけようとしている自分の姿にも同じぐらい集中している――みんなの頭を駆けめぐっているとわたしが思いこんでいる、こんな考えに。〝ほら、黒人の女の子が席を探している〟

つまり、〝わたしは浮いている。わたしはどうでもいい存在だ〟。

ほうっておいたら、この考えのせいで頭がめちゃくちゃになりかねない。

いまでも、こういうときの居心地の悪さを思いだせる。心細く、自分自身から切り離されているように感じて、まるで自分の身体から外に放りだされたみたいだった。

自意識は、ときにこんなしわざをする。足場を奪って、わたしが知っている本当の自分を消し去る。そのせいでわたしはぎこちなく、自信がなくなって、自分がだれでどこにいるのかわからなくなる。世界が情け容赦ない角度で鏡を立てて、わたしがほかの人に認められていないこと、ありとあらゆる点でよそ者であることを見せつけてくるかのようだ。ときどき、そのイメージしか見えなくなる。よく知られているように、社会学者で市民権運動の指導者、W・E・B・デュボイスが、一九〇三年の画期的な著書『黒人のたましい』でこの緊張状態を描いている。「この二重意識、このたえず自己を他者の目によってみるという感覚、軽蔑《けいべつ》と憐《れん》びんをたのしみながら傍観者として眺めているもう一つの世界の巻尺で自分の魂をはかっている感覚、このような感覚は、一種独特なものである」[11]

この気持ちはそんなに昔からある。もっと昔からとは言わないまでも。

それに、そんなにありふれてもいる。いまでも、変わらずに。

問題は、それをどうするかだ。

✣「自分で気分よくしてたら、だれかにイヤな気にさせられはしない」

父は身体の動きがぎこちなく、足を引きずって歩いていたから、ときどき道端で立ち止まった通行人にじっと見られた。父は笑顔で肩をすくめ、よくわたしたちにこう言った。「自分で気分よくしてたら、だれかにイヤな気にさせられはしない」

すばらしくシンプルな格言で、父には効き目があるようだった。父はたいていなんでも受け流すことができた。反発することはなかったし、激情家でもなかった。控えめで冷静で、だからこそみんな、しょっちゅううちにやってきては、父の意見や助言を求めたのだと思う。広い心で接してもらえるとわかっていたから。父は三ドルを折りたたんでシャツの胸ポケットに入れていて、お金を求める人がいたら、だれにでも二ドル渡す。かなり頻繁にそんなことがあったらしい。母によると、父は相手の自尊心を守るために三枚目の一ドル札をあえて渡さなかったのだという。父にお金を無心した人が、手持ちの現金をぜんぶもらったわけではないと安心して立ち去れるように。

父は、他人にどう見られているかを気にしていなかった。自分に満足し、自分の価値をはっきりわかっていて、身体は不安定だったけれど心は安定していた。どうやってその境地にたどり着いたのか、その途上でどんな教訓を学んだのか、わたしには正確にはわからないけれど、他人の評価に煩わされずに生きる方法を何かのかたちで見つけていた。父のこの性質はとても鮮やかだったから、同じ部屋にいたら、離れたところからでもわかったにちがいない。それが人を引きつけた。それはある種のゆとりとして表に現れていた——特権や富から生まれるゆとりではなく、ほかの何かに由来するゆとり。それは、もがき苦しんでいたにもかかわらずのゆとりだった。不確かであるにもかかわらずのゆとり。内面からくるゆとり。

そのために父は目立っていて、あらゆる正しい意味で目に見えていた。

父は、その父のように世界の不正義に怒りを燃やすことはなかった。あえてそんなふうに生きたのだと思う。これもまた、父が〝にもかかわらず〟できたことの一例だ。父自身も不公平な目にたくさん遭った。世界大恐慌のさなかに生まれ、五歳のときに父親が第二次世界大戦で戦うためにいなくなって、大学へ進学するお金もなかった。排他的な住宅・教育政策、ヒーローたちの暗殺、治療法が見つかっていなくて身体が動かなくなる病を経験して生きた。けれども父は自分の父親——わたしの祖父ダンディ——を見て、不安が限界をつくること、怒りが犠牲を生みかねないことも知っていた。

だから父はほかの道を選んだ。どれも自分の魂に寄せつけず、つらいことや恥ずかしいことを引きずらないようにしていた。自分のためにならないとわかっていたし、いやなことを振り払い、ある種の瞬間を忘れることには、一定の力があると気づいていたから。不公平があることはわかっていた。でも大部分は自分ではどうしようもないと認めて、そのせいで意気を挫《くじ》かれないようにしていた。

その代わりに父は、クレイグとわたしが世界の仕組みに興味を持つようにしてくれ、平等や正義をめぐる問題について教えてくれて、夕食のテーブルを囲みながら質問に答えてくれた――ジム・クロウ法や、マーティン・ルーサー・キング・ジュニア射殺後にシカゴのウエストサイドで起こった暴動などについて。選挙の投票日には、小学校の向かいにある教会の地下の投票所へかならずわたしたちを連れていき、票を投じるのはすばらしいことだと身をもって示してくれた。

それに日曜には愛車ビュイックに兄とわたしを乗せてドライブし、サウスサイドのなかでも豊かなアフリカ系アメリカ人が暮らす地域を見せてくれた。大学教育の効果をわたしたちがイメージできるようになり、学校に通いつづけてひらかれた心を保っていてほしいと望んでいたから。車でわたしたちを山のふもとへ連れていって、頂上を指さすようなものだ。父なりにこんなふうに言おうとしていた。〝父さんには無理でも、おまえたちはあそこまで行ける〟

心が安定していたおかげで、父は世界が目の前に立てるどんな鏡も受け流すことができた。杖《クラッチ》をついて歩くブルーカラーの黒人男性が感じてもおかしくない、自分には価値がない、自分は人の目にとまらないという感覚にとらわれず、ずっと遠くを見ることができた。自分がなれないもの、自分が持っていないものには目を向けない。自分がだれで何を持っているのかを基準にして、自分の価値を測った——愛、コミュニティ、冷蔵庫の食べ物、背が高くてやかましいふたりの子ども、訪ねてくる友だち。それでしあわせだと思って、前にすすんでいた。父が意義ある人間だという証拠だから。

自分で自分をどう見るかがすべてだ。それが自分の土台で、まわりの世界を変える出発点になる。わたしは父からそのことを学んだ。父が人の目にとまる存在だったおかげで、わたし自身もそうなる方法を見つけられた。

✣ 安定は自分のなかからやってくる

〝自分で気分よくしてたら、だれかにイヤな気にさせられはしない〟。父の格言を吸収して自分の人生にきちんと取りこむには、長い年月がかかった。ゆっくりと、途切れ途切れに、わたしは自信をつけていった。人とのちがいを抱えながら誇りを持って生きる方法を、本当に少しずつ学んでいった。

ある意味では、受け入れることからはじまった。小学校のどこかの時点で、わたしはクラスでいちばん背の高い女子であることに慣れた。だって、ほかに選択肢はある？　のちに大学では、クラスやキャンパスのイベントで〝オンリー〟であることに適応しなければならなかった。また同じ。選択肢なんてなかった。長年のあいだにわたしは、男性のほうが数が多く、たいてい女性よりも声が大きい場にいることに慣れていった。単純にそれがありのままの環境だった。

そして気づきはじめた。こういう場の力学を変えたければ——わたし自身のためにも、あとにつづく人のためにも、もっとちがいを許容する余地をつくって、そこに居場所がある人の幅を広げたければ——、まずはわたしが自分の足場を見つけ、しっかりと誇りを持たなければならない。自分を隠すのではなく、認めることをわたしは学んだ。

簡単に負けるわけにはいかなかったし、避けたほうが楽かもしれない状況を避けはじめるわけにもいかなかった。もっと安心して怖がれるようになる必要があった。あきらめないのなら、前にすすみつづけるしかない。この点でも父の人生がお手本として教訓を示してくれた。自分が持っているものを手にとって、前へすすむ。道具を見つけ、必要に応じて適応して、先にすすみつづける。〝にもかかわらず〟がたくさんあるのをわかったうえで、へこたれずにがんばる。

わたしの気性は、父の気性とはいくつかの点で異なる。わたしは父ほど辛抱強くないかもしれない。自分の意見をもっとはっきり口にしがちだ。父のように不公平を受け流すことはできないし、受け流せるようになるのが目標だともかならずしも思わない。でもわたしは、本当の安定がどこから生まれるかを父から学んだ。それは自分のなかからやってくる。そして安定が足場になり、そこからもっと大きな人生をはじめられる。

ほかとちがっていてもゆとりのある父、たいていどんな場所へ足を踏みいれるときにも尊厳を保っている父を見ていたこともあって、わたしも不安を頭から締めだし、自分が置かれた状況のなかで権利をよりよく主張するのに何が役立つかがわかるようになった。わたしが選べること、コントロールできることがあると気づいて、居心地が悪いときにはそれを自分に言い聞かせた――新しい力の場《フォースフィールド》に足を踏みいれるときや、見知らぬ人でいっぱいの部屋にいて、ここはわたしの居場所じゃない、わたしは品定めされている、というチクチク刺すような意識を感じるときには、いつもこのメッセージを思い浮かべた。

どんなシグナルでも、それを自分のなかに取りこむ必要はない――ほかとちがう存在だと見なされていても、そこにいる資格がないと思われていても、何かの理由で厄介者だと思われていても、それに、わたしが感じとっているものがたとえ無意識のものや故意でないものであったとしても。わたしには選択肢がある。人生に、行動に、自分の真実を体現させることができる。姿を見せつづけて、仕事をつづけられる。その毒はわたしのものではない。

✣ 物語を書きなおす

わたしは学んだ。自分がほかとちがうことを、もっとプラスに受けとめることもできる。新しい場に足を踏みいれるときには、それが役立つ。ある意味、心のなかで胸を張るということ。自宅や安心できる友人関係のなかですでに知っていることを、ほんの少し間《ま》をとって自分に言い聞かせる。自分を認めるものは、自分のなかから生まれる。新しい場へ入るとき、その力を活用できると役に立つ。

自分の頭のなかでリアルタイムに、わたし自身のために、自分なんてどうでもいい存在だという物語を書きなおせる。

〝わたしは背が高い、それはいいことだ〟
〝わたしは女性、それはいいことだ〟
〝わたしは黒人、それはいいことだ〟
〝わたしはわたし、それはとてもいいことだ〟

自分なんてどうでもいい存在だという物語を書きなおしはじめると、新しい軸が見つかる。他人の鏡から自分を引き離し、もっと自分自身の経験から、自分が知っている場所から話せるようになる。自分の誇りを大切にできるようになって、あらゆる〝にもかかわらず〟を乗りこえやすくなる。障害物がなくなるわけではないけれど、それを小さくするのに役立つ。たとえ小さなものでも勝利を認める助けになり、自分はだいじょうぶだと思えるようになる。

これが本物の自信の根だとわたしは信じている。そこを出発点に、もっと人の目にとまる方向へすすんでいける。もっと主体性をもって行動し、大きな変化を生む力を身につけるほうへ。一度や二度の挑戦で克服できるものではない。十数回挑戦しても無理だ。自分を他人の鏡の外へ出すには、努力が求められる。正しいメッセージを頭に保っておくには、練習が必要だ。

この作業がとてもむずかしい理由を知っておくのも役に立つ。わたしたちは、すでに書かれた何層もの台本に自分の台本を上書きしなければならない。わたしは場ちがいだ、ここにいるべきじゃない、だれもわたしを気にとめない。そんなふうにずっと語られてきた物語に、本当のことを上書きしなければならない。その物語は伝統に守られて日常生活に埋めこまれていて、多くの場合、文字どおり日々の背景になっている。

そういう物語が、自分と他人についてのわたしたちの考えを無意識のうちに形づくっている。だれが劣っていてだれがすぐれているのか、だれが強くてだれが弱いのかを教えこもうとする。そこには選ばれたヒーローがいて、確立された常識がある。〝重要なのはこういう人だ〟〝成功とはこういうものだ〟〝医者とは、科学者とは、母親とは、上院議員とは、犯罪者とはこういう人で、勝利とはこういうものだ〟

州会議事堂に南部連合旗がはためく場所で育った人も、奴隷所有者のブロンズ像が立つ公園で遊んだ人も、ほとんど白人を中心としてつくられた正典《カノン》を通じて国の歴史を教わった人も、こういう物語が自分のなかにある。最近、メロン財団が資金を提供して、アメリカ各地の記念碑の調査がおこなわれた。[12] 調査結果によると、その大多数が白人男性の名誉を讃《たた》えたものだった。半数が奴隷所有者で、四〇パーセントが裕福な家庭に生まれた人物。黒人と先住民は、こんなふうに記念された人物のわずか一〇パーセントにすぎなかった。女性はたったの六パーセント。人魚の像のほうが女性国会議員の像より多く、その割合は一一対一だった。

✣人の目にとまることをめぐる闘い

もう一度言っておきたい。見えないものを夢見るのはむずかしい。見えないものへ向かって努力することは、なかなかできない。自分はどうでもいい存在だという物語を書き変えるには、勇気と根気が必要だ。気が滅入ることだけど、この世には、孤立している、打ちひしがれている、歓迎されていないと感じる人がいることで気分がよくなったり、力を得た気になったりする人がいる。その人たちは、こちらを小さくしておきたがる。

人の目にとまること（visibility）は、現在のひときわ激しい論争の多くで中心的な位置を占めている。制度化されたレイシズムを公立学校で教師が論じるのを禁止するか否かを州議会が議論するときや、教育委員会が採決をとってホロコースト、レイシズム、ＬＧＢＴＱ＋の本を学校図書館から取り除こうとするときには、だれの物語が語られ、だれの物語が消し去られているのか。それを意識しておく必要がある。これはだれが大切で、だれが人の目にとまるかをめぐる闘いだ。

アメリカは古い物語に支配された若い国だ。そういう物語の多くがもてはやされ、くり返され、問題にされずにいて、もはや物語と見なされることすらほとんどない。わたしたちは、真実としてそれを自分のなかに取りこんでいる。それを読み解こうとするのを忘れている。

たとえば兄のクレイグが一二歳になったとき、自転車が身体に合わなくなった。身体があまりにも速く大きくなって、古い子どもサイズの自転車は、サドルをいちばん高くしても長い手脚にフィットしなくなった。だから母と父は、大人サイズの自転車を買い与えた。鮮やかな黄色の一〇段変速の自転車で、ゴールドブラット・デパートでセールになっていたもの。

クレイグは新しい自転車に大興奮だった。それに乗って王さまのように走りまわった。そのペダルをこいでいることが誇らしくて、自分にぴったりのものを手に入れたことにわくわくしていた。でもある日の午後、その一〇段変速の自転車で近所の湖畔の公園を走っていると、たちまち市の警察官に止められて、それを盗んだんだろうと問いつめられた。

なぜ？　黒人の少年がいい自転車に乗っていたから。黒人少年とその子たちが乗る自転車について、その警官が抱いていた考えから外れていたからだ――その警官も黒人だったけれど、そんなことは関係なかった。彼はある種の物語を真実として受け入れ、固定観念《ステレオタイプ》を自分のなかに取りこんでいて、少年から自転車だけでなくプライドまで奪ってしまった（警官はのちに謝罪したけれど、母にこっぴどく叱りとばされてからだ）。

その警官が兄に伝えたメッセージは、はっきりしていると同時にありふれたものだった。

〝おまえが持っているものを持つ権利があるとは、わたしは思わない〟

〝おまえが誇っているこれは、おまえのものかどうか怪しい〟

わたしたちの多くが他人の目に感じとる疑いの気持ちがまさにこれだ。なじみのない部屋にいるとき。新しい力の場《フォースフィールド》の力学を経験しているとき。おまえは侵入者で、プライドの根拠をさらに証明する必要があるという考えを感じる。こういう物語を書きなおそうとしなければならない。自分たちのためだけでなく、わたしたちを受け入れようとしない世界のために。

✣〝あなたたちの来るところじゃない〟というメッセージの破壊力

投票権運動の活動家で政治家のステイシー・エイブラムスが、一九九一年に高校の卒業生総代に選ばれたあとの出来事を語っている。[13] 彼女は故郷ジョージア州の各地から集まった卒業生総代とともにアトランタにある知事公邸へ招かれ、優秀な成績を収めたことを祝う午後の祝賀会へ参加することになった。この機会にわくわくしたエイブラムスとその両親は、いちばんいい服を着て自宅近くのディケーターから市バスに乗り、公邸がある緑豊かな高級地区バックヘッドへ向かった。バスをおりて公邸の私道を歩いていると、守衛に止められたとエイブラムスは言う。守衛は一家をひと目見て言った。「これはプライベートな行事です。あなたたちの来るところじゃありませんよ」

貧しすぎて自動車がなく、市バスでやってくる黒人一家は、知事と交流する招待客について守衛が抱いていたイメージから外れていた。

ここでのメッセージはおなじみのもの。〝おまえが持っているものを持つ権利があるとは、わたしは思わない〟〝おまえは浮いている。おまえはどうでもいい存在だ〟

ステイシー・エイブラムスは幸運だった。両親がこの馬鹿げた考えを一切受け入れなかったからだ。エイブラムスは背を向けて走ってバスへ戻ろうとしたけれど、母親に腕をつかまれて引きとめられたという。父親は守衛に反論をはじめた。結局、一家は――守衛が持っていたクリップボードのアルファベット順来賓リストのいちばん上に、ステイシーの名前があるのをやっとの思いで見つけさせたあと――祝賀会に出席できたけれど、すでにダメージを受けていて、一滴の毒が漏れ出ていた。若い女性がプライドを奪われ、そのせいでこの経験すべてが汚染される。

「ジョージアの知事やほかの卒業生総代に会ったことは憶えていないんです」ずっとあとになって、エイブラムスはニューヨーク・タイムズ紙に語っている。「あの日のことで憶えているのは、門のところにいた男の人に〝あなたたちの来るところじゃない〟と言われたことだけです[14]」

こういうメッセージには破壊力がある。とくに若くて自己の感覚がまだ完成していない人に届けられるときや、心をひらいてプライドを感じているときに権威を持つ人から届けられるときには。そういうメッセージを届ける人は、忘れがたい存在になる。亡霊のようにつきまとって離れない。何十年も前に名誉を傷つけられたり貶《おとし》められたりした相手と一方通行の会話をつづけている人が、どれだけたくさんいるだろう？　目指していた場所から自分を消し去ろうとした人に、いまも心のなかで言い返している人がどれだけたくさんいる？　わたしたちは何度も何度もその門のところへ戻って、その話を自分に語り、語りなおして、プライドを取り戻そうとする。

『マイ・ストーリー』でわたしは、面会して一〇分も経たないうちに高校の進路指導員からあっさり目標を否定され、プリンストンには出願するだけ無駄だと言われたことを書いた。彼女の考えでは、わたしは「プリンストンに入れるレベルとは言えない」からと。

傷ついたし怒りを覚えた。彼女のことばだけでなく、口にされたときの冷たさとスピードにも打ちのめされた。わたしを見て値踏みするだけで、わたしの光はひとつも見てくれなかった。とにかくわたしはそう感じた。その後のわたしの道は、多少なりともその発言によって形づくられた――他人も同然の人が思いつきで口にした、たったひとつのセンテンスに。

✣「大切なのは、わたしがだれで、だれになろうとしていたのかってこと」

メッセージには、ときにこれほど強い影響力がある。だから、それをどう伝えてどう受け取るか、慎重に注意を払わなければならない。子どもが自分の光をほかの人に認めてもらいたがるのは自然なことだ。子どもはそれを望んでやまない。それによって成長する。自分は人の目にとまらない存在だと感じたら、あまり生産的でない別の方法で人の目を引こうとすることが多い。置き去りにされた暗闇のなか、行動でアピールする。犯罪や暴力的な騒ぎに巻きこまれた若者の話を読むと、わたしはそのことを考える。プライドを感じるチャンスを与えられなければ、子どもは自分がいる場所を尊重しなくなる。権威を尊敬しなくなる――自分を社会の隅に追いやるのだから。自分のものでないものは破壊しやすくなる。

おもに身のまわりの協力的なほかの大人たちのおかげで、わたしは進路指導員の発言から受けた傷をすぐに燃料に変えられた。彼女がまちがっていることを証明しようと、やる気が三倍になった。わたしの人生はある意味、彼女への回答になった。〝あなたの限界はわたしの限界じゃない〟。今日この日まで、わたしは彼女に感謝したことは一度もないけれど、彼女の無関心への反応として、わたしは自分のなかにある種の決意を見いだせた。彼女がわたしに認めるものより、彼女の指図どおりの場所に収まっていたらなっていたはずの自分より、大きくて有意義な人間になろうと動きはじめた。見くびられたことで、それがわたしの〝にもかかわらず〟の一部になった。

知事公邸の門でステイシー・エイブラムスを止めた守衛は、勤務時間を終えてうちに帰り、家族と夕食をとって、彼女のことは二度と考えなかったかもしれない。でももちろん、エイブラムスは彼を忘れていない。彼と、ここはおまえの場所じゃないという彼のメッセージは、彼女が大学へ進学し、大学院の学位をふたつとって、十数冊の本を書き、史上最大級の成功を収める有権者動員の取り組みを立ちあげるあいだ、ずっといっしょについてきた。門戸をさらに大きくひらこうとジョージア州知事に二度立候補したときにも、もちろんそれは彼女のなかにとどまっていた。守衛は彼女の〝にもかかわらず〟の一部になっている。

ステイシー・エイブラムスは、守衛とのやり取りのことをいまでも語る。彼女のなかでそれが結晶化したもの、彼女自身の深い決意を通して、おもにそれを見ている。「意識していたかどうかはともかく、わたしは人生を費やして彼がまちがっていることを証明しようとしてきました」と彼女は言う。「でも彼のことじゃないんです。彼がわたしのなかに見たものと見なかったものの問題じゃない。大切なのは、わたしがだれで、だれになろうとしていたのかってことです[15]」

おそらくエイブラムスのなかでは守衛は門の前に立ったままで、それはわたしの頭のなかの机の前に進路指導員が永遠に座っているのと同じなのだと思う。ほかのすべての〝にもかかわらず〟とともに、ふたりはわたしたちの心の片隅にそっと生きている――わたしたちの優秀さのために、わたしたちが出した答えのために、小さく縮んだ状態で。そのふたりは、成し遂げられなかったことだけのために記憶に残る。ふたりが与え、わたしたちが踏みこえていったものだけのために。

そこはだれの居場所なのか。もっと大きくておもしろいわたしたちの物語のなかで、ふたりは端役になった。結局、ふたりにできたのは、あきらめずにやり抜く理由をわたしたちに思いださせることだけだった。

第二部

わたしたちは互いの
収穫物
わたしたちは互いの
仕事
わたしたちは互いの
偉大さと絆《きずな》【1】

——グウェンドリン・ブルックス「ポール・ロブスン」より

女友だちとわたしは互いに頼りあって、力、慰め、よろこびを得ている。

第五章　わたしのキッチン・テーブル

✣友人たちとの〝ブートキャンプ〟

わたしは友情を軽く考える人間ではない。真剣に友だちをつくるし、さらに真剣に関係をつづける。友人たちはときどき冗談を言う。つながりを維持することにかけては、わたしは口うるさい訓練教官に少し似ているかもと。愛情をこめて、たまに少しうんざりした調子で。そう言われるのも無理はない。みんなの愛と疲労感、どちらも受け入れる。たしかにわたしは、好きな人たちとつながるのに一生懸命かもしれない。熱心にいろいろと計画する。グループでの外出、週末の小旅行、テニスの約束、ポトマック川沿いのふたりきりでの散歩。楽しみにしていることがつねにあって、好きなだれかに会う予定があるのが大好きだ。わたしにとって友情はコミットメントであり、命綱でもあって、その命綱を意識してしっかりつかんでいる。

前にも書いたけれど、ホワイトハウスにいたときには、年に数回、十数人の女友だちに電話して、いっしょにキャンプ・デービッドへ行こうと誘った。はじめは〝スパでの週末〟とか〝健康の旅〟とか呼んでいたけれど、すぐに友人たちは——一日三度のトレーニングに申しこまされていて、肉なし、ジャンクフードなし、アルコールなしの食事が手配されているのを知ると――それを〝ブートキャンプ〟と呼ぶようになった。それにしばらくすると、こう主張しはじめた。参加をつづけてほしくて、そんなに運動させたいのなら、少なくとも多少のステーキと多少のデザート、それに確実に多少のワインが必要だと。

みんな仕事に忙しくて時間がない女性だから、休むときは一度にすべてがほしかった。たいてい学校に通っている子どもがいて、配偶者は忙しく、仕事は厳しい。わたしたちに頼る多くの人たちの生活にぎりぎりのところで対処しながら、睡眠、運動、遊び、親しい人との時間などをいつも詰めこんでいて、その結果、うまくいくこともあれば、いかないこともある。パラノイアになりそうなつまらない疑問で頭がいっぱいのとき、リラックスできる人なんている？夜遅くや、平日のクライアントとの打ち合わせ中に、いきなり襲ってくるこんな疑問。〝サマーキャンプの申し込み、もう締め切りを過ぎちゃった？〟〝ピーナッツバター、まだ残ってたっけ？〟〝スナネズミに最後に餌をあげたのはいつ？〟

キャンプ・デービッドでの週末は、わたしにはとても大きな気分転換の三日間で、わたしと友人が一時的にとはいえ優先事項をリセットできる機会だった。子ども、パートナー、仕事のことは忘れる。終わっていない雑用、迫っている締め切りも忘れる。いまいましいスナネズミも忘れる。わたしたちが第一で、ほかはぜんぶ最後。それに、限界まで追いこまれるきついトレーニングに打ちこむことは、わたしには何より手っとり早くて効果のあるストレス解消法で、いまこの瞬間に集中する手段だ。トレーニングがいくつもつづくとさらにいい。活力はわたしの愛を伝えることば《ラブ・ランゲージ》のひとつと言えるかもしれない。少し無理をしていると感じているときの自分たちが好きだ。ちょっとした汗をかくのを楽しんで、強い意志と力のたくわえを自分のなかに見つけて楽しむ友だちがいるのが好きだ。そのあとで暖炉の前のソファに疲れた身体を投げだして、夜遅くまでおしゃべりできる友だちがいるのも。

ワインとおやつの復活にわたしが同意したことで、それが実現した。これも友情について心にとめておくべき大切なことだと思う。ルールをすべて自分が決められると考えるのは馬鹿げている。重要なのは、仲よくし、コミットして、妥協しつつ、たとえうんざりしながらでもみんなが参加しつづけること。参加することに意味がある。

✣ 大統領就任式で心の支えになった友人たち

わたしは心の底から確信している。揺るぎのない友人が少なくともまわりにふたりいて、態度に示してきちんとその人たちを大切にしていて、相手もあなたを大切にしていたら、人生でもっと遠くまでいける。それがはっきりわかったのは、プリンストンにいたときだ。そこでわたしは学んだ。心のよりどころ、楽しいユーモア、コミュニティとしてのエネルギーを与えてくれる人たちがいて、それを支えに学生としての日々の格闘に立ちむかうのがどれだけ大切か。

のちに一度に何日も仕事で家をあけるパートナーと結婚すると、友人たち、とくに子ども同士が仲よく遊べる友人たちに支えられた。わたしたちは同志になり、ダンスのレッスンや水泳のクラスに子どもを車でいっしょに連れていったり、遅くまで残業しなければならないときにお互いの子どもに食事を与えたりした。だれかが愚痴をこぼしたかったり、つらい思いをしていたり、人生の大きな決断をしようとしていたりすると、親身になって話を聞いた。どれだけ忙しくても、あわただしくても、すべてをうち捨てて力になりたいと思える友だちが四、五人いた。互いに助けあって、みんながスムーズに暮らせるようにしていた。わたしたちのあいだでは、メッセージはいつもこうだ。〝わかった。いま行くから〟

親しい友だちがいたことで、結婚生活のプレッシャーも軽くなった。バラクもわたしも、お互いの人生の〝すべて〟になろうとしたことはない――相手が必要とするケアをひとりですべて背負いこもうとしたことはない。わたしの話や考えをバラクがひとつ残らず聞いてくれるとは思っていないし、すべての心配事にいっしょに対処してくれるとも思っていなければ、日々の楽しみやしあわせを一手に引き受けてくれるとも思っていない。わたしも彼のためにそれをすべてしたいとは思わない。その代わりに、わたしたちは重荷を振り分けている。ほかの人たちからも心の支えと安心をもらっている。わたしたちは幅広い友人――バラクの友だちもいればわたしの友だちもいて、共通の友人もいる――に支えられていて、わたしたちも精いっぱい友人たちを支えようとしている。

わたしが友人関係にさらに熱心になったのは、二〇〇九年はじめにワシントンDCへ来たころだと思う――ことのほか心に余裕がなくて、力のたくわえを目いっぱい使っていた時期だ。バラクが大統領に当選して、わたしたちは九週間弱でシカゴの荷物をまとめ、サーシャとマリアの転校手続きをして、わたしには知り合いがほとんどいない街、DCへ引っ越していた。

就任式前の最初の二週間ほどはホテルで暮らし、娘たちは新しい学校へ通いだして、バラクはいつもの三倍働いて新政権の準備をした。わたしはまだ想像もできない未来のことで毎日何十もの決断をしていた――ホワイトハウスで使うベッドカバーや食器の選定から、イーストウィングのわたしのオフィスのスタッフ採用まで。それに就任式には一五〇人のゲストを個人的に招待することになっていて――友人、家族、たくさんの子どもたち――、全員の旅行日程表、式のチケット、滞在先を手配する必要もあった。

この時期に何より記憶に残っているのは、すべてが放つ奇妙で真新しい輝きだ。昔の生活のあまりにもたくさんのことが、一瞬にして変わった感覚。たくさんの新しい人、新しい仕事、新しい生活とともに、新しい街にいた。わたしの毎日は、ありふれたことと並はずれたこと、実際的なことと歴史的なことのシュールなごた混ぜ状態になった。サーシャには鉛筆入れ、わたしには夜会服が必要だった。歯ブラシ立てと景気回復政策が必要だった。それにすぐに気づいた。わたしたちには友だちが絶対に必要になる。

たくさんの人がDCに来てお祝いに加わり、アメリカの政権移行を見守ってくれるのはうれしかったけれど、わたしにとってそれは、生活と生き方がすっかり変わる神経がすり減るような移行でもあった。わたしにも見守ってくれる人が必要だった。その日の栄光と、公平、進歩、バラクの努力についてそれが物語るすべてを心からよろこんでくれて、そのうえで式のあと、わたしを見つけてしっかり抱きしめてくれる友人が。昔の暮らしをわたしがどれだけ恋しがるか、ちゃんとわかってくれている友だちが。

友人のエリザベスがニューヘイヴンから来る。ロースクール時代の友人ヴァーナはシンシナティから。シカゴからたくさん来る友人のほかに、妊娠中から出産後にかけての一心同体の相棒で、一年前にワシントンへ引っ越していたケリーも出席する。みんなその日のために衣装を買って計画を立てるのに大忙しだった。わたしは就任式のステージの近くにみんなの席を用意した。緊張するとわかっていたから。群衆のなかでどこにいるのか、はっきりとはわからなくても、みんながそこにいて支えてくれているのを感じたかった。木々のなかの鳥たちのように、みんながそこにいてくれることに大きな意味があった。

✣偶然の出会いを育てて友だちをつくる

ホワイトハウスへ引っ越して、友人との関係が変わってしまうかもとほんの少し、でもずっと心配していた。周囲の奇妙な華やかさと仰々しさのせいで、家族にとって大切な人間関係がすべて変化の影響を受けるのではないか。世間がわたしたちを見る目が突然変わったせいで。サーシャとマリアがほかの子たちと仲よくなれるのか不安だった。授業、サッカーの練習、誕生日パーティーにシークレットサービスの職員がついてくるようになったのだから。押しつぶされそうなほど差し迫ったさまざまな危機に対処するなかで、バラクが友だち付き合いの時間をひねり出せるのかもわからなかった。それにわたし自身、この新しい雑音とセキュリティのなかで、親しい友人との親しい関係をつづけながら、新しい友人も少なくとも数人見つけるにはどうすればいいのだろうと思っていた。

大人になってからのそれまでの友人関係は、ほとんどが長年のあいだに築いたものだった。たまたまできた友だちも多くて、運、地理、共通の関心がさまざまなかたちで、たいていは偶然組みあわさった結果だ。友人のサンディに出会ったのは、ある日、シカゴのダウンタウンの美容院で、ふたりとも妊娠中だと気づいて話しはじめたのがきっかけだった。ケリーとは職場で出会ったけれど、もっと頻繁に会うようになったのは同時期に子どもができてから。友人で産婦人科医のアニタは、わたしの赤ん坊ふたりを実際に取りあげてくれて、夫同士がピックアップ・バスケットボールをよくするようになってから親しくなった。

つまりわたしの人生では、新しい友人はまるでヒナギクのように不意に現れることが多くて、わたしは努力してそれを育ててきた。職場でも、休暇中のパーティーでも、美容院でも、それにだんだん機会が増えたように、子どもや子どもの活動を通じても、おもしろそうな人に出会ったら、たいていあとにつなげようとして電話番号やメールアドレスを聞き、いつかランチしましょう、公園で会いましょうと声をかけた。

最近、若い人たちと話すと、新しい友人関係をはじめる瞬間への不安やためらいをよく耳にする——〝はじめまして〟から〝ねえ遊ぼうよ〟へ移る転換点について。友だちになれそうな人と距離をつめたり、職場や学校の外でコーヒーを飲んだり会ったりするように誘ったり、オンラインでしか知らない人と対面で話そうとしたりするのは、おかしくてきまりが悪いと感じると言う。前のめりに見えるのを心配していて、必死だとか、かっこ悪いだとか思われるんじゃないかと考えている。リスクを冒すのを恐れて、拒まれることを心配している。

当然、こういう不安はその人たちの限界になる。数字を見ると、この限界が本物であることがうかがえる。二〇二一年の調査によると、アメリカの成人の三分の一が、親しい友人は三人未満しかいないと答えている。[2] 一二パーセントはひとりもいないと回答していた。

✣友だちをつくるには、思いきって一歩踏みだすことが必要

二〇一四年にバラクが公衆衛生局長官に任命したあと、医師のヴィヴェク・マーシーがまっ先に取り組んだのが、全国をまわって健康と幸福について国民から話を聞くことだった。彼が何より強い印象を受けたのが、孤独を感じている人の多さだ。「男性、女性、子ども。高度な訓練を受けて専門職に就く人。商売に従事する人。最低賃金で働く人。どれだけ教育を受けていても、裕福でも、成功していても関係なく、どの集団も例外ではないようだ」とマーシーは二〇二〇年の著書『ともにいること――ときに孤独な世界で、人間のつながりが持つ癒《い》やしの力』に書く。[3] ちょうどパンデミックに襲われるなかで刊行された一冊だ。コロナウイルスが友情や社交のパターンを打ち壊す前から、アメリカ人は人生に欠けているのは居場所がある感覚だと一貫して語っていた。つまり、ほかの人たちといて「アットホーム」だと感じる単純な気持ちのこと。

ホームの感覚を探し求めている人が、とてもたくさんいる。それをなかなか見つけられないのは理解できる。マーシー（のちにバイデン大統領のもとで公衆衛生局長官に復帰した）の調査では、人びとが孤独を認めるのに気まずさや恥ずかしさを覚えがちなこともわかった。自立

が国民の美徳と見なされる文化では、とくにそれが当てはまる。[4] 依存心が強いとか未熟だとか思われたくないし、仲間はずれだと感じていることも認めたくない。それなのに、まさにそういうメッセージを送るためにつくられたシステムに多くの人が身を委《ゆだ》ねている。Instagram を少しのぞくと伝わってくる。しあわせになり、愛され、成功する方法をみんなが見つけている——自分のほかはみんな。

人と本当のつながりをつくると、これをすべてやわらげることができる。わたしが語っているのは、Instagram や Facebook で〝友だち〟をつくることではなく、一対一の、対面の、現実世界での関係のこと。それによって、オンラインで出くわすことの多いフィルターを通して手を入れられた存在ではなく、現実の人生に触れられる。本物の友人関係では、自分のフィルターも取り除く。本当の友人たちは、メイクをしていないわたし、照明がうまく当たっていないわたし、いやな角度から見たわたしの見た目を知っている。取り乱したわたしを見たことがある。たぶんわたしの足のにおいまで知っている。でもさらに重要なのは、いちばん本当の気持ちを、いちばん本当のわたしを知ってくれていて、わたしもみんなのそれを知っていることだ。

マーシーの調査結果を見て考えるようになった。わたしたちの文化では、友人関係についてのある種のスキルをのばせなくなっているのではないか。もちろんパンデミックのせいもあるけれど、おそらくもっと根が深い。

わたしを含めて多くの人が、善意を尽くして子育てをしながら、〝じゅうぶんしてやれているだろうか〟というかすかな不安にも動かされているのではないかと思う。子ども同士の遊びの約束をすべて整えて、決められた活動で子どものスケジュールを埋める——スポーツ、習い事、学習体験。でも、子どもの安全のためと思ってやっていても、そのせいで臨機応変の判断が求められるあいまいな状況から子どもを引き離してしまう。幅広い社交の道具を使うことが求められるかもしれない状況から。

子どものとき、暇をもてあました子がたくさんいる近所を走りまわって育った人なら、たぶんわたしが言っていることがわかると思う。わたしの世代のほとんどの人は、開拓時代の西部地方《ワイルド・ウエスト》のようなコミュニティで育った。子どもは放っておかれて、自分で友だちを見つけ、仲間をつくって、けんかを解決し、勝利をつかみ取らなければならない。はっきりとしたルールはない。子ども同士の付き合いに目を光らせたり首を突っこんだりする大人はいないし、その場に行くだけで褒めてもらえることもない。

たしかに厄介事が起こることもあるけれど、こういう環境は学びの場でもある。この種の経験はかならずしも楽ではないし、空手やピアノの稽古《けいこ》のように達成感があるわけでもない。でも、これもわたしたちが忘れてしまったことだと思う。苦労は学びの機会だ。報いがないのも学びの機会だ。そういう経験を積むことで、人生の練習ができる。少し追いこまれたときに、自分が何者かを知るのに役立つ。道具箱《ツールボックス》にこの道具《ツール》がないと、大人の世界で生き抜き、友人関係という複雑なダンスをこなすのがむずかしくなる。

だから自分をひらいて、人とつながる技術を練習しつづけなければならない。友だちづくりにはリスクがつきもので、当然ちょっとした不安を受け入れる必要がある。これはシンプルな事実だ。友だち関係は、少なくとも最初は感情のギャンブルにほかならない――デートと同じように。成功させるには、自分を多少なりとも見せる必要がある。自分を見せると評価を下されるかもしれないし、場合によっては拒まれるかもしれない。結局その人と――しかるべきさまざまな理由から――友だちになれない可能性を受け入れる準備がなければならない。

どの友人関係にも火がつく瞬間がある。当然、片方が意識して好奇心を示す必要がある。手を差しのべるのを恥ずかしがるべきではない。〝わたしはあなたに興味があります〟と言うのは、よろこびを示すひとつのかたちだし、すでに確認したように、よろこびは栄養になる。会ってコーヒーを飲めたらうれしい、あるいは誕生日パーティーに出席してほしい、と初めて口にするときは、たしかに気まずいかもしれない。でも、実際に出席してくれて実際にうれしかったら、ふたりとも贈り物を手に入れる。相手のなかに光を見つけて、新しい何かをいっしょにつくっている。ホームの感覚を築いている。

✣ホワイトハウスでの友だちづくり

おもしろい話がある。友人デニエレと最初に出会ったのは、ホワイトハウスの車まわしだった。サーシャのところへ遊びにきていた娘のオリヴィアを、彼女が迎えにきたときのこと。オリヴィアとサーシャは学校で知りあい、地元のバスケットボール・チームでいっしょにプレイしていて、新しい友だち関係がはじまったばかりのややぎこちない段階にいた。出席した二、三の学校行事でわたしもデニエレを見かけていて、集まった大勢の人たちから距離をおいてうしろのほうにいるのに気づいていた。正直なところ、わたしに会うのに興味がなさそうなのがありがたかった。

わたしはワシントンに来たばかりで、見知らぬ人のなかにいるよそ者だった。それに、ファーストレディとして強い関心の的になったことにまだ慣れていなかった。わたしがいると部屋の空気が変わることが多くて、それはわたしがだれであるかではなく、わたしが何であるかのためだった。だから勢いこんで一直線にこちらへ向かってくる人より、うしろに下がっている人のほうに興味をひかれがちだった。

いずれにせよその時点では、わたしはまだおおむね娘たちの関係に目を向けていた。オリヴィアとほかのふたりの女の子を土曜に招待したいと言われて、わたしは大よろこびした。公邸のなかを走りまわって、そのあとは建物のなかにあるシアターで映画を観るという。その日の午前中はほとんど、ほかのことをするふりをしながら、みんなが遊んでいるあたりをそっとうろついていた。サーシャの部屋から笑い声が響いてくるたびに、ひそかに胸がいっぱいになった。ホワイトハウスへの移行のこまごまとした仕事で何か月も汗をかいたあと、安心がどっと押し寄せてきた。それは普通の生活が戻った印で、家族にとって流れが変わる瞬間だった。

〝友だちが家にいる〟

一方でデニエレも、こまごまとした仕事で汗をかいていた。わたしの補佐官のひとりから、オリヴィアの送り迎えについて詳しい指示を受けていた。すべての訪問者と同じように、シークレットサービスが入構を許可できるように、何日も前に社会保障番号とナンバープレートの情報を提出することも求められていた。子どもをうちの玄関前に連れてくるだけでひと苦労だ。ありがたいことにデニエレは、普通に振る舞おうとしてくれた。小学三年生の娘が土曜に大統領の家に招かれて走りまわるのは、なんともないことだとでもいうかのように。でも、もちろんそれは大ごとだ。何年もあとに笑って話せるようになったとき、デニエレは教えてくれた。ホワイトハウスの広大なサウスローンを囲む立派な出入り道を走るとわかっていた彼女は、わざわざ洗車してきた。美容院にも行ってきた。ネイリストのところにも。車から一歩もおりてはいけないとはっきり指示されていたけれど、そんなことは関係なかった。

これもまた、ファーストファミリーとしての新生活の奇妙な一面だった。だれもが、わたしたちの周囲の華々しさに合わせなければいけないと感じていた。わたしたちのために身なりを整える必要があると一秒でも考える人がいることが申し訳なかった。わたしのうちに来ることが、わたしのうちに車でやってくるだけのことが人にストレスを与えるのは、理解はできるけれどうれしくなかった。

でもそれがわたしたちだ――かつて一般市民だったシカゴの一家が、いまは守衛に囲まれて、一三二部屋もある公邸で暮らしている。近づきやすいとはとても言えない。気軽にできることはほとんどなくて、気まぐれにできることなんてひとつもない。わたしはまだ順応しようとしているところで、現実味をできるかぎり確保して暮らすにはどうすればいいのかと、悪戦苦闘している最中だった。そんななか、娘たちが遊び終わってみんなが帰るときに、オリヴィアといっしょに階段をおりて、お母さんにあいさつすることにした。

これは慣例に背く行為だ。普通なら公邸に出入りする訪問者には、ホワイトハウスの案内係が付き添う。でも、わたしにもわたしの普通があった。遊びの約束が終わったら、子どもの親にあいさつして、その日のようすを報告する。わたしの肩書なんて関係ない。そうするのがまともな振る舞いだ。だから、実際そのとおりにした。少し意外だったのは、わたしがホワイトハウスの慣例を変えようとするたびに、みんなが要望に応《こた》えようと奔走してくれることだ――ひと騒ぎ起こりがちではあったけれど。周囲のざわつきからそれはわかった。シークレットサービスの職員が腕のマイクで突然話しだす。想定外の方向へわたしがすすみはじめると、背後で足音が速くなる。

あの日、オリヴィアといっしょに太陽の光のもとへ出ると、洗ったばかりでぴかぴかに磨かれた車のなかにデニエレが座っていた。重武装したシークレットサービス対襲撃部隊がどこからともなく現れて車を囲み、デニエレは何事だろうという顔をしている。

これも慣例だ。バラクやわたしが建物の外に出るたびに、こういうチームが警戒態勢に入る。

「ねえ、ちょっと！」わたしは声をかけて、車からおりるように手招きした。

デニエレは一瞬動きを止め、ヘルメットと黒の戦闘服を身につけた護衛たちに目をやってから――門のところで職員から、「自動車から一切外に出ないでください、マダム」とはっきり厳しく指示されていた――、ゆっくりと、とてもゆっくりと車のドアをあけて外へ出た。

わたしの記憶では、その日は数分間話しただけだと思う。でもそれだけでデニエレがどんな友だちになるか、すぐにイメージできた。茶色の目は大きくて、笑顔がやさしい。まわりの異様な雰囲気にかまうことなく、デニエレは子どもたちが遊んでいたときのようすを尋ねた。そして、子どもたちの学校と公共放送での自分の仕事について少し話した。オリヴィアにシートベルトを締めさせると、デニエレは車に戻り、無造作に手を振って走り去った。あとに残されたわたしは、うれしさと好奇心でいっぱいだった。

こんなふうに、またひとつヒナギクが姿を現した。

✣警戒しすぎずガードを下げる

娘たちのバスケットボールの試合を観にいくと、わたしはデニエレの隣に座るようになった。その後すぐに、次にオリヴィアが遊びにくるときは家のなかでおしゃべりしようと誘った。ファーストレディになっても、執事が新しい友人に昼食を出すようになっても、やっぱり人と知りあうときの少しぎこちない段階と格闘しなければならない。ホワイトハウスで暮らすようになったことで、新しい不都合も加わった。ゴシップを心配しなければならなくなったのだ。新しく会った人に話したことは、なんでもほかの人に伝わる可能性がある。わたしが与えた印象や軽い気持ちで口にしたコメントは、プラスのことでもマイナスのことでも、正確でも不正確でも、なんでも話の種になりかねない。それをわたしもわかっていた。

これもまた、新生活の理解はできるけれどうれしくない点だった。個人としてのわたしの生活が、世間で多少なりとも話題にのぼる。わたしは悪い母親？　未熟で怒りっぽいファーストレディ？　夫のことを本当に愛している？　夫のほうは？　わたしたちがどこかまがい物である証拠をいつも熱心に探している人がいる。そのためにわたしはいっそう注意深くなり、どんなふうに動くのか、だれに何を見せるのかを考えるようになった。ひとつのつまずきも許されないし、ほんのわずかの誤解も与えられない。わたしはまだ慎重に歩みをすすめていて、いつも少し怯えていた。

デニエレだけでなく、この時期に新しく出会っただれに対しても、ガードを下げるのは簡単ではなかった。でも、ガードを下げなければどうなるかもわかっていた。ひとりぼっちだと感じて、少し被害妄想的になり、壁の外の世界がわずかしか見えない場所に閉じこめられた気分になるだろう。不安を捨て、新しい友人や新しい人たちに自分をひらかなければ、子どもたちの生活にも普通にかかわれなくなる。学校の行事や料理を持ち寄る夕食会で、打ち解けた気分になれないだろう。まわりの人も同じはずだ。まわりの人がわたしといて打ち解けた気分になれないのなら、どうやって有能なファーストレディになれるの？　人に心をひらいておくことは、新しい仕事に欠かせない一部だと思った。

孤独は、実はどんどん悪化しかねないことが研究で示されている。孤独な脳は社会の脅威を過剰に感じとるようになり、それがさらなる孤立につながることがある。[5] 人とのつながりが断たれていると、陰謀や迷信を信じやすくなる。[6] そしてそのせいで、自分とはちがう人たちに不信感を抱くこともある。そうなると当然、さらに身動きが取れなくなる。

新しい役目に就いて無防備な気分になってはいたけれど、そんな方向へはすすまないと決意していた。バラクとわたしはそれについて話しあって、わたしたちだけでなくホワイトハウス全体の目標を決めていた。わたしたちは閉じるのではなく、最大限オープンにしておきたい。もっとたくさん人を呼びたかったから、一般向けツアーの枠を広げ、年に一度のイースターエッグ・ロールへの招待客を倍近くまで増やして、ハロウィーン・パーティーと子ども向けの公式晩餐《ばんさん》会をひらくようになった。オープンであることがよりよい選択だと思っていた。

わたし個人の人間関係はもう少しゆっくりすすめたけれど、目指すところは同じだった。わたしの場合、友人関係は少しずつ展開していくことが多い。車の窓を下げて新しい人と話すのとちょっと似ている。たぶん最初は数センチだけあけた窓ごしに話す——やや慎重で、自分のことをどれだけ話そうかと注意してようすをうかがっている。安全だと感じて、新しい友だちが耳を傾けてくれていたら、窓をさらに三、四センチおろして、もっと自分のことを話す。それでだいじょうぶなら、さらに下げる。やがて窓は全開になってドアがひらき、突然ふたりを隔てるのは新鮮な空気だけになる。

デニエレがどの時点で安心して、訪ねてくる前に洗車したり美容院へ行ったりするのをやめたのか、わたしは知らない。でも、お互いどんな見た目をしているか、どんな印象を与えているかはあまり重要ではなくなった。偽りのない関係にゆっくり移っていって、緊張や期待の溝を隔ててお互いを見ることがなくなり、靴を脱ぎちらかして気楽にソファに座っていられるようになった。会うたびに少しずつガードを下げていって、ポーリーポケットで遊んだり、サウスローンの木に登ったりする娘たちと同じ、気どりのないリズムを見いだしていった。デニエレとわたしはもっと気楽に笑い、もっと本気で自分の気持ちを話すようになった。リスクは小さくなった。ちょっとしたくだらない愚痴でも、深刻で真剣な心配事でも、なんでも安心して話せるようになった。

デニエレといると安全で、彼女もわたしといると安全だった。わたしたちは友だちになり、ずっと友だちでいる。

✣ 人生を支えてくれる〝フジツボ〟のような親友

二年ほど前、コメディドラマ《ブラッキッシュ》に出演する女優トレイシー・エリス・ロスが、友人でファッション雑誌編集者のサミラ・ナスルへの感動的な賛辞をFacebookに投稿した。トレイシーは、ある雑誌でいっしょに仕事をしているときにサミラと出会って仲よくなったいきさつを語る。部屋の向こうにいるサミラを見て、トレイシーは思った。「わたしたち、髪型が似てる……友だちになれるはず」[7]。実際そのとおりになった。ふたりは二五年以上もずっと親友だ。「わたしは彼女がいなければこの人生を生きられなかった」とトレイシーは書く。「わたしは彼女の人生にひっついたフジツボだ」

これはとてもうまい表現だと思う。わたしは友人たちを人生のヒナギクや鳥として——日々を明るくしてくれる存在として——受けとめるようになったけれど、トレイシーの表現も友人のことを言い表すのにぴったりだ。海の近くで過ごしたことがあって、固い殻に包まれて突き出たこの甲殻類が海底の岩やボートの底にひっついているのを見たことがある人なら、フジツボほど頑固な、あるいは頑丈なものはないのを知っているだろう。

特別な友だちにも同じことが言えるかもしれない。運がよければ、あなたの人生にも少なくともいくつかひっつく可能性がある。がっしりひっついて、ふるい落とせなくなる人たち。評価抜きであなたを受け入れてくれ、つらいときに顔を見せてくれて、よろこびを与えてくれる友人たち――一学期だけでなく、同じ街で暮らす二年間だけでもなくて、何年ものあいだずっと。フジツボは目立たない。これも親友との関係に当てはまると思う。目撃者は必要ない。数字で測れるものや、お金に換えられるものを成し遂げようとしているわけでもない。大切なことは、ほとんどが舞台裏で起こる。

友人のアンジェラは、わたしのフジツボのひとりだ。大学で早い時期に出会って、のちにもうひとりの友だちスザンヌと三人でルームシェアをした。DC出身の口の立つ子で、猛烈な知性と、それまで見たことのないほどお嬢さま風の服を持っていた。アンジェラに出会う前には、ラルフローレンのピンクのケーブルニット・セーターを着た黒人女子なんて、そうお目にかかることはなかった。でも、それが大学のすばらしいところだ。境界線が広がる。目の前に新しい人がどっと現れて、考えの枠が組みかえられる。存在しない、ありえないと思っていたものがいきなり姿を現すことも多い。

アンジェラはけたたましく笑い、朝の五時に起きて勉強して、真昼にひと眠りするのが好きだった。わたしは彼女から学び、彼女はわたしから学んだ。ある夏には、ニューヨーク郊外でいっしょにキャンプの指導員を務めた。シカゴへ移動するのは費用がかかりすぎるから、感謝祭や連休の週末にはアンジェラの実家を訪れるようになって、家族のなかにいる彼女を見ると、わたしの家族とあまり変わらないことがわかった。大学卒業後は友人のなかで最初に結婚して子どもができ、子育てをこなしながらロースクールへ通った。アンジェラが親として落ちつくのを見て――辛抱強く冷静にふたりの息子のおむつを換え、食事の面倒を見て、機嫌をとっていた――、わたしもいずれ同じことができるようになると思えた。

長年のあいだに、わたしたちの友情はさらに頑丈で長つづきするものになった――よりフジツボのように。いまでも大学生みたいに笑い転げられるのもその証《あかし》だけど、人生に暗い影が落ちたときにもそれがわかる――何かを失って、それでも生きていかなければならないとき。卒業五年後には、もうひとりのルームメイトのスザンヌをがんで失った。その後間もなく、わたしは父を失った。バラクと付きあいはじめたころには、夜遅くに電話が鳴って、アンジェラのため息を聞いた。結婚生活がゆっくりと崩壊していて、話をしたがっていた。アンジェラはわたしが不妊を乗りこえる手助けをしてくれて、わたしは彼女が離婚を乗りこえる手助けをした。お互いありとあらゆる困難に直面して、そのたびにいつも駆けつけた。

ホワイトハウスで気分が落ちこみはじめると、いつもアンジェラを誘った。すると、どんなときでも顔を見せてくれる。陽気な色の服を着て明るい色のハンドバッグを持ち、厳重なセキュリティや異様な仰々しさにひるむことなく、ドアから入ってくる前から口を動かしている。ハンドバッグのなかにはくしゃくしゃの紙が一枚入っていて、離ればなれになっているあいだに考えていて、いま話したいことがすべてリストアップされている。何十年も前からこんな感じで、話が尽きることはない。

アンジェラは広い友人の輪のなかのひとりで、みんなわたしが人生のいくつかの時期を乗りこえる手助けをしてくれた。昔からの友だちもいれば、比較的新しい友だちもいる——いつでも駆けつけてくれる人たち。心理学ではこれを、「社会的な護衛艦隊《ソーシャルコンボイ》」と呼ぶこともある。いっしょに時間を旅して、護衛艦隊のようにあらゆることから守ってくれる必要不可欠な人間関係のこと。

健全な友人関係を見つけて維持するのは、かならずしも簡単ではないかもしれない。パンデミックのせいで気軽な交流がむずかしいいまは、なおのこと。でも、その恩恵ははっきりと証明されている。人との強力なつながりがある人は、長生きしてストレスもあまり感じない傾向にあることが研究で示されている。[8] 科学者は、周囲の人からの支え《ソーシャル・サポート》の体制がしっかりしていることを、憂うつ、不安、心臓病の発生率の低さと結びつけてきた。[9] ちょっとした人と人との交流——コーヒーを買うときや犬の散歩のときにするようなもの——ですら、心の健康を高めてコミュニティの絆を強めることが示されている。[10]

✣つながりを阻むスマートフォンという楯

わたしにはわからない。どうして友人関係に、あるいは朝のコーヒーを買うときに三分間ほど人とかかわることにさえ、ちょっとした勇気がいると感じられるようになったのか。でも、徐々にそんなふうになっている。おそらく先に触れたように、いまは対面の人づきあいから身を守る小さな四角い楯《たて》——スマートフォン——があって、わたしたちは偶然の出会いからも隔てられているのだと思う。たとえちょっとしたものでも、現実生活でのつながりを避けるたびに、多少なりとも可能性も避けている。コーヒーを待つあいだはニュースをスクロールしたり《キャンディークラッシュ》で遊んだりしていて、まわりの人のことは意識していないし、明らかに関心の外に置いている。耳にイヤホンをつけ、自分の心はほかにあると外に向かって合図を送って、ドッグ・パークやスーパーマーケットの人たちを無視する。

スマートフォンと付きあって人生を送るうちに、人とのつながりをつくる何十ものささやかな、でも有意義な小道もふさいでいる。周囲のいたるところにあるいきいきとした生活を締めだして、人のあたたかさに間近で触れるチャンスを狭めている。美容院にいるときにスマートフォンでTwitterを見ていたら、おそらくサンディに話しかける気にはならなかった。いまでは彼女は大親友のひとりだ。アンジェラがプリンストンに来てからも私立中等学校《プレッピー》時代の大勢の友だちとSnapchatで熱心に連絡をとりあっていたら、わたしたちはそこまで仲よくならなかったかもしれない。

もちろん、逆の主張ができるのもわかる。そもそもスマートフォンは道具だし、インターネットは世界への入口にほかならない。その世界には、人とつながる巨大な、ほぼ無限の可能性がある。新しいものの見方に触れる機会を多くの人に与え、それまで聞かれることのなかった声に目を向けさせて、社会のあらゆる分野で協力と効率性をあと押ししてきた。

本領を発揮しているとき、インターネットは世界を深いところまで見せてくれる。それがなければ知らないままだった残虐行為も、勇気ある行為や親切な行為も目撃させてくれる。大きな力を持つ人や組織に責任をとらせるチャンスや、国境や文化をこえて共感《エンパシー》する力や結びつきを感じる機会を増やしてくれる。わたしが話した人のなかには、オンラインのコミュニティを見つけ、それが情報、安心、親類とのつながりに欠かせないライフラインになって、孤独をやわらげてくれたという人がたくさんいる。

どれもおおむねすばらしいことだと思う。でも、つながりへの入口をいつでも指でタップできても、みんな孤独なままで――おそらくこれまでになく孤独で――、大量のコンテンツのなかで迷子になっている。何を、だれを信じればいいのかわからない人がとてもたくさんいる。

世界二八か国で年に一度実施される世論調査〈エデルマン・トラストバロメーター〉は、最近、不信感が「社会のデフォルト感情」になったと結論している。[11] 一方でソーシャルメディアは人間を飢えさせておくように仕組まれていて、若い人や優秀な人たちに飽くことなく〝いいね〟、クリック、承認を求めさせる。つまり多くの場合、わたしたちが目にする画像や受け取るメッセージは、真実よりもそれが呼ぶ反応のほうに形づくられている。非道な振る舞いは注目を集める。衝動的な行動はおもしろい。社会心理学者のジョナサン・ハイトが指摘するように、ソーシャルメディアの仕様のせいで、わたしたちは人とつながるよりも演技していることのほうが多い。[12] それを通じてわたしたちは操作され、まわりの人の本当の姿から引き離されて、多くの場合、自分のなかのいちばん偽りのない部分からも引き離される。

わたしの考えでは、スマートフォンは、自分とは異なる人や視点への不信感を乗りこえるのに必要なデータは与えてくれない――たいていの場合は。わたしはよくこう言う。すぐ近くにいる人には憎しみを抱きにくい。新しいものへの不安を捨て、ちょっとした気軽なやり取りを通じてでも、たとえマスクごしにでも、自分を人へひらけば——エレベーターであいさつしたり、スーパーのレジの列でおしゃべりしたりしたら——、重要な小さなつながりをつくれる。ふたりのあいだはなんとなくだいじょうぶという合図を送り、社会の接着剤をほんの一滴、世界につけ加えている。切実にそれを必要としている世界に。

時間をかけてきちんと人とかかわると、ちがいが思っていたほど大きくないことに気づくことも多い。あるいは、ある種のメディアや有名パーソナリティが思いこませたがるほど大きくはないことに。現実世界でつながりを持つと、たいていステレオタイプは覆される。それは実際、驚くほど心を落ちつかせてくれることがある——小さいけれども有効な手段として、険悪な雰囲気をリセットしたり、より大きな不信感に立ち向かったりするのに役立つ。ひとつだけ言えることがある。そこへたどり着くには、まず自分の楯を手放さなければならない。

✣居場所と安心を与えてくれるキッチン・テーブル

わたし自身の人付き合いの基準は完全に昔流で、ユークリッド通りの子ども時代のキッチンまでさかのぼる。そこはいつでもありのままのわたしでいられる場所で、自分の気持ちが——そのときには馬鹿げていると思えるものでも——抑えつけられることのない場所だった。ワイルド・ウエストのような近所の人間関係の世界から勢いよく帰ってきて、つまらない諍《いさか》い、未熟な恋愛、新しく引かれたグループの境界線について、こと細かになんでも吐きだせた——それをしてもいい場所だとわかっていて、安全で、受け入れられていて、安心できると知っていたから。

ユークリッド通りのキッチンは、まるで磁石のように人を引きつけた。近所の人が立ち寄り、いとこたちが食事をしにくる。ティーンエイジャーの兄のひょろっとした友人たちが、腰をおろして父にアドバイスを求める。母は、わたしの友だちみんなにピーナッツバターとジェリーのサンドイッチを出して、わたしたちが床でジャックス（ボールと駒を使った子ども用のゲーム）をして遊んだり、学校のうわさ話をしたりしているあいだに、夕食のしたくをする。部屋そのものは小さくて、おそらく三×三メートルぐらい。天井が低く、ビニールのクロスがかかった小さなテーブルと椅子が四脚あるだけだったけど、与えてくれる居心地のよさと安心感はとても大きかった。

いまわたしは、友人たちに同じものを提供しようとしている。わが家《ホーム》の感覚、安全で居場所がある感覚、親身になってくれる耳。これこそが、わたしが友情に求めるものだ。包みこんでもらえるこの感覚。わたしは友人のグループを〝キッチン・テーブル〟と呼んでいる。家族のほかに、信頼していて、大好きで、とても頼りにしている人たち——みんなのためならなんだってする。人生のなかで、椅子を引いていっしょに腰かけようと誘った友人たちだ。

支え、愛し、認めてくれる人は、家だけでなく、どこでもどんな場所でも見つけられることもわかった。わたしのテーブルの前に座っている人のなかでも、ひときわ大切な数人は年長者だ。わたしが若いときに面倒を見てくれた人たちで、わたしたちに何ができるのかを示すお手本として自分の人生をひらいて見せてくれ、母と父からはもらえないものを補ってくれた。プリンストンでワークスタディの指導者を務めてくれたエネルギーあふれるサーニーは、わたしをかわいがってくれて、ひとりで子育てする親、専門職に就く女性としての行動を見せてくれた。それに、忙しい生活のなかでどうバランスをとるのか、意義あるレッスンを間近で提供してくれた。

その後、人生でいちばん重要な転職をし、企業法務から公共サービスの世界へ飛びこんだときには、ヴァレリー・ジャレットが手助けしてくれて、ヴァレリーはプライベートでも仕事でも姉のような存在になった。ありとあらゆる転機に世話を焼いてくれ、決断を下そうとしているときに相談にのってくれて、いらだっているときに落ちつかせてくれる。わたしに彼女の人生のフジツボでいさせてくれている。

テーブルにはもっと若い人たちも幅広くいて、わたしはその声を大切にしている。彼女たちのおかげで新鮮なものの見方を保っていられるし、新しいことについていく刺激も得ている。ネイルデザインの流行からデンボー（カリブ海諸国で人気のレゲトンという音楽ジャンルのリズム）のビートの楽しみ方まで、あらゆることを教えてくれる。Tinder と TikTok について理解できるように手助けしようともしてくれた。わたしがときどき古くさいことや無知なことを言うと、それを注意してくれる。若い友人たちは、絶えず学びを与えてくれる。

全般にキッチン・テーブルのメンバーは固定されていない。人生のさまざまな段階を経ていくなかで友人たちの重みも変わり、加わる人もいれば去る人もいる。あなたの友だちのグループは少人数かもしれないし、一対一の友人関係がいくつかあるだけかもしれない。それでもかまわない。何より大切なのは関係の質で、だれを信頼してだれと親しくなるのかを見きわめるのはいいことだ。

新しい関係がはじまると、わたしはひそかに判断をしている。安心できているか。芽生えかけの友人関係のなかで、ありのままのわたしを見てもらい、認めてもらっていると感じているか。わたしたちが友人にいつも求めるのは、とてもシンプルな安心感だ。自分は大切な存在だという安心感と、自分の光が認められて声を聞いてもらえている安心感——そして、友だちにも同じものを与えなければならない。また、だれかとの友人関係がうまくいっていなかったら、身をひいたり、付き合いを減らしたりしてもかまわない。特定の友人から離れたり、少なくともその人たちへの依存を減らしたりしなければならないときもある。

✣友だちをつくるいちばんの方法

わたしのキッチン・テーブルの前に座る人は、みんながお互いによく知っているわけではないし、顔を合わせたことすらない人もいる。でも全体としては強力だ。わたしは一人ひとりにいろいろなときに、いろいろなかたちで頼っている。これも友人関係について知っておく値打ちのあることだと思う。ひとりの人、ひとつの関係がすべてのニーズを満たしてくれることはない。すべての友だちから毎日、安全や支えをもらうこともできない。すべての人がまさに必要なときに必要なかたちで駆けつけられるわけではないし、駆けつけてくれるわけでもない。だから、いつもテーブルにスペースをつくっておいて、自分をひらきつづけ、さらに友だちを集めるようにしたい。友だちが必要なくなることはないし、友だちから学ばなくなることもない。それは確かだ。

だれかと友だちになるいちばんの方法は、相手の個性を心から楽しみ、その人がもたらすものによってその人のよさを認めて、ありのままに相手を受けとめることだとわたしは思う。それは、もたらさないものや、もたらせないもののために友人を責めないということでもある。わたしの友だちには、山登りや旅行が好きな活発な人もいれば、お茶を飲みながらソファでのんびりするのが何より好きな人もいる。わたしが危機に陥ったときに電話する人もいれば、電話しない人もいる。アドバイスをくれる人もいれば、自分の恋愛話で楽しませてくれる人もいる。深夜までつづく楽しいパーティーが何より好きな友だちも数人いるし、夜の九時にはきちんと寝る友だちもいる。誕生日や特別な日をとてもよく憶えている人もいれば、そういうことはいいかげんだけど、部屋にいっしょにいるときは誠実に、とても熱心に話を聞いてくれる人もいる。

大切なのは、わたしが友人を見てよさを認められることと、友人がわたしを見てよさを認められること。友人たちはわたしに広い視野を与えてくれる。わたしがありのままの自分を表に出せるようにしてくれる。トニ・モリスンの小説『ビラヴド』の登場人物がほかの人物について言うように、「あの女はおれの心の友だちよ。[…]バラバラのおいらをさ、一つにまとめてさ、ぴたっと、まともなおいらにして返してくれるんだ[13]」。

長年のあいだに、わたしの人生のさまざまなところで出会った友人の多くが、互いに仲よくなった。それは訓練教官のようなわたしの気質のためでもあるけれど、都合がつく人がいるたびにグループで集まろうとわたしが強く言い張ってきたためでもある。互いのしあわせを願う人たちの輪とわたしが考えるもの、それをみんなでいっしょにつくってきた。互いの成功をいつも応援しあうグループ。成果を発表して、課題にフィードバックをもらう。たいへんなことをいっしょに乗りこえて、お互いに励ましたり、親身になって話を聞いたりすることで、そっと背中を押す。話が尽きることはない。みんながお互いのテーブルのゲストで、親しさと正直さという特権を分かちあっている。

「人生をひとりで生きないで」わたしは娘たちによく言う。とりわけほかとのちがいを抱える者が生きのびるには、安全で安心できる場をつくることが大切だ。鎧を脱ぎ、心配を捨てられる相手を見つけるために、努力するだけの価値はある。とくに親しい友人には、ほかで隠していることをすべて話せる。抑えのきかない怒りも、不正と軽蔑についての不安も表に出せる。それをすべて抑えつけておくことはできない。ほかとちがう存在であることの困難を、すべてひとりで処理することなんてできない。自分のなかにとどめておくには、大きすぎるしつらすぎる。ひとりで抱えこもうとすると、消耗するし疲弊する。

キッチン・テーブルは安全な避難場所で、嵐のなかでひと息つける場所だ。日々の課題を乗りこえるという、終わりがなくて消耗する仕事をいったん停止させ、行く手に立ちはだかるありとあらゆる屈辱を安全に分析できる場所。大声をあげ、叫び、ののしり、泣ける場所。傷を癒やして力を取り戻す場所。キッチン・テーブルへ行けば酸素があって、また息ができるようになる。

✣ 強力な友人関係は強力な意志がつくる

大統領時代のバラクのまわりには、ウエストウィングのすばらしい同僚たちがいた——優秀ですさまじく頭のいい閣僚とスタッフが有能なチームをつくり、並はずれた支援体制を整えていた。それでも、わたしは大統領の孤独を間近で目にした——第一の意思決定者として夫が背負う巨大な重荷。息つく間もなく募るストレス。ひとつの危機に全力で対処したら、すぐに次の危機がやってくる。自分ではコントロールできないことのためにいつも責められ、ときには変化を待ちきれない人たちから酷評される。対立する議会、景気後退によって傷ついた国、国外のあらゆる問題に対処していた。夕食後に書斎へ向かうバラクを見守るときには、午前二時まで机の前にいるのだろうとわかっていた——ひとりきりで、眠らずに、このすべてをうまく取り仕切ろうとして。

厳密には、バラクは孤独ではなかった——孤独になるには忙しすぎた——けれど、気分転換が必要だった。この仕事の容赦のなさと、ストレスが健康に与える影響をわたしは心配していた。大統領になって数年目のこと。バラクの誕生日にサプライズで彼の男友だちを一〇人ほど呼んでキャンプ・デービッドで週末を過ごし、お祝いをして楽しむことにした。ちょうど八月で議会は閉会中だ。もちろんバラクには顧問団がついてきて、毎日ブリーフィングを受けるけれど、少なくとも多少は息抜きができるだろうと思っていた。

実際、バラクは息抜きをした。あの週末のバラクほど、たちまち夢中になって楽しみはじめた人は見たことがないかもしれない。つかの間の休みを切実に必要としていた証だと思った。高校時代の友だちがハワイから来ていた。大学時代の友人や、シカゴの親友たちも。何をしたかって？　遊んだ。サーシャ、マリア、わたし、そのほか数人の妻と子どもたちは、たいていプールのそばでのんびりしていたけれど、男たちはキャンプ・デービッドで楽しめるあらゆる活動に飛びこんだ。

モノポリーの「刑務所から釈放」カードを手に入れて、仕事と家族の義務から解き放たれたみたいに。わたしが友人たちと過ごすブートキャンプの週末と同じように、みんな一秒たりとも時間を無駄にする気はなかった。ボウリングをする。バスケットボールをする。トランプをしてダーツを投げる。スキート射撃をする。ホームラン競争をして、フットボールの的当てをする。ひとつ残らずスコアをつけ、それぞれの競技を楽しみながら野次を飛ばして、いろいろなプレイや番狂わせをにぎやかに振り返って夜更かしした。

「キャンパサロン」と呼ぶようになったこのイベントは、バラクの人生の恒例行事になった。いまでは年に一度の集まりをマーサズ・ヴィニヤード島でひらいていて、トロフィーと開会式が加わった。働き者で冷静なわたしの夫にとってそれは、つかの間の息抜きをできる時間で、陽気な子ども時代に戻り、大切な人たちと近況を報告しあってふざけられる機会になっている。校庭での休み時間のようなもので、自由に走りまわって少し奔放になる時間。それはバラクをよろこびと結びつける。

わたしは人生のなかで学んだ。強力な友人関係は、たいてい強力な意志のたまものだ。テーブルは意識してつくり、意識して人を集めて、意識して手入れする必要がある。友だちになれそうな人に、〝あなたに興味がある〟と言うだけでは足りない。投資する必要もある——時間とエネルギーを割き、友情を育《はぐく》んで深める。山積みになっていって対処を求められる用事よりも、山積みになることも対処を求められることもめったにない友情のほうを優先させる。

わたしの経験では、習慣やルーティンをつくると役立つ——週に一度のコーヒー、月に一度のカクテル、年に一度の集まり。友人のキャスリーンとわたしは、定期的に朝に会って川沿いを散歩している。一〇年以上前から年に一度、母と娘で週末にスキーに行っているグループもある。このイベントはみんなのカレンダーに固定されていて、娘たちも含め、どんな犠牲を払ってでもそれを守る。いまは娘たちも、人生でキッチン・テーブルが持つ意味をわかっている。ブートキャンプの週末はあまり頻繁にやらなくなり、前ほど厳しくもなくなったけれど、やっぱりみんなで汗をかくのは好きだ。

ヴァージニア大学の研究者が、友情についてのある仮説を検証している。[14] 被験者の一団に重たいリュックサックを背負わせて、これから登山をするかのようにひとりずつ高い丘の前に立たせた。各被験者は、その丘の険しさを見積もるように求められる。半分は丘の前にひとりで立ち、残りの半分は、本人が友人だと見なす人といっしょに立った。すると、友人といっしょの人のほうが、丘は険しくないし、登るのはむずかしくないと一貫して感じていた。長年の友人同士で丘の前に立つと結果はさらに顕著になり、坂はいっそうなだらかに見えた。人がそばにいると力になる。友だちを大切にする理由がここにある。

新しい友人関係がはじまりそうなところで躊躇《ちゅうちょ》して立ち止まっている人、気後れしている人に、それを何より伝えたい。リスクを冒したり、新しい友だちを見つけて仲よくなるときの居心地の悪さに耐えたりするのに臆病《おくびょう》になりすぎている若者の話を聞くと、わたしは心配になる。その人たちに言いたい。好奇心を広げれば、自分をひらいておければ、ほかの人のなかに豊かさと安全を見いだせる。友だちはあなたの生態系《エコシステム》になる。さらに友だちをつくれば、人生のヒナギクが増える。木にさらに多くの鳥をとまらせることになる。

バラクはわたしの親友で、心から愛する人で、だれよりもわたしの人生を混乱させてきた人だ。

第六章　パートナーとうまくやっていく

✣大人の生活を築くふたりの娘

去年、娘ふたりがロサンゼルスでいっしょにアパートメントを借りた。たまたまふたりともその街で暮らすことになって——サーシャは大学へ進学し、マリアは新人のライターとして働きはじめて——、どちらにも都合のいい静かな地域にささやかな住まいを見つけたのだ。ふたりがお互いをルームメイトに選んだことが、わたしにはうれしかった。いまはふたりとも二〇代はじめ。友だちでもいられる姉妹を育てたと思うと、しあわせな気分になる。

新しい賃貸契約の最初の月の最初の日に、ふたりは空っぽのアパートメントに持ち物を運んだ。ほとんどが服のようだった。その年代の多くの子と同じように、娘たちもパンデミックで家に閉じこめられた数か月のほかは、おおむねあちこちを転々として過ごしていた。大学の寮と又貸しの家具つきアパートメントに出たり入ったりしていて、車のトランクに無理なく収まるぐらいの荷物しかなかった。

年に何度か、休み中に一、二週間、片方か両方が帰省し、快適な大人の生活に両腕を広げて飛びこんで、食べ物でいっぱいの冷蔵庫、ルームメイトのいない部屋とすぐに使える洗濯機、家でごろつくかわいい犬を満喫する。このつかの間の息抜きのあいだに、ふたりは食べ物、睡眠、プライバシー、家族との時間を補給する。そして持ち物をいくつかクローゼットに入れ、冬服を夏服と交換したり夏服を冬服と交換したりして、渡り鳥のようにまた飛びたつ。

でも環境は変わりつつある。ふたりは自分たちの大人の場所を見つけて、そこは仮住まいよりも少し腰を落ちつけていられる場所だ。娘たち自身ももっと大人らしくなって、大人の生活に根をおろしはじめている。

最初の一か月ほどは、ふたりが家のなかを飾りたてていくようすがビデオ通話のときにうかがえた。どこかで買ってきたかわいい新品の椅子や、フレームに入れてきれいに壁に飾った写真が目にとまる。掃除機も手に入れていた。クッションやタオル、それにステーキナイフまで一式買っていておかしかった。ふたりともあまり肉は料理したり食べたりしないから——というか、そもそも料理をほとんどしない。でも大切なのは、ふたりがよく考えながら誇りをもって家《ホーム》をつくっていること。〝ホーム〟をどうつくるのか、ふたりは自分たちで学んでいた。

ある夜、FaceTimeでサーシャとしゃべっていると、すぐにマリアに目を奪われた。サーシャのうしろで動きまわっていて、小物や本をたくさん置いた棚にダスターを走らせている。マリアがダスターをかけている！　とても大人びて見えた。置いたものを持ちあげたり動かしたりして、棚全体をきれいにすることはまだ学んでいなかったけど。

でもほら、マリアがまがりなりにもダスターをかけてる！　胸がいっぱいになった。

バラクとわたしも、時間ができたらすぐにロサンゼルスを訪れた。サーシャとマリアは、新しいアパートメントをうれしそうに案内してくれた。ガレージセールをのぞいたり近くのＩＫＥＡで買い物したりして、予算に気を配りながらいい仕事をしていた。ベッドのフレームはなく、ボックススプリングとマットレスで寝ていたけれど、かわいいベッドカバーを見つけて、それですべてを覆っている。フリーマーケットで風変わりなサイドテーブルもふたつ買っていた。ダイニングルームのテーブルもあるけれど、手ごろな椅子はまだ見つけていない。

みんなでレストランへ食事しにいく予定だった。でも、その前にふたりが飲み物を出すと言い張る。バラクとわたしはソファに腰かけた。マリアがおつまみの盛り合わせを用意しながら、チーズがこんなにバカ高いなんて知らなかったと言う。

「しかも、めちゃくちゃおしゃれなやつを買ったわけですらないんだから！」

サーシャは薄いマルティーニを二杯つくって――〝待って、マルティーニのつくり方なんて知ってるの？〟――、それを水用のグラスに入れ、買ったばかりのコースターを二枚敷いて、新品のコーヒーテーブルに跡がつかないようにした。

わたしは驚きの目ですべてを見ていた。子どもたちの成長に驚いたのではなく、この場面全体――とくにコースター――が、何かほかのたぐいの画期的な出来事のように感じられた。親ならだれでも長年、目を走らせて探しつづけるもの。つまり常識の証拠。

その夜、サーシャがドリンクをテーブルに置くのを見ながら、わたしはふたりが実家にいたときに使おうとしなかったあらゆるコースターのことを考えた。ホワイトハウスのものも含め、長年のあいだにいろいろなテーブルについたグラスの跡を消そうとしたときのこと。
でも立場は変わった。いまは、わたしたちが娘たちのテーブルにいる。テーブルはふたりの持ち物で、ふたりがそれを守っている。明らかにふたりは学んでいた。

✣ ホームを見つけるには練習が必要

わたしたちはどうやって大人になり、本当の大人の生活と本当の大人の人間関係を築くのだろう？　たいてい試行錯誤を通じてだと思う。その方法を自分なりに見つけだすことで。多くの人は長い時間をかけて自分のアイデンティティを解き明かし、自分が何者で、生きていくために何が必要かを把握していく。成熟へ向かう道のおおよその見当をつける。多くの場合、大人の生活はこんなものにちがいないという大まかな考えに従って。

練習して学び、学んで練習する。まちがいを犯して、はじめからやりなおす。長いあいだずっと、いろいろなことが実験中で不安定だと感じられる。さまざまな生き方を試してみる。生きるためのさまざまな考え方、アプローチ、影響、道具を試しては捨て、自分にいちばんふさわしいもの、いちばん役立つものが少しずつわかるようになる。

わたしは最近このことをよく考える。娘たちが西海岸の生活になじみ、家のなかのものやカトラリーを買いこんで、自分なりに精いっぱい家具にダスターをかけるのを見守りながら。

ふたりは練習している。学んでいる。いまは道なかばで、たどり着きたい場所へ向かっているところ。個人としての自分が何者で、どう生きたいのか。その考えに毎日少しずつ磨きをかけて、だれと、どこで、どんなふうに生きればいちばん落ちつきと安全を感じられるのかを把握しようとしている。

社会のなかで言うと、サーシャとマリアは、少し荒々しくて少し雑多な人生のフリーマーケットの段階にいる。そこでは新しい友だちは刺激的な宝物で、たいていどこでも見つけられる。わたしが二〇代はじめだったころの、この時期を思いだす。狩りは楽しく、バザールはいつもカラフルで、何かを見つけたときはたいていわくわくする。でも同時にふたりは、もっと真剣で常識的な仕事にも無意識のうちに取り組んでいる。だれに頼ることができて、だれといると楽しいのか。どの人間関係にいちばん力を注ぎたくて、どの関係が人生を生き抜く力になるのか。それを学んでもいる。ふたりは自分のキッチン・テーブルをつくりはじめている。

恋愛関係もそれと変わらない。マリアとサーシャは、バラクとわたしがふたりの年ごろのときにそれぞれしていたのとまさに同じことをしている。つまり、いろいろな相手とお試しデートをしている（ちなみに「お試しデート」なんてことばは、娘の年代の人はもう使わないと言われた）。おおざっぱに言うと、いろいろな人と出かけて、いろいろなスタイルの関係を試しているということ。これは人生を築くなかで最近ふたりがしていることの一部で、大きなパズルのひとつのピースにすぎない。

正直なところわたしは、娘たちがこのフリーマーケットをあまり急いで出ていかないように願っている。しばらくそこにとどまって、人間関係を流動的で若々しいままにしておいてほしい。わたしが何よりふたりに望むのは、だれかと生涯連れ添う約束をするずっと前に、自立のスキルを学ぶことだ――生計を立てる方法、健康でいて、ちゃんと食事をして、しあわせでいる方法。ひとりの人間になり、自分の足で立てるようになることに集中してほしいとふたりには話している。自分の光を知ると、それをほかの人と分かちあいやすくなる。でも、これをすべてやっていくには練習が必要だ。

わたしは娘たちを応援している。ふたりには、はっきりとした結果を出そうと思わずに、学びながら成熟し、いい関係を築けるようになってほしい。結婚は追い求めて勝ちとるトロフィーのようなものだと思ってほしくないし、結婚式は充実した人生をきちんとはじめるのに必要なイベントだとも考えてほしくないし、子どもを持つことが必要だとも感じてほしくない。わたしの望みは、ふたりがいろいろなレベルの関係を経験して、うまくいかないものを終わらせ、有望なものを新しくはじめる方法を学ぶこと。ふたりには衝突を乗りこえる方法を知ってもらいたいし、親密な関係のめくるめくスリルを理解してもらいたいし、心揺さぶられる感覚を味わってもらいたい。もしも最終的にだれかを選んで人生をともにすることにしたら、自分が何者で何が必要か、本当にわかったうえで、しっかりとした場所からその決断をしてほしい。

ふたりのプライバシーを尊重して（それにこれ以上書くと殺されるから）、娘たちの恋愛生活をあばくのはここまでにしておく。でも、ふたりが練習して学ぶのを見守るのはすてきな経験だと言っておきたい。

わたしがふたりにいちばん望むのは？

わたしは、ふたりにホームを見つけてもらいたい。それがどんなものになろうとも。

✣夫婦関係はそれぞれの夫婦がつくりあげていくもの

いろいろな人から、よく夫婦関係についてアドバイスを求められる。みんな、わたしとバラクがいっしょに写っている写真を見たと言う――ふたりで笑ったり顔を見あわせたりして、隣同士でしあわせそうにしている写真で、どちらもいっしょにいるのが楽しそうだとみんな思っている。だから尋ねられる。どうすれば三〇年も結婚生活をつづけて、しかも不幸にならずにいられるのか。わたしは言いたい。〝そう、本気でわたしたちもときどきびっくりするの！〟本当に、冗談ではなく。もちろん問題もあるけれど、わたしは夫を愛していて、夫はわたしを愛している。いまでもまだ。おそらくこれから先もずっと。

わたしたちの愛は完璧《かんぺき》ではないけれど本物で、ふたりともそれにコミットしている。この確かさがグランドピアノのようにどっしり腰をおろしていて、足を踏みいれるどの部屋でもまんなかに鎮座している。いろいろな点で夫とわたしは、かなりちがう人間だ。バラクは夜型人間で、ひとりでやる趣味を楽しむ。わたしは早起きで、人でいっぱいの部屋が大好き。わたしの考えでは、バラクはゴルフに時間を使いすぎている。バラクの考えでは、わたしは低俗なテレビ番組を見すぎている。

でも、ふたりのあいだには愛情に満ちた、とてもシンプルな安心感がある。何があっても相手はずっとここにいるとわかっている、ただそれだけの安心感。写真を見た人は、これを感じとるのだと思う。人生の半分をともにしてきて、お互いにいろいろなことでいらいらし、あらゆる点でちがう人間であるにもかかわらず、どちらも相手から離れなかった。それを知っているからこそ感じられる、とても小さな勝利感。わたしたちはまだここにいる。いまでもまだ。

大人になってから、いろいろな場所で暮らしてきたけれど、わたしには本当のホームはひとつしかない。わたしのホームは家族だ。わたしのホームはバラクだ。

わたしたちの夫婦関係は、ふたりでいっしょにつくりあげてきた。毎日そのなかで暮らしていて、改善できることは改善し、ほかのことで忙しいときは、しばらく〝現状維持〟にしておく。結婚生活はわたしたちが飛びたって着地する場所で、それぞれが完全に、気楽に、しばしばうっとうしいほど自分でいられる場所だ。いっしょに暮らすこの領域、ふたりのあいだのエネルギーと感情は、こぎれいで整然としているわけではかならずしもないし、片方あるいは両方が望んでいるとおりでもない。それをふたりとも受け入れるようになった。でも、はっきりわかっていて心強いのは、この関係がつづいていること。確かなものを手に入れるのがひときわむずかしく感じられる世界で、わたしたちにとってそれは、揺るぎない確かなものになった。

ソーシャルメディア、手紙、メールで受ける質問の多くが、パートナー関係における確かさという問題に関係しているようだ。どの時点で、どれほど、どれくらいの強さで感じるもので、どの程度の揺れがあるものなのか。コミットする値打ちのある自分にふさわしいパートナーを見つけたときには、どうやってわかるの？ パートナーのことがときどきいやになるのはいけないこと？ 自分の親があまりいいお手本にならない場合、どうすれば人をうまく愛せるようになるの？ 衝突、いらだち、困難、課題があるときはどうするの？

連絡をくれる人のなかには、結婚すればふたりの問題が解決するかもしれないと思って、結婚を考えている人もいる。結婚生活の問題が解決するかもしれないと思って、子どもをつくることを考えている人もいる。つらかったり問題があったりする関係にとどまるのか、そこから逃げるのか迷いながら、離婚を考えている人からもときどき相談を受ける。結婚は全般に退屈で、家父長制的で、時代遅れの伝統だと考える人からも連絡がある。それに、パートナーとの関係で失敗するのを恐れたり、すでに失敗してどうすればいいのかわからなかったりする若者からも相談を受ける。

「ねえ、ミセス・ミシェル」アラバマ州で暮らすレキシという若い女性から、少し前に連絡があった。「男のことでたくさん問題を抱えてて……」そこから彼女は胸のなかを打ち明ける。

正直なところ、わたしにはこういう質問への答えはわからないし、だれかの個人的な問題に処方箋《しょほうせん》を出すこともできない。わたしが知っているラブストーリーは、自分で毎日経験しているものだけだ。確かなものへ向かうあなたの道は――そもそもそれがあなたの求めているものだとして――、わたしの道とはちがうだろうし、ホームがどんなもので、だれがそこにいっしょにいるのか、それについての考えも、いつでもあなた独自のものだ。

たいていの人は、親密な人との関係に必要なこと、相手に与えられるものを少しずつ把握していく。みんな練習する。学ぶ。しくじる。役に立たない道具を手に入れることもある。多くの人は、早い時期におかしな投資をいくつかする。たとえば、みんなそうするものと思ってステーキナイフをたくさん買いこんだり。

みんなくよくよ悩み、考えすぎて、エネルギーの使い方をまちがえる。悪いアドバイスに従うこともあれば、いいアドバイスを無視することもある。傷ついたら逃げる。怯《おび》えたら防御を固める。挑発されて攻撃したり、恥ずかしい思いをしてへこんだりもするかもしれない。だれかといっしょにならなくても申し分なくしあわせで満足できると結論を下すかもしれない――実際そうする人はたくさんいる。その場合は、それをそのまま祝福してほしい――完全に妥当で、うまくいった人生の選択として。多くの人は、自分が育てられたときのまわりの関係――子ども時代に経験した家庭のバージョン――を無意識のうちにまねる。もちろん、それがすばらしくうまくいくこともあれば、ひどい結果につながることもあるし、その中間のどこかに落ちつくこともある。ずっとつづく本物の愛は、たいていふたりのあいだの領域に生まれるのだと思う。ふたりでいっしょにこの問いに答える。〝わたしたちはだれで、だれになりたいの？〟

✣母が父のもとにとどまった理由

最近は少し離れたところから夫を見ると、時間の幕を隔ててのぞいているように感じることがある。わたしが見ているのは、白髪になり、少し肉がついて、少し世のなかにくたびれたバージョンの二七歳の男だ。数十年前にわたしが働く企業法務の事務所に夏のインターンとしてやってきた人。暴風雨のなか傘もささずに来たからびしょ濡れで、仕事の初日に遅刻して、ほんの少しだけばつが悪そうだった。どうして彼の笑顔はあんなに忘れがたかったの？　どうして彼の声はとてもすてきに聞こえたの？

当時の彼は魅力的だった。いまの彼も魅力的だ。当時はちょっとした有名人――法曹界で頭のよさが評判になっていた法学生――で、いまはたぶんかなりの有名人だ。それでもやっぱりまったく同じ人間で、同じ物腰で、同じ心と悩みを持っていて、いつまで経ってもなおらない同じ問題を抱えている――時間は守れないし、雨の日に傘をさすなんていう基本的で実際的なことを忘れる。ずっと昔に法律事務所の待合スペースで見たのと同じ空想的な人間で、如才のなさとオタクっぽさを行き来している人。握手をして、そのひょろ長い背の高さと並はずれた落ちつきを初めて受けとめたときは、いま目の前にいる人が心から愛する存在になり、わたしの人生をだれよりも混乱させる人になるとは、まだわかっていなかった。

多くの人と同じように、わたしにも結婚生活のイメージがあったけれど、実際にそのとおりになったことはほとんどない。子どものころには、友だちとMASHのような占いをして遊んだ。どこで暮らして、どんな車に乗って、子どもが何人できるかを予想する遊び。ほかにも、折り紙のように紙を折って、フラップの下に結婚相手の名前をいくつか書いて隠しておく占いもあった。いろいろな結果に、みんなでくすくす笑ったり息をのんだりした。わたしは本当にジャクソン5のマーロン・ジャクソンと結婚して、カリフォルニアで暮らして、ステーションワゴンに乗るの？　友だちのテリーは本当にクラスメイトのテディと結婚して、子どもが九人できて、フロリダの豪邸で暮らすの？

わかっていたのは、可能性は大きくて無限のように思えること。わかっていると思っていたのは、最後には夢のような結婚式にたどり着いて、そのあとにわくわくするしあわせな日々と、情熱的で一切妥協のない生活スタイルがずっとつづくこと。だって、そういうものじゃないの？　わたしはまだ幼すぎて、いずれ母と父のような結婚生活を送ってもいいとは思えなかった。ふたりは信頼しあって打ち解けていて、常識にのっとってフレンドリーで役に立つ共同作業に取り組んでいた。お互いに笑わせていた。日々の雑用をすべてこなしていた。毎年、バレンタインデーと母の誕生日には、父が車でエヴァーグリーン・プラザのショッピングセンターへ行き、すてきな新しい服を買ってきて、プレゼント包装してリボンをかけて母に渡した。

ふたりがおおむねしあわせなのはわかっていた。でもわたしは、昼のドラマ《オール・マイ・チルドレン》をたくさん見て、エリカ・ケインのコロコロ変わる恋心を吸収してもいたから、母と父の結婚生活は地味で少し退屈に見えた。それよりもわたしは、夢とファンタジーの結婚生活と家族生活を送る自分を想像した。バービーとケンの人形で友だちと演じた、華やかなロマンスのような生活。それに祖父母を見ていたから、結婚生活がかならずしもうまくいくわけではないことも知っていた。母の両親はわたしが生まれるずっと前に離婚していて、わたしが知るかぎりその後は二度と口をきかなかった。父の両親は父の子ども時代にはほとんど別々に暮らしていたけれど、その後、意外なことになぜか仲なおりしていた。

いまはわかる。見本はまわりにいくらでもあって、長期的な夫婦関係が華やかだったりスムーズだったりすることなんてめったになかった。いまでも母は、父と初めて怒鳴りあいのけんかをしたときのことを語る。一九六〇年に結婚したあと間もなくのことで、母は二三歳、父は二五歳だった。短い新婚旅行を終えた母と父は、初めていっしょに暮らしはじめて突然気づいた。ふたりはふたつの習慣、ふたつの決まった物事のやり方を携えて、この緊密に結びついた夫婦関係にやってきたのだと。

最初のけんかは何についてだった？　お金のことではなく、子どもをつくることでもなくて、当時世界で起こっていた出来事ともなんの関係もなかった。バスルームのホルダーにトイレットペーパーをどちらに向けてつけるか――紙の先がロールの前から垂れ下がっているべきか、それともうしろから垂れているべきか。

父は〝うしろから〟の家の出身で、母は〝前から〟の家で育っていて、少なくともわずかのあいだ、この対立は巨大で解決不可能だと思えた。選択肢はふたつしかないのだから、どちらかが折れて相手のやり方を受け入れるしかない。ささいな言い争いに思えるかもしれないけれど、その背後にあるものはささいでないことが多い。自分の人生を他人の人生とひとつにすることで、突然、ほかの家族の歴史と行動パターンを目の当たりにする――そして多くの場合、それに適応することを求められる。

一九六〇年のトイレットペーパー大論争では、結局、自分の主張をあきらめたのは母だった。わめきちらすにはあまりにもばかばかしい問題だと判断したからだ。母は、ただ放っておくことにした。それ以降、わが家は〝うしろから〟の一家として平和に暮らした。この問題が再燃することはなかったし、少なくともクレイグとわたしが大きくなってパートナーを見つけるまでは、何も起こらなかった（オバマ家は〝前から〟の人たちで、いまでもそうだ）。大きなものから小さなものまで、結婚生活にはこんなふうに折り合いをつけなければならないことがたくさんある。

ふたりの関係はおおむね安定していたけれど、母は父のもとを去ることも考えていて、そのことは『マイ・ストーリー』に書いた。折にふれて母は一種の思考実験をし、ユークリッド通りのドアから出て、別の場所で別の男性と別の人生を送ることにしたらどうなるだろうと想像した。折り紙の占いで別の結果が出ていたら、どうなっていた？　大金持ち、南部出身のミステリアスな男、中学校時代の知り合いといっしょになっていたら？

母がそんな考えに身を委《ゆだ》ねるのは、たいてい春だった。身を切るような寒さの冬が終わり、狭くて窮屈な家のなかでほとんどの日を過ごす暗い季節を、またひとつ耐え抜いたあと。そういうときには、いまとちがう暮らしがかなり魅力的に思えた。いまとちがうものは、ようやく外があたたかくなり、また窓をあけたときに入ってくる新鮮な空気に似ていた。魅力的な白日夢、頭のなかで行く想像上の新婚旅行だった。

それから母は自分を笑いとばす。南部出身のミステリアスな男が、どんな新しい地獄を人生にもたらしたかを想像して。中学校時代の知り合いに山ほど問題があったのも知っていたし、どの大金持ちだって当然いろいろな問題を抱えているとわかっていた。

そこで想像上の新婚旅行は終わって、母は現実の生活へ戻る。父のもとへと。

心のなかの何かをそっと新たにして、愛情あるつつましやかな家庭があることを、ここにとどまる理由があることを思いだす。そのための母なりのやり方があれだったのだと思う。

✣チームとして立ちむかうほうがうまくいく

だれかと人生を築いてみようと決めたら、その選択に従って生きる。逃げずにとどまらなければならないことが何度も何度もある。コミットする関係をはじめるときに役立つのは、努力する準備があり、謙虚になる心構えができていて、ふたりの中間のスペースで生きることをすんで受け入れ、さらには楽しむつもりでいること。そのスペースでは、すばらしいものと恐ろしいものの両極を行ったり来たりする――ときには一度の会話のなかで、ときには長年のあいだに。その選択と年月のなかでほぼ確実に気づくことがある。五分五分のバランスなんて存在しない。そろばんの珠《たま》のように行ったり来たりする――計算がうまくいくことはめったにないし、方程式がすっきり解けることもない。こんなふうにパートナーとの関係は動的《ダイナミック》で、変化でいっぱいで、つねに進化している。

完全に公平で平等だと両方が感じることなんて、どの時点でもありえない。いつもどちらかが相手に合わせる。犠牲を払う。ひとりは順調なのに、もうひとりは停滞しているかもしれない。片方が金銭面の負担を多く引き受けて、もう片方がケアや家の仕事をこなすかもしれない。こういう選択とそれにともなうストレスは本物だ。でも、わたしにもわかってきた。人生は季節のように展開していく。愛、家族、キャリアの達成感が一度にぜんぶやってくることなんてまずない。揺るぎないパートナー関係では、それぞれが代わる代わる妥協して、ふたりのあいだのどこかで、共有されたホームの感覚をいっしょに築いていく。

どれだけ激しく深く恋に落ちていても、パートナーの欠点とたくさん向きあわなければならない。ありとあらゆる小さないらだちと、少なくともいくつかの大きないらだちに目をつぶり、そのすべてに負けずに、愛と忠誠を貫こうとしなければならない――厳しい時期もあるし、混乱も避けられないけれど、そのすべてに負けることなく。できるかぎり頻繁に、思いやりをもってこれをする必要がある。それに加えて相手のほうにも、同じ許容範囲をつくって同じ忍耐力を示す力と意思がなければならない――あなたが背負うあらゆる重荷にもかかわらず、最低最悪のときのあなたの見た目や振る舞いとも関係なく、あなたを愛する力と意思が。

考えてみたら、実現しそうもない馬鹿げた条件だと思う。実際、いつもうまくいくわけではない（いつもうまくいくべきでもない。傷つけられていたら、その関係からは離れるべきだ）。でもうまくいったときには、本物の、正真正銘の奇跡のように感じられる。そもそもそれが愛だ。ポイントはそこにある。長期的なパートナー関係は、実のところすべて頑《かたく》なな信頼の行為にほかならない。

バラクとわたしが人生をともにすることを誓ったのは、確実に保証された何かがあったからではない。この先どうなるのか、予想できることはほとんどなかった。わたしたちはまだ経済的に安定していなくて、どちらも奨学金の返済が何年分も残っていた。結果を予想できることなんて、何ひとつなかった。

それどころか、バラクが脇道へ逸《そ》れる人だとわかったうえで結婚した。バラクは目標達成へ向かうのにいつも――予想どおり！――確実でない道を選ぶ人だとわかっていた。この人は、普通の道や簡単すぎる挑戦はすべて斥《しりぞ》ける。いろいろな仕事を同時にさばくのに全力を注いでいて、本を書きたいから、教えたいから、自分の価値観から外れたことはしたくないからと、企業での楽な仕事を断る。どちらの家族にも、あてにできる財産はなかった。やがて子どもをつくるわたしたちの能力にまで疑問符がついて、妊娠に向けた数年間の厳しい格闘がはじまった。その後、政治家としてのバラクのキャリアでは、あの途方もない空飛ぶバイクも経験した。

わたしたちは、こういうカオスのすべてにいっしょに飛びこんだ。確かなのはただひとつ、チームとして立ちむかうほうがうまくいくということだけだった。

✣ 彼は彼。わたしはわたし

早い時期にわたしは学んだ。パートナーは問題の解決策にならないし、ニーズを満たしてくれる人でもない。人はその人でしかなくて、本人が望まない何かに変えたり、本人が想像したこともないタイプの人間に変えたりはできない。わたしが望んでいたのは、わたしの愛とは関係なく、自分自身の価値観に従って生きるパートナーだ。わたしが望んでいたのは、正直さを大切にするからこそ正直で、誠実さを大切にするからこそ誠実な人だ。

いまわたしは、これを娘たちに伝えている。稼いでくれる人、世話をしてくれる人、子どもの親になってくれる人、問題から救ってくれる人を探しているという理由で、だれかといっしょになってはいけない。わたしの経験では、そういう計画はたいていうまくいかない。ゴールは、あなたのために仕事をする人を見つけることではない。あなたといっしょに仕事をして、あらゆる面で、あらゆるかたちで力になってくれる人を見つけること。相手がひとつの役割しか引き受けようとせず、「お金は稼ぐから、おむつを替えるのは期待しないでほしい」なんてことを言うのなら、わたしのアドバイスはこうだ。安全なところへ避難開始。娘たちにはこう話している。うまくいくパートナー関係は、強いバスケットボール・チームに似ている。そのチームはふたりの個人から成り立っていて、どちらもさまざまな高いスキルを持ち、互いに役割を交代できる。一人ひとりの選手がシュートだけでなくドリブル、パス、ディフェンスのやり方も知っていなければならない。

もちろんお互いに弱点やちがいがあって、それを埋めあわせる。そのことを否定しているわけではない。長い目で見ていろいろな役割を果たせるようにしておいて、ふたりでいっしょにコート全体をカバーしなければならないということだ。パートナー関係によって、人が実際に変わることはない。相手のニーズに配慮するように迫られはするけれど、それでも変わりはしない。出会ってからの三三年間でバラクはたいして変わっていないし、わたしも変わっていない。いまでもわたしは彼と最初に握手したときと同じ分別ある努力家だし、いまでもバラクは本好きの楽天家で、三つのことを同時に考えている。

変わったのは、ふたりのあいだにあるものだ。相手がそばにいることを受け入れるために重ねてきた、数えきれないほどの調整、妥協、犠牲。バラクとわたしを合わせた――わたしたちふたりの――ハイブリッドのエネルギーは、いまや数十年の戦闘に耐えてきたベテランだ。知りあった初日にふたりのあいだに生まれたわずかな心の動きが何であれ、握手して話しはじめた瞬間に植えつけられたお互いへの好奇心の種が何であれ、それこそが、長年のあいだにわたしたちが育て、成熟させて、確かにしてきたものにほかならない。これはいまも進行中の奇跡で――対話はまだつづいている――、わたしたちが住む家《ホーム》だ。彼は彼。わたしはわたし。いまはお互いのことを知っているだけ。とても、とても、とてもよく。

わたしはいつも、バラクとの人生のきらびやかな面だけでなく、ふたりの本当の姿を見てもらおうとしてきた。バラクは完璧な男だとか、わたしたちの結婚生活は完璧だとか、そもそも愛は気楽な営みだとかいう思いこみに風穴をあけるために、かなり意識して努力してきた。バラクとわたしが――切実に必要だった――夫婦カウンセリングを受けたことも書いた。娘たちがまだ幼く、バラクもわたしもいっぱいいっぱいになっていたころで、お互いに怒りっぽく、よそよそしくなっていた。夫にうんざりして何度も窓から突き落としたくなったことも冗談として語ってきた。いまでも、たぶんこの先もずっと抱く、ありきたりでつまらないさまざまな憤りのことも。本当に親密な関係はしゃくに障ることもある。それでも、わたしたちはいっしょにいる。

わたしは自分たちのかっこ悪い部分をよくおおっぴらに話してきたけれど、なかには見かけのほうを好む人もいるらしい。昔、ニューヨーク・タイムズ紙のコラムニストに叩《たた》かれたことがある。その理由は、夫は神ではなく人間で、床に脱ぎ捨てた靴下を拾わなかったり、バターを冷蔵庫に戻し忘れたりすることもあると主張したこと。その件についてわたし個人の気持ちは変わっていないし、これは人間全般に当てはまることだと思う。本当の自分を隠すと、自分を傷つけるだけだ。

✣ カジュアルな関係の罠

わたしの友だちに、ある女性がいる。ここではカリッサと呼ぶことにしたい。彼女は最近、付きあっている男性の本当の姿を避けながら一年以上の時間を過ごした。カリッサは三〇代のきらびやかなアフリカ系アメリカ人女性で、会社を経営し、友だちもたくさんいて、あらゆる点で成功を収めた人物だ。ただひとつだけ不満があった。ひとり身でいたくないこと。パートナーがほしかった。いずれ子どももつくりたかった。そしてオンラインでその男性と出会って、彼のことがとても気に入った。ふたりは付きあいはじめる。カリブ海地域へあわただしい旅行をして、すてきな時間を過ごした。帰ってきたあとも引きつづき会っていたけれど、どちらも仕事とほかの友だち付き合いでも忙しくしていた。カリッサが言うには、ふたりは「カジュアルな関係に」しておくつもりだった。

そのとき、カリッサはよく気づいていなかった。ようするにふたりは最初のデートを何度もくり返しているだけで、気持ちの面で近づきたいという衝動に抗《あらが》っていた。ふたりは「カジュアルな関係」に閉じこめられていた。もちろん楽しんではいたけれど、リスクを冒すのを恐れて、ちょっとした意見の食いちがいや踏みこんだ会話といった単純なことさえ避けていた。どちらかの心をこじあけることになるかもしれないし、場合によってはあとでフォローが必要になるかもしれないから。カジュアルな関係は気軽なはず。いっしょにいるのに努力や不快感は必要ないはず。でも、「本当」のものはかならず姿を現す。なんらかのかたちで、あなたを見つけだす。

付きあって一年以上経ったころのある夜、カリッサはその恋人と自分の親しい女友だちを自宅アパートメントに招いて夕食をともにし、初めてふたりを引きあわせた。そして食事のあいだ、もともと社交的な友人が、まじめな質問を無邪気に男性に浴びせるのを見ていた。自分が知らなかったありとあらゆる情報が、片っ端から引き出されていく。彼は父親と複雑な関係にあることがわかった。子ども時代には愛されていないと感じていた。過去の恋愛で相手にコミットするのに困難を覚えていた。

どれもかならずしも問題ではなかった。単純にすべて新しいことで、その人のなかのこの層をカリッサが見ていなかっただけだ。あまりにも恐ろしくて、それを探しにいけなかったのだとカリッサは気づいた。彼にはこれといったことを尋ねたことがなかったし、彼も彼女の深いことや本当のことは何も尋ねなかった。何か月も付きあっているのに、感情面で親密になるのを避けていて、それぞれ傷つかないようにしようとしていた。

カリッサは「カジュアル」でかまわないと自分を納得させていたけれど、それは人生のゴールと矛盾していた。彼のほうも本当にカジュアルな関係を求めていたの？　それさえカリッサにはわからなかった。そのことを深く話しあったことは一度もない。いまさらはじめるのも遅すぎる。食事をしないでキャンディばかり食べて、一年を過ごしたようなものだった。

カリッサは、うわべを取り繕って自分を隠していたことに気づいた。さらなる何か、もっといい何かなんて求めていないふりをしていて、ただ時間が過ぎていくことが関係の前進だとずっと思っていた。

ふたりがついに別れたあと、カリッサはわたしに語った。自分を抑えて、あまり関心を示さないようにしたり、コミットメントについて尋ねないようにしたりしていたのだと。そんなことをしたら〝めんどくさい〟女だと思われて、避けられると思いこんでいた。仕事ではときに野心的で、日常生活の細かいことにもこだわるけれど、男性との付き合いではその性格が不利に働くと思っていた。

カリッサは、恋人との関係に力を注ぐ気満々だと思われたくなかった。そんなふうに思われたら自分に価値がなくなって、相手の気を引けなくなると心配していたのだけど、そもそも彼のことはほとんど何も知らなかった。

「飢えているとか、もの欲しそうとか、思われたくなかったの」と彼女は言う。「クールに振る舞おうとしてただけ」

でも結局、クールに振る舞ったところでカリッサは――ふたりは――どこへもたどり着けなかった。

✣カジュアルな関係にまったく興味がなかったバラク

ときどきこんな若い人と話す。カジュアルな関係を受け入れ、クールに振る舞う技術を身につけていて、生身の弱い自分でいなければ本当に親密な関係は築けないという事実を避けている人。たとえ人生のフリーマーケットの段階であっても、パートナーとの関係に深さと偽りのなさが入りこむ余地はあるのに、それをまだわかっていない。軽く人と付きあって二〇代を過ごすかもしれないけれど、コミットメントと望ましいコミュニケーションの基本を練習していない。本当の気持ちと弱さを見せてもいいという考えになじんでいない。キャンディはたくさん食べているけれど、筋肉はつけていない。

そして真剣になるときがきて、家族生活と落ちついた生活を想像するようになると、突然、たいてい大あわてで、こういうスキルを初めて学びはじめる。そして、長つづきする深い関係には、カジュアルなこともクールなこともほとんどないのだと気づく。

最初からバラクが際立っていたのは、カジュアルな関係にまったく興味がなかったことだ。彼の率直さには、はじめは少し面くらった。バラクと出会う前には、自分自身のことも自分が望んでいることもよくわかっていない男性たちとデートしたこともある。遊び人ともひとりかふたり付きあった——見た目がよくてそばにいると楽しいけれど、頻繁にわたしの肩越しに部屋をのぞいて、ほかにだれがいるのか、もっとだれかとつながれないか確かめようとする人たち。

最初のころの恋愛から、みんなと同じ教訓をわたしも学んだ。裏切られて嘘をつかれたことも何度かある。わたしは人生のフリーマーケットの段階にいて、いろいろな生き方を試し、これからの人生の準備を整えていた。はじめのころのこういう恋愛関係では、わたしも確信がなかった。相手にコミットしていないこともあった。まだ学んでいる最中で、自分自身を理解し、自分が何を必要としていて何を望んでいるのかを把握しようとしているところだった。

　バラクは、それまでの知り合いのだれともちがった。自分の望みを率直に、はっきりと口にした――その確信は、少なくともわたしには普通ではなかった。恋愛の練習をすでに何度かしていなかったら、どれだけそれが普通でないのか、たぶんわからなかったと思う。

「きみのことが好きなんだ」出会って数週間経ち、何度か仕事でランチをともにしたあと、バラクは言った。「ぼくたちは付きあうべきだと思う。ぜひどこかへ連れていきたいんだけど」

　わたしは職場恋愛はよくないいんじゃないかと気になっていて、彼にひかれる気持ちに身を委ねるべきか決めかねていた。でもバラクはわたしたちがお似合いだと確信していて、動じることなく穏やかに食い下がった。考える余地は与えてくれたけれど、彼にとってわたしはおもしろくて、彼はわたしといっしょにいるのが好きで、もっといっしょにいたいと思っていることを、ずっとはっきりさせていた。何年もあとに大統領執務室《オーバルオフィス》で目にするのと同じしぐさで自分の見解をわたしに語った。指を合わせて三角形をつくり、理路整然とした箇条書きのように論点をあげていく。

　その一、きみは頭がよくて美しいと思う。

　その二、きみもぼくと話すのが好きなはずだ。

　その三、これは職場恋愛には入らない。ぼくは単なる夏のインターンだから。

　その四、ほかのだれでもなく、きみと時間を過ごしたい。八週間ほどでロースクールへ戻るのだから、実はあまり時間がない。

だから、いいでしょ？

彼とは、追いつ追われつの普通の恋愛の駆け引きはない。彼は遊びに興味がない。心の探り合いはなし。気持ちをテーブルに並べて見せていた。まるでこんなふうに言っているみたいに。〝これがぼくの関心だ。これがぼくの尊敬だ。ここがぼくの出発点だ。ここからはふたりで前にすすむしかないじゃないか〟

認めないわけにはいかない。この率直さと確信の組み合わせは、うれしかったし新鮮だった。それにとんでもなくセクシーだった。

彼の確信がわたしたちの土台になった。これほどはっきりとした意思を持つ人とは、それまで付きあったことがなかった。まったく疑念がなくて、クールに振る舞う気なんてこれっぽっちもない。わたしの気持ち、考え、家族について尋ねて、彼についてのわたしの質問にすべて答える。彼といると、不安を覚えずに渇きを感じられた——彼の話、彼の愛情、彼の支えへの渇き。彼もまた渇きを感じていたからだ。ふたりともちっともクールじゃなかった。すっかり新しい世界がひらけた感じがした。ふたりのあいだの好奇心のおかげで、わたしの自意識は消えた。付きあっている相手が電話を折り返してくれるのか、やきもきするのにエネルギーを浪費する日々は終わった。パーティーに、ベッドルームに、自分が望む人生についての深い会話に、不安がついてくることもなくなった。突然、わたしは自分のなかで強くなった。好かれているのを感じた。尊敬されているのを感じた。見られているのを感じた。

わたしたちは愛しあっている？　まだわからない。でも相手に深く激しく好奇心を抱いていた。その好奇心がわたしたちを前にすすませて、夏が過ぎ、秋になった。バラクは東海岸の大学へ戻り、わたしはまた厳しい法律の仕事に忙殺されていた。けれども、ものの見方が少し変わって、まるで新しいスイッチが入ったように感じていた。この人が、彼の好奇心が、わたしの世界に光を加えてくれた。

付きあって数か月のころ。クリスマスにいっしょにホノルルへ帰省しないかとバラクに誘われた。自分が育った場所を見てほしいのだと。わたしは迷わずイエスと答えた。ハワイへは行ったことがなかった。ハワイへ行くなんて、想像したことすらなかった。ハワイについて知っていることといえば、ウクレレ、ティキトーチ（たいまつ）、腰みの、ココナッツのような、大衆メディアのイメージの受け売りだけ。わたしの印象は、完全にとは言わないまでも大部分が、一九七二年に放映された《ゆかいなブレディー家》の三つの話《エピソード》にもとづいていた。一家がオアフ島を訪問する話で、グレッグはサーフィンをし、ジャンとマーシャはビキニを着ていて、アリスはフラダンスを習って腰を痛めていた。

ハワイで過ごすクリスマスを楽しく想像しながら、わたしは自分が知っていると思っていたハワイをそこへ投影していた。バラクとわたしの関係ははじまったばかりで、ファンタジーの段階だったから、何もかもがぴったりだと思えた。まだけんかしたことはなかった。電話の会話はたいてい甘ったるくて楽しくて、ある種の欲望の予感でいっぱいだった。誘いの電話を切るときには、当然、ハワイは初めての休暇をいっしょに過ごすのに完璧な場所だと思っていた。

クリスマスが近づくと、シカゴの空気は身を切るように冷たくなり、日に日に太陽が少しずつ早く沈んでいく。暗いうちに出勤し、暗くなってから帰宅する。そのあいだずっと、その先のことを考えて心に火をくべていた。あたたかいそよ風とふわふわ揺れるヤシの木。ビーチでの昼寝と夕方のマイタイ。ただただ恋に落ちて過ごす、ゆったりとした休暇の日々。

✣ハワイにあるバラクの実家を訪れる

飛行機の窓から見るとオアフ島は夢のようで、まさに想像どおりだった。ファンタジーと現実がほぼ完璧に重なった。一二月終わり近くの午後、ホノルル上空を旋回している。隣にはバラクがいて、下にはパラダイスがある。アクアマリンのきらめく太平洋《たいへいよう》、緑豊かな火山、白い弧を描くワイキキビーチが見える。これが現実だなんて、とても信じられなかった。

空港からタクシーに乗って、サウス・ベレタニア通りのアパートメントへ向かった。バラクがティーンエイジャーのときに祖父母と暮らした場所。お母さんはインドネシアで人類学のフィールドワークをしていて、ほとんどアメリカにいなかった。タクシーから見るホノルルは驚くほど大きくて都会で、それがとても印象的だった。水辺の街で、シカゴとあまり変わらない。幹線道路《フリーウエイ》、たくさんの車、超高層ビル。どれもブレディー家が訪れていたときには見た記憶がないし、わたしの楽しい想像にも織りこまれていなかった。

わたしの頭は目まぐるしく働き、すべてを取りこんでデータのように処理していた。当時は二五歳で、この場所を見るのは初めてだ。隣にいるこの人は、知っているような気がするけれど、まだ完全に知っているわけではない。このすべてを理解しようとしていた。密集した高層アパートメントの区画を次々と通りぬける。ベランダには自転車や植木鉢が雑然と置かれていて、干された洗濯物が日の光を受けている。〝ああそうだ、これは現実なんだ〟と思った。

バラクの祖父母の住まいも高層アパートメントだったけれど、巨大ではなかった。ブロックのようなモダニズム建築で、機能的なコンクリートでつくられている。通りを挟んで向かいには、青々とした広い芝生のある古い教会があった。エレベーターで一〇階へあがり、湿った空気のなか、バッグを手に建物の外についた屋外廊下を歩く。何時間もの移動のすえ、ついにアパートメントのドアの前に立った。バラクがそれまでの人生でいちばん長く暮らした家。

それから数分のうちに、家族のみんなに会った。バラクのお母さん、おばあさんとおじいさん──トゥートとグランプス──、当時一九歳だった妹のマヤ（その一年ほどあとには、バラクがとくに親しくなっていた姉のアウマなど、ケニア側の家族にも会う）。みんなわたしに親切で興味津々だったけれど、何よりバラク──家族には〝ベア〟と呼ばれていた（バリーの略で、クマの〝ベア〟と同じ発音）──が家に帰ってきたことに大よろこびだった。

それからの一〇日間で、ホノルルのことを少し知って、バラクの家族のことをたくさん知った。バラクとわたしは、マヤの友だちが暮らすアパートメントの奥の部屋に泊まった。朝、サウス・ベレタニア通りの高層アパートメントまで手をつないで歩く。そこに二時間ほどいて、みんなで熱心にジグソーパズルに取り組んだり、通りの向こうの教会を見おろす小さなベランダに腰をおろしたりしながら、おしゃべりをする。アパートメントはこぢんまりとしていて居心地がよく、部屋のなかはインドネシアの蠟染め《バティック》と中西部の小物で飾られていて、シカゴのダンディとグランマの古いアパートメントを思いだした。

バラクの実家を見て最初にわかったのは、バラクもわたしと同じくらいつつましやかな環境で育ったということ。キッチンは狭くて細長く、テーブルを置く場所がないから、みんなリビングでトレイにお皿をのせて食事をした。トゥートが出してくれたツナサンドイッチはフレンチマスタードとスイートピクルスで味つけされていて、ユークリッド通りの家でわたしたちが食べていたものととてもよく似ていた。

✣ふたりはちがう家族出身のちがう人間

わたしたちはちがっていて、わたしたちは似ていた。バラクとわたし。それがずっとよくわかるようになった。バラクがまる一年離れていた家族と再会するのを見ながら、わたしはなじみのものとそうでないものを観察していた。

バラクとお母さんは、地政学や世界情勢について真剣で複雑な会話をすることでつながりを取り戻していた。一方、グランプスは冗談を飛ばすのが好きだ。数年前に銀行の仕事を引退していたトゥートは腰痛に苦しんでいて、そのせいで少し不機嫌だったけど、トランプで遊ぶのが好き。長年、家族みんなをほぼ養ってきただけあって、実際的でまじめな人なのがわかった。マヤは快活でかわいらしく、ニューヨークでの大学生活一年目のことをわたしに話して、どの科目を履修すべきかバラクにアドバイスを求めた。

わたしには、バラクの一家は夜空に広がる星座のように見えた。一人ひとりがほかの人との関係のなかで決まった場所を占めていて、まとめて見ると、間隔をあけて並ぶ五つの点が完全にユニークな模様を描いている。家族生活は海や大陸をまたいでよどみなくつづいてきた。五人の姓は三つに分かれている。バラクとマヤの父親はちがう人で、ふたつの異なる文化の出身だ。ふたりの母親アンは知的な自由人で、保守的なルーツを持つふたりの白人カンザス人の子どもだったけれど、頑なに別の道を選んだ。

わたしがバラクに見たのは、こういうほかの光のなかに自分の場所を見つけた人だ。バラクは母の反抗心、祖母の倹約と深い責任感、祖父の気まぐれを受け継いでいた。父の不在も受け継いでいた。息子の人生にはほとんど存在しなかったけれど、知的な厳しさと規律が求められるすさまじく大きな期待をたくさんあとに残した、バラク・オバマ・シニアの遺産。

わたしの家族とはちがって、バラクの家族はよくハグをした。みんなあまりにも頻繁に「アイ・ラブ・ユー」と口にするから、わたしは少し気まずかった。こんなふうに愛情をことばにするのは、わたしにはなじみがなかったから。ある意味では、バラクが自分の気持ちにすがすがしいまでに率直な理由がそこからわかった。彼の家族はことばを使って感情を表現していて、それはわたしの家族はしないやり方だった。おそらく、長年ことばを頼りに親密な関係を保っていたからだろう。たまに交わす手紙と長距離電話でのコミュニケーション。空間をこえて示される愛は、それが表現される強さのぶんだけ長く響く。ハグ、熱心な会話、何時間も夢中で取り組むジグソーパズルも同じだ。一〇日間しかいっしょにいられないとわかっているから、一年分の愛を漏斗で一気に注いでいた。顔を合わせるときはいつも、次に会うのは何か月も先だとわかっていた。

わたしの家族の星座は、まったくちがう並び方をしていた。ほとんどみんなシカゴに根をおろしていて、しかもサウスサイドの比較的狭い範囲で暮らしていたから、そこまで散らばっていなくて、もっと密に固まっていた。たいていみんな車で一五分以内のところに住んでいた。駆け出しの社会人になってからも、わたしは文字どおり両親の上で暮らしていて、ユークリッド通りの家の二階に陣どっていたし、日曜には兄や大勢のいとこたちと会ってマカロニ&リブを食べた。わたしたちの家族には、「アイ・ラブ・ユー」を口にしたり、気持ちをことばで表現したりする習慣はなかった。みんな顔を見せにくるとわかっているから、ただ肩をすくめて「オーケー、じゃあまた日曜に」と言うだけ。それはいつものことで、くり返されていて、確かだった。ロビンソン家では、変わらないことが愛だった。

その後、バラクとわたしは、ほぼ試行錯誤によってこの問題に対処しなければならなかった——コミットメントがどんなものかについての相容《あいい》れない、しばしば衝突する考え。夜空に浮かぶわたしたちふたつの星の相対的な位置。ふたりのあいだにある、あらゆる不確かなことへ対処する能力。バラクが遅刻したり、どこかへ行かなければならないことに無頓着《むとんちゃく》だったりすると、わたしはいやでたまらなかった。わたしがせきたてたり、たくさんの人が参加する予定をたくさん入れすぎたりすると、バラクは腹を立てた。どの溝は埋めようとすべき？　どれは単純にちがいを認めてそのままにしておくべき？　どちらが相手に合わせたり、習慣を変えようとしたりすべき？

ふたりの食いちがいにどう対処するのか、その答えを出すにはある程度の時間とたくさんの練習が必要だった。バラクはその場その場で問題に対処する人だとわかった。ふたりの関係に問題が生じると、すぐに飛びついて話しあおうとする。バラクは感情を抑えがちだ。これもおそらく、家族がいっしょに過ごす毎年一〇日ほどの時間に、たくさんのものを詰めこもうとしていたからだと思う。バラクはときどき、しんどいことをすぐに片づけて先へすすみたがる。合理的な洞察力をたちまち総動員して、衝突の反対側にある思いやりと和解へしきりにたどり着こうとする。子ども時代にしなければならなかったように、効率的に振る舞って解決策を熱心に求め、すべてを片づける。

一方でわたしは、夫よりもずっと熱くなるし、もっとゆっくりすすむ。いらいらして腸《はらわた》が煮えくりかえったあと、少しずつ理性を取り戻していかなければならない。たぶんこれは子ども時代に与えられた自由の副産物で、頭のなかの考えをすべて話すように促されていたからだ。わたしの家族には、時間が足りないことなんてなかった。衝突がはじまったら、ときどきわたしの頭は爆発する。だれが正しいか、解決策は何か、一つひとつポイントをあげながら理性的に話しあうなんて、これっぽっちもしたくない。感情が急旋回すると、わたしは馬鹿なことや人を傷つけることを言いかねない。ふたりのあいだでは、バラクがすぐに話し合いをはじめようとして、わたしの怒りの蒸気でたちまちやけどを負ったこともある。

わたしたちは、それを乗りこえる方法を学ばなければならなかった。それぞれの過去をふまえ、異なるニーズと生き方を考慮に入れながら、お互いに対応できるように練習する必要があった。バラクはわたしにもっと時間と空間を与え、頭を冷やして感情をゆっくり処理できるようにしてくれた。そういう時間と空間でわたしが育ったことを知っているからだ。同じようにわたしも、そんなふうに感情を処理しているあいだにもっと効率をあげ、相手を傷つけないようにすることを学んだ。それに、バラクが物事を引きずらないようにして育ったのもわかっているから、問題をあまり長引かせないようにと心がけている。

うまくやっていくのに、正しい方法もまちがった方法もないのがわかった。パートナー関係の厳密な原則があって、それに従って生きればいいわけではない。ふたりでなんとか解決するしかない。きわめて独特なふたりの個人のあいだで、一日一日、一年一年、押したり譲ったり、忍耐力を絞り出したりしながら、お互いをもう少し理解しようとして。

わたしは、ことばよりも実際にそばにいることを重視する。時間を守ること、時間をかけること、ルーティン、規則正しさを大切にする——これらは、バラクが育った家ではそこまで重要ではなかった。バラクは考える空間を持つこと、あらゆる既成秩序に抵抗できること、柔軟性を高くして身軽に暮らすことを大切にする——これらは、わたしが育った家ではそこまで重要ではなかった。気持ちをことばにして、ふたりのちがいをいまの問題としてとらえずに個人の歴史に位置づけられると、いつでも役に立つ。

✣ ホノルルでバラクが見せてくれたもの

クリスマス休みのあいだの午後、バラクとわたしは彼の祖父母のアパートメントを出て、途中のコンビニエンスストアでスナックを買い、数キロメートル先にあるワイキキビーチの静かな一角まで歩いた。だれもいない場所を水辺に見つけて、砂の上に籐《とう》のマットを広げる。そのとき、ようやくわたしは休暇中の気分になった。職場からも家からも遠く離れて、完全にふたりきりになったとき。海でひと泳ぎしたあと、横になって太陽のもとで身体を乾かす。一度に何時間も話をして、やがてバラクが立ちあがり、身体の砂をタオルで払い落として言う。「そろそろ帰らなきゃ」

〝ああそうだ〟ほんの少しがっかりして、わたしは思う。〝これは現実なんだ〟

正直なところ、そのときわたしが望んでいたのはファンタジー版のハワイだ。のろのろと数キロメートル歩いてサウス・ベレタニア通りへ戻り、祖父母と夕方のニュースを見ながら飾り気のない食事をするのではなく。バラクが夜遅くまでマヤの授業料支払い計画を考えるのを手伝ったり、インドネシア農村の鍛冶《かじ》屋の経済をテーマにした遅れっぱなしの博士論文についてお母さんと話したりするのを見るのではなく。夕方のなめらかな空気のなか、すべての義務から解放されて、近くのレストランのパティオにふたりきりで座っていたかった。太平洋の上の空がピンクから紫、黒へと変わっていくのを見ながら、マイタイを飲んでいたかった。そして一日の最後には、ホテル最上階のハネムーン・スイートルームに少しふらつきながら転がりこみたかった。

貴重な休暇をとるために申請書を出すとき、シカゴのオフィスでハワイについて夢見ていたのはこんなことだった。バラクが籐のマットを丸めて、長い帰宅の道のりを歩きはじめるとき、わたしが唇をとがらせないようにしていたのがこのことだった。

だって、まだ若かったから。わたしの頭には貸借対照表《バランスシート》があった――一方にわたしの利益が、もう一方にわたしの犠牲が。わたしはまだ本当に大切なことを知らなかった。この先の年月と人生に何が必要なのか。長いあいだずっとわたしの心に火をつけておけるのは、正確に何なのか。まだ把握しようとしている最中だった。

いまはわかる。それはマイタイやハネムーン・スイートではない。遠い場所で見るきれいな夕焼けでもなければ、派手な結婚式を挙げることでもなければ、世界できらびやかな存在感を保ちつづけることでもない。そんなことではまったくない。

わたしが見せられているのが何なのか、わかるまでにしばらく時間がかかった。自分が何を見ていて、それが結局、わたし個人のバランスシートでどれだけ大きなプラスになるのか、それを完全に理解するには、サウス・ベレタニア通りの小さな高層アパートメントでひと晩過ごすだけでは足りなかった。一〇夜つづけて過ごさなければならなかった。

わたしがいっしょにいる男性は、頑なまでに家族思いで、次に戻ってこられるのは一年後だとわかっているから、毎朝、毎晩、家族のもとへ帰る人だった。わたしが見ているのは、彼のバージョンの忠実さ、彼の夜空の星の配置だった。のちにいっしょに暮らすようになってわかった。物理的に距離が離れていても、バラクはずっと家族の中心にいた。母のふたりの夫がどちらも果たさなかった役割を引き受けて、母アンと妹マヤがさまざまな危機を乗りこえられるように、問題が起こるたびに電話で親身に相談にのっていた。

これをすべて見ていたことが、結局、結婚生活のいちばん厳しい時期を乗りこえるのに役立った。まだ娘がふたりとも小さくて、バラクが政治家としての務めを果たすために毎週三、四日も外泊していた時期。わたしはバラクのものとは別のかたちの忠実さと親密さに囲まれて育ったから、心細くて気持ちが不安定になり、バラクがいないことで少し見捨てられたように感じていた。ふたりのあいだに溝ができていて、やがてそれが大きくなりすぎて埋められなくなるかもしれないと心配していた。

でもそれについて話せたとき、とくにカウンセラーの助けを借りて話せたときに、わたしたちが持っているもの、すでに築いていた土台にあらためて気づいた。わたしはバラクの来し方を知っていて、バラクもわたしの来し方を知っている。だから、それを意識してさえいれば溝を乗りこえられるとわかった。ふたりのあいだのどこかで生きればいい。バラクは距離の隔たりに慣れているけれど、わたしは慣れていない。それをふたりともわかっていた。バラクは遠くにいても人を愛する方法を知っている。生まれてからずっと、その練習をせざるをえなかったのだから。娘たちとわたしはいつも彼の世界の中心にいる——何があろうとも。わたしが見捨てられることなんてない。最初の旅行で、バラクはそれをわたしに見せてくれていた。

クリスマスと新年の休暇を初めていっしょに過ごすあいだは毎晩、ホノルルのアパートメントで、バラクがお皿を片づけて洗ったり、おじいさんとクロスワードをしたり、妹に本をすすめたり、お母さんがだまされないように財務書類の細則にすべて目を通したりするのを見ていた。バラクは思いやりがあり、辛抱強くて、みんなのそばにいた。一日がすっかり終わってお皿がきれいになり、話題が尽きてみんながあくびをするまでそこにいた。

わたしがハネムーン・スイートとバラクの全注目を自分勝手に求めていたのに対して、バラクは嘘偽りのないものを見せてくれていた。わたしたちが選んだらそうなるかもしれない、未来のかたちを示してくれていた。わたしたちはカジュアルな関係ではなくて、クールに振る舞ってもいなかった。だからこそ、お互いの人生で観光客をはるかにこえた存在になるだろうとわたしにはわかりはじめた。

ここから確かなものがはじまる。ある日の深夜、一〇階からおりるエレベーターのなかから。手を彼の手にそっと滑りこませ、ホノルルのさわやかな夜に足を踏みだすと、頭上に星の天井が広がって、わが家《ホーム》にたどり着いたのだとふと気づく。

✣ 実現した夢のハワイ

いまバラクとわたしは、毎年ハワイへ帰省する。たいていクリスマスに戻って、自分たちの住まいから、自分たちの暮らしからやってきたばかりの成人した娘ふたりとそこで会う。バラクの妹マヤとその家族と集まり、バラクの高校時代の旧友を訪ねて、本土から来るいろいろな友だちをもてなす。三〇年以上もオアフ島へ旅をしてきたいま、風に揺れるヤシの木を飛行機の窓から見ても、もう息はのまない。ワイキキの南西に巨大な緑の砦《とりで》のように鎮座する火山、ダイヤモンドヘッドの眺めにも、それほど圧倒されなくなった。

いまわたしが感じるのは、なじみのものに触れるうきうきした気分だ。子ども時代には思ってもみなかったかたちで、わたしはこの場所になじんでいる。いまでもただの訪問者ではあるけれど、欠かすことなく定期的に帰省して、この島のことをとてもよく知っている。この島をわたしに紹介してくれたひとりの男性を知っているのと同じぐらい。

　空港からノースショアまでの幹線道路のカーブをひとつ残らず知っている気がする。どこへ行けばおいしいかき氷や韓国焼き肉を食べられるか知っている。空気中のプルメリアの香りがわかるし、浅瀬をはたはた泳ぐ水中のマンタの影を見るのも好きだ。ハナウマ湾の穏やかな海と、風の強いラナイルックアウトの海食崖《がい》もよく知っている。ハナウマ湾では、よちよち歩きの娘たちに水泳を教えた。ラナイルックアウトは、愛する母と祖母の遺灰をバラクがまいた場所で、彼はそこへ足を運んでふたりを偲《しの》ぶ。

　二年前、結婚記念日を祝うために、バラクとわたしは特別にホノルルを訪れた。そしてバラクが、サプライズのお祝いディナーの席を街で設けてくれた。海のそばにあるホテルの屋上テラスでプライベート・スペースを借り、少人数のバンドを手配していた。

　ふたりともしばらく立ったまま景色を楽しんだ。夕方の早い時間で、ワイキキビーチが一望できる。サーファーがボードに身体を預けてのんびり漂いながら完璧な波を待っていて、高齢の男性たちが下の公園でチェスをしている。年に一度のクリスマス旅行のときに娘たちをよく連れていった動物園が見えて、大にぎわいのカラカウア通りも見える。娘たちとよくそこを散歩し、ジャグラーなどのストリートパフォーマーが夜の観光客を楽しませるのを見た。長年のあいだに泊まったいろいろなホテルを指さす。お金に余裕ができて、バラクの家族に頼って部屋を借りる必要がなくなってから泊まったホテル。これまでこの場所にいっしょに戻ってきて過ごした年月、そのすべてを見ているのだと気づいた。一周して、また戻ってきた。ハワイについて、わたしが昔抱いていたうぶな夢が実現した。

夕焼けのなか、愛する人とふたりきりで屋上にいる。

バラクとわたしは席について、マルティーニを二杯頼んだ。バラクの家族のことをしばらく話して、サウス・ベレタニア通りを最初に訪れたときのことを振り返った。ふたりともとても若かった――いま考えると、お互いのことをほとんど知らなかった気がする。籐のマット。ビーチへ行き、祖父母の家へ戻る長い散歩。

けっこうたいへんな道のりだったと思って、ふたりで笑った。

それからグラスを触れあわせ、空がピンクに染まっていくのを見ていた。

母はわたしたちみんなを落ちつかせてくれる。

第七章　母のこと

✣ニュースになっても変わらない母

バラクが大統領に当選したあと、わたしの七一歳の母マリアン・ロビンソンもいっしょにホワイトハウスへ移ることが噂になった。当時七歳と一〇歳だったサーシャとマリアが少なくとも落ちつくまで、ふたりの世話を手伝うためだ。みんながうまく新しい環境になじめるようにしたあと、シカゴへ戻る。メディアはこの考えにたちまち魅せられたようで、母へインタビューを申しこみ、母を「ファーストおばあちゃん」「最高指令おばあちゃん」と呼んで大量の記事を書いた。まるでテレビドラマの登場人物におもしろそうな新キャラクターが加わったみたいに。突然、母がニュースに登場するようになった。母が、ニュースになった。

でも母に会ったことがある人なら、母が有名になることなんてまったく望んでいないことを知っていると思う。より大きな政権移行プロセスの一部にすぎないと考えて、インタビューにいくつか答えたけれど、そんなことを気にかける人がいるなんて驚きだと何度も言っていた。

本人の考えでは、母は特別な人間ではない。それに、兄とわたしのことは大好きだけど、どっちも特別じゃないとよく言う。ただのふたりの子どもでしかなくて、じゅうぶんな愛とそれなりの運に恵まれて、結果としてたまたまうまくいっただけだと。シカゴのサウスサイドのような地域には、「小さなミシェルたちや小さなクレイグたち」がいっぱいいると母はみんなに伝えようとする。どの学校にも、どのブロックにも、そういう子がいる。あまりにも多くの子が見すごされ、過小評価されていて、あまりにも多くの潜在能力が認められていないだけだ。これがたぶん、母のより大きな哲学の出発点なのだと思う。「子どもはみんなすばらしい」

母はいま八五歳だ。穏やかで陽気な気品がある。華やかさや厳粛さは、母にはなんの意味もない。だれもが同じように扱われるべきだと思っていて、惑わされることなく本質を見る。母がローマ教皇と話すところも郵便配達人と話すところも見たけれど、どちらにも同じ穏やかで冷静な態度で接していた。質問されれば、わかりやすく直接的なことばで答える。いたずらっぽくも超然としていて、聞き手に迎合することはない。これも母の特徴だ。真実をけっして曲げない。

ホワイトハウスへの引っ越しでは、それはつまりこういうことだった。記者から質問されるたびに、母は率直に答える。自分の考えを控えめに述べたり、神経質な広報担当者が用意した話題に従ったりはしない。すぐにわかった。おばあちゃんがメディアに話すときには、自分が本当だと思うことを話して、さっさとおしまいにする。

だから、全国ニュースにもまさにそんなふうに登場した。ユークリッド通りの静かで小さなバンガローからいやいや引きずり出され、自分の子どもたちのせいで、ほとんど無理やりアメリカでいちばん有名な住所で暮らすはめになったのだと。

無礼に振る舞っていたわけではなく、嘘偽りなく話していただけだ。この問題について記者に話す母の態度は、自分の考えをわたしに話すときの態度と同じだった（相手が郵便配達人でもローマ教皇でも同じだったと思う）。母はワシントンへ来たくなかったのに、わたしが必死に頼みこんだ。頼みこんでもだめだったから、クレイグに協力してもらって、さらに母の腕をねじりあげた。母は家族のいしずえだ。みんなを落ちつかせてくれる。娘たちが赤ん坊のころから、普段の子育ての手が行き届かないところを手伝ってくれていた。バラクとわたしが行き当たりばったりで対処してときどき失敗するなか、わたしたちの穴を埋めてくれ、仕事の転機や繁忙期を乗りこえさせてくれて、娘ふたりのどんどんふくらんでいく放課後生活に対応してくれていた。

だからそう、たしかにある意味では無理やり母に来てもらった。

問題は、母が自宅に満足していたこと。母は仕事を引退したばかりだった。自分の空間での自分の暮らしが好きで、変化全般に関心がなかった。ユークリッド通りの家には、母の身のまわりのものがすべてあった。三〇年以上そこで寝てきたベッドもある。ホワイトハウスは博物館みたいで家らしくないというのが母の意見だった（そしてもちろん、母はこの見解を記者へ直接伝えた）。

ワシントンへの引っ越しはおおむね不本意で、ずっとそこにいるつもりはないという意思をはっきり示してはいたけれど、結局、サーシャとマリアへの愛、ふたりの成長と幸福への責任感が、ほかのすべてを上まわったと言う。「親のほかに、だれかがこの子たちといるのなら」肩をすくめながら母は記者に語った。「わたしがいいでしょうね」[15]
そのあと母は、インタビューに答えるのはもうたくさんだと心に決めた。

✣ ホワイトハウスでも自分の生活を貫く

本人にそんなつもりはなかったけれど、引っ越してきたあとの母はホワイトハウスで大人気だった。まさに舞踏会の華のような存在になった。みんな母をただ「ミセスR」と呼ぶ。スタッフに好かれたのは、母がとても控えめだったからだ。執事はほとんどが黒人で、黒人のおばあちゃんが家にいるのがうれしかった。自分の孫たちの写真を母に見せて、ときどき人生のアドバイスを求めた。活《い》けている花を取り替えにくるホワイトハウスの花屋さんは、長居して母とおしゃべりする。門からふらりと外に出て一四丁目のコンビニエンスストアへ向かったり、それとは反対方向にあるデパート〈ファイリンズ・ベースメント〉へ向かったりするときや、ベティ・キュリー——ビル・クリントンの元秘書——の家に立ち寄ってトランプをするときには、シークレットサービスの職員があとを追う。

家事担当のスタッフは、もっと仕事をさせてほしいと母をよく説得しようとした。ぜんぶ自分でなんの問題もなくできるのに、だれかに給仕してもらったり、自分がしたあとにまた掃除してもらったりする必要はないというのが母の言い分だった。

「洗濯機の使い方さえ教えてくれたら、あとはだいじょうぶ」と母は言う。

母の厚意をわかっていたから、わたしたちは母の負担を軽くしようと努めた。母はサーシャとマリアといっしょに車に乗って学校への送り迎えをして、ふたりが新しいルーティンに慣れるのを手助けしてくれた。わたしがファーストレディとしての仕事で忙しい日には、おやつや放課後の活動に必要なものを娘たちに与えてくれた。わたしの小学生時代と同じように、ふたりが語る一日の出来事に興味をもって耳を傾けた。母とわたしがふたりになる時間があったら、娘たちの一日のことでわたしが知らなかったことをすべて教えてくれ、そのあと同じようにわたしの話を聞いて、スポンジと相談相手の役目を果たしてくれた。

娘たちの面倒を見ていないとき、母はあえて姿を見せないようにしていた。母とは別のところで、わたしたちが自分たちの家族生活を送るべきだと思っていたからだ。それに母も、わたしたちとは別のところで自分の生活を送るのが当然だと思っていた。母は自由が好きだった。自分の空間が好きだった。基本的に母はあまり干渉しない。DCに来たのはただひとつの目的のためだ。バラクとわたしが頼れる支えになり、子どもふたりの思いやりある祖母になること。

母の考えでは、ほかはすべてつまらない雑音にすぎなかった。

ホワイトハウスの公邸では、ときどきディナーパーティーでVIPのゲストをもてなす。ゲストはあたりを見まわして、母はどこにいるのかと尋ねる。母も食事に加わるのだろうかと思って。

たいていわたしは笑って人さし指を上に向け、母の寝室がある三階を指さす。母は寝室の近くの居間にいるのが好きで、部屋の大きな窓からはワシントン記念塔が見える。「ううん」とわたしは言う。「おばあちゃんは上の階のしあわせな場所にいるの」

ようするにこういうこと。「ごめんなさい、ボノ。ママはワインとポークリブをトレイにのせてテレビの前に座ってて、いまは《ジェパディ！》（クイズ番組）を見てるの。それに勝てるだなんて、一秒たりとも思わないで……」

✣ 子育てにつきまとう無限の心配

この取りはからいは、全体としてうまくいったようだ。結局、母はホワイトハウスである八年間わたしたちと暮らした。母の存在感、地味で控えめな人生へのアプローチが変わらずそこにあったことが、みんなにいい影響を与えた。バラクの仕事では派手で目立つことがあまりにもたくさんあったから、なおのこと。母がいるのは、エボラや議事妨害の現状を把握するためではなかったし、日本海上空に試験用弾道ミサイルを発射して問題を起こしているのがだれかを突きとめるためでもなかった。

母がいるのは、単純にわたしたち一家がつつがなくやっているか、それとなく見守るためだった。わたしたちにはそれが必要だった。母が必要だった。母はわたしたちに安定を与えてくれた。

あの八年間で、娘たちはうぶな小学生から青春まっさかりのティーンエイジャーに変身し、独立と大人の生活の特権を手に入れようと熱心になった。ティーンエイジャーらしく、ふたりもいくつか限界を試して馬鹿なことをした。だれかさんは、門限を破って外出禁止になった。

だれかさんは、びっくりするようなビキニ姿の自撮り写真をInstagramに投稿して、たちまちイーストウィングの広報チームから削除するように指示された。だれかさんは、監督者なしで手がつけられなくなった高校のパーティーに参加していて、地元の警察が到着する直前にシークレットサービスに連れもどされた。だれかさんは、ラップを聴きながらどうやってスペイン語を勉強できるのかと厚かましくも（非外交的に）尋ねてきた合衆国大統領に口答えした。

思春期の娘たちが、ちょっとした反抗や非行をひとつでもすると、わたしのなかに心配がさざ波のように広がり、心が乱される。その心配は、わたしの最大の不安につけこんでくる。ホワイトハウスでの生活のせいで、子どもたちがめちゃくちゃになっているんじゃないかという不安。もちろん親のせいだ。こういう状況では昔からの友だち、不安な心がたちまち活発に動きだして、疑念や罪悪感が次々と湧いてくる（不安な心は子どもが大好き。あなたの弱点をすべて知っていて、そこを突いてくる）。

小さなことがひとつうまくいかないと、母親としての罪悪感が頭をもたげてくる。バラクとわたしがしたすべての選択、直面したすべての分かれ道のことをあれこれ考えはじめる。すでに話したように、女性は自己批判がうまくなるように仕組まれている。不平等な体制のなかで生きることを強いられ、〝完璧な〟女性について現実からかけ離れたイメージを子どものときから押しつけられるからだ。だれも——本当にだれも——そんなふうには生きられない。それなのに、わたしたちはそれを目指しつづける。結婚生活やパートナー関係の場合と同じように、ファンタジー版のあるべき親の姿が文化のイメージのいちばん目立つところにある。けれども現実はずっと、ずっと、ずっと不完全だ。

母親は、力不足だという気持ちをとくに強く感じることがある。広告やソーシャルメディアで目にする完璧な母親像は、混乱を招いたり偽物だったりする。フォトショップで加工されて美化された女性の身体、つまり多くの場で社会での美しさの絶対的基準として認められている身体と変わらない——飢えていて、削られて、注入剤《フィラー》を注射された身体。

それでもわたしたちは、それを受け入れるように仕向けられていて、完璧な身体だけでなく完璧な子ども、完璧な仕事と生活《ワーク・ライフ》のバランス、完璧な家族の思い出、完璧なまでの忍耐と落ちつきも追い求める。でもだれも——やっぱり、本当にだれも——そんなふうには生きられない。こういうさまざまなでっちあげのせいで生まれた疑念は、強力で有害になりかねない。母親として周囲を見まわして、こう考える。〝わたし以外はみんな、これを完璧にやっているの？〟みんなと同じように、わたしもこんなふうに自分を傷つけがちだ。娘たちとのあいだに少しでも衝突や課題のきざしが見えたら、たちまちすさまじい勢いで自分のまちがいを探しはじめる。厳しくしすぎたり、甘やかしすぎたりした？　そばにいすぎたり、放っておきすぎたりした？　一五年前に読んでおくべきだったのに、忘れていた子育て本があった？　これは本物の危機で、もっと大きな問題の前ぶれ？　伝えていなかった人生の大切な教訓は？　もう手遅れ？

どんなかたちであれ子どもの命に責任を負う人なら、この独特の不安と心配を当然知っている。子どものことで悩んで夜も眠れない苦しみ——森のなかで迷子になったような、こんな感覚が頭から離れない。何か足りなかったんじゃないか。何もかもまちがっていたんじゃないか。

わたしの怠慢や愚かな決断の代償をいまあの子が払っているんじゃないか。多くの人が、強く、ほとんど絶え間なくこんなことを感じていると思う。生まれたばかりのわが子の、かけがえのない完璧に無邪気な顔を見て、こんなふうに思うまさに最初の瞬間から。〝どうか、ああどうか、わたしがあなたを台なしにしませんように〟

親は、与えられた仕事をしくじりたくないという必死な思いといつも闘っている。赤ん坊の能力開発ジムから人間工学《エルゴノミクス》ベビーカー、大学進学適性試験（ＳＡＴ）の家庭教師まで、この必死な気持ちを煽《あお》ってお金に換えるあらゆる産業がある。まるで永遠に埋められない穴のように。アメリカでは、子育てにかかる高い費用（平均的な労働者の給与の約二〇パーセントを占めるとも言われる）[16]をまかなうのに苦労している親がとてもたくさんいて、ストレスは大きくなるばかりだ。ほんの少しでも手をゆるめれば、提供したり費用を捻出《ねんしゅつ》したりできなかったごく小さなアドバンテージひとつのために、子どもの運命が決まりかねないと思いこむこともある。

残念ながら、何かの節目を迎えたからといって、この状態が終わるわけでもない。子どもが自分で眠ったり歩いたりできるようになっても、幼稚園へ通いはじめても、高校を卒業しても、さらには、最初のアパートメントに引っ越してステーキナイフのセットを買っても、必死な思いは消えない。やっぱり心配なものは心配！　やっぱり子どものことが気がかり！　息をしているかぎり、もっとできることはないかと考えてしまう。子どもがいると、たとえ成人していても、その子が生きる世界は際限なく邪悪で危険になっていくように感じられる。

そしてたいていの人は、わずかでも自分にコントロールできることがあると思いこもうとして、ほとんどなんだってしようとする。元最高司令官であるわたしの夫は、いまでも警告を与えるようなニュース記事を娘たちにテキストメッセージで送るのをやめられない——幹線道路での運転や、夜道のひとり歩きの危険について。ふたりがカリフォルニアへ引っ越したときには、地震への備えについての長い記事をメールで送りつけて、シークレットサービスに自然災害対応のブリーフィングをさせようかと申し出た（「けっこうです」という丁重な答えが返ってきた）。

子どもの世話をし、成長を見守るのは、この世でひときわやりがいのある努力であると同時に、頭がおかしくなりそうなことでもある。

✣ 落ちついて自分の判断を信じなさい、という母のメッセージ

ずっと昔からわたしには、親としての不安を食い止めるのに役立つ秘密兵器がある——わたしの母だ。母はわたしのバックネットで、ブッダで、いろいろな欠点を非難抜きで冷静に見ている人で、わたしが正気を保つのに欠かせない。娘たちの子ども時代には、ずっと母が第二の親としてふたりの成長と発育をじっと見守ってくれ、バラクとわたしがその過程で下した選択には一切口を挟まなかった。

母が提供してくれるのは広い視野と存在感だ。母は熱心な聞き手で、わたしの不安をたちまち部屋の奥へ追いやったり、少し〝余計に〟悩んでいるときに落ちつかせたりしてくれる。いつでも子どものいちばんいい姿を想定しておくのが大切だと母は言う——こちらの期待と高い

評価に応《こた》えようと上を見て生きてもらうほうが、疑いと心配に合わせて下を見て生きられるよりもいいのだと。信頼は子どもに与えるべきであって、獲得させるべきではないと母は言う。これが母のバージョンの〝やさしくはじめる〟だ。

ホワイトハウスで暮らすあいだはずっと母がそばにいて、その場その場で現実をきちんと見せてくれた。七〇歳代の冷静な目を通じてサーシャとマリアの思春期をわたしに見せ、いま起こっていることは失敗ではなくて発育のうえで適切なことで、想定の範囲内だとあらためて知らせてくれる――それに、わたしも同じ馬鹿なことをいくつかしたことも。母の激励のことばは簡潔で控えめで、母の性格と同じだったけれど、それでも安心感を与えてくれた。

「あの子たちはだいじょうぶだよ」いつものように肩をすくめて母は言う。「人生を学ぼうとしてるだけなんだから」

母が言おうとしているのは、あなたもだいじょうぶだから、落ちついて自分の判断を信じなさい、ということ。いつでもこれが母のメッセージの中心だ。

✣母の五つの教え

母のそばにしばらくいたら、こういうささやかな珠玉の知恵を日常会話のなかでよくつぶやくことに気づく。たいていそれは、ドラマも大騒ぎも抜きでちゃんとした子どもを育てられる、という母の考えと結びついている。怒りや情熱をこめて激しく口にすることはない。それどころか、ほとんど身を乗りだして耳を澄まさなければ聞こえない。たいてい、そっと口からこぼれる諷刺《ふうし》のきいた見解で、まるで知らず知らずのうちにポケットからこぼれ落ちる一セント銅貨のようだ。

もう何年ものあいだ、わたしはこの一セント銅貨を集めてきた。それをポケットにいっぱい詰めて手引きとして使い、親としての疑念と心配を打ち消す道具として活用している。しばらくわたしはこんなふうに考えていた。母自身が本を書いて人生を語り、わたしが個人的にとても価値があると思う知恵を一部、分かちあうべきではないのか。でもそれを勧めたら、母はただ手を振ってこう言った。「いったいなんで、そんなことをしなきゃならないんだい?」

けれども、折り紙つきの格言をここでいくつか伝えることを許してくれた。母が口にしたことのなかで、わたしがほんの少し心を落ちつけて、罪悪感を減らし、子どもにとってまともな親になるのに役立ってきたもの。ただし、次の注意書きを添えるのが条件らしい。母から直接預かった注意書きだ。「人に生き方を教えるのはわたしの商売じゃないって、ちゃんとみんなに知らせといてよ」

1　自分で起きるように子どもに教える

五歳で幼稚園に通いはじめたとき、母と父から小さな電気目覚まし時計をもらった。正面は正方形で、暗いところで光る小さな緑の針が時間と分を指している。母はわたしに、起床時間をセットする方法と、アラームの止め方を教えてくれた。それから、朝にやることをすべておさらいする手助けをしてくれた——朝食をとり、髪をとかして歯を磨き、服を選んで靴ひもを結ぶ、といったこと。起きてから学校へ出かけるまでにかかる時間を計算するためだ。母は指導をして道具を使えるようにしてくれたけれど、それをうまく使いこなすのはわたしの課題だった。

わたしは、その目覚まし時計が好きで好きでたまらなかった。

時計がわたしに与えてくれるものが大好きだった——自分の小さな生活を動かせる力と主体性が。いまはわかる。母はあえてあのタイミングでこの道具を与えてくれたのだと。朝起きて学校へ行くのを馬鹿にする年になる前に。母が揺さぶり起こさなければならなくなる前に。ある意味では母の面倒も減ったのだけど、本当の贈り物をもらったのはわたしだ。わたしは自分で起きられるようになった。自分で起きられるようになった！

アラームに気づかないで寝すごしたり、怠けて学校へ行くのをしぶったりしても、母は小言を言わず、なだめすかすこともなかった。干渉しないで、わたしの人生はおおむねわたし自身のものであることをはっきりさせた。「いいかい、わたしは教育を受けた」と母は言う。「学校へ行ったからね。これはもうわたしのことじゃない」

2　それはあなたのことではない。よい親は、いつでも首を突っこまないようにする

目覚まし時計は、母と父がさらによく考えて取り組んでいたことの代表例だった。子どもたちを手助けして、身体だけでなく感情の面でも自分の足で立ち、ずっと立っていられるように学ばせること。子どもをそれぞれ産んだその日から、母はただひとつの目標に向かって努力した。子どもたちの人生におおむね必要ない存在になることだ。ついこのあいだまで、わたしは落ちつきを与えてくれる母をとても必要としていた。そのことをこの章で書いたばかりだから、母が完全に目標を達成できていないのは明らかだと思う。でも、それは努力不足のせいではない。

母ははっきりさせていた。とくに日々の習慣について言えば、母の計画は可能なかぎり、できるだけ早く、わたしたちの人生に必要ない存在になることだった。そのときが来るのが早ければ早いほどいい。母から見てクレイグとわたしが自分のことを自分でできるようになるのが早ければ早いほど、母は親としてうまくやっていることになる。「わたしは赤ん坊を育ててるんじゃない」と母はよく口にした。「大人を育ててるんだ」

とくにヘリコプター・ペアレント（過干渉な親）が普通になったいまでは、ひどい姿勢だと感じられるかもしれない。でも母の意思決定のほとんどは、ひとつの基本的な問いに導かれていたと思う。〝いまわたしがこの子たちに最低限のことだけするとしたら、それは何？〟

これは横柄でも利己的でもなく、深く考え抜かれた問いだった。うちでは、自立がほかの何

よりも大切だった。母と父は限られたたくわえのなかで動いているのをわかっていたから――お金、空間、特権、それに父の健康のことでは、エネルギーだけでなくこの世で残された時間も――、あらゆる面で無駄をなくしていた。父の考えはこうだ。わたしたちは幸運で、その運をほんの少しでも当然だと思ってはいけない。目の前にあるもの、与えられた贈り物を大切にするようにわたしたちは教えられた。それが一杯のアイスクリームでも、サーカスを観にいく機会でも。いまの瞬間を楽しんでほしいと父は思っていて、絶えず次の楽しみを探そうとしたり、ほかの人が持っているものをうらやんだりする気持ちに抗《あらが》ってほしいと願っていた。

父の叱責《しっせき》は、やさしくてからかうような口調だったけれど、伝えようとする教訓は本気だった。「満足しない子だなあ！」だれかが誕生日プレゼントの包みを破って、大急ぎで次の包みを探していると、父は軽く言う。「満足しない子だなあ！」一杯目のアイスクリームを食べ終わらないうちに二杯目をねだると、父は言う。父はわたしたちが欲求に慎重になるようにしてくれた。

自立するように、また自分に何が必要かをはっきり考えるように教えること。母と父がわたしたちに与えられるものは、それぐらいしかなかった。近道は与えられないから、スキルを与えようと努めたのだ。ふたりがわが子に望んでいたことは、ひとつの考えにまとめられる。クレイグとわたしが人生で自分たちよりも遠くまで旅をするのなら、大きなエンジンと満タンの燃料が必要だし、もちろん自分で修理をする力も必要だ。

母は、手を出すとわたしたちの手を邪魔するだけだと思っていた。わたしたちが新しいことを学ぶ必要があるときには、やり方だけ教えてすぐに身をひく。だからクレイグとわたしは、シンクに背が届く前に踏み台の助けを借りてお皿の洗い方と拭《ふ》き方を覚えた。習慣として、自分のベッドを整えて服を洗濯することを義務づけられていた。すでに触れたように、母はわたしの背中をそっと押して、学校までひとりで歩いて往復させた。ささいなスキルばかりだけど、どれも自立と問題解決の日々の練習になり、疑念と不安を一歩一歩克服していく手段になった。その結果いろいろな疑念が減り、不安も小さくなった。冒険も発見もしやすくなった。堅実なひとつの習慣をもとに、もっとたくさんの習慣を身につけることができた。

完璧《かんぺき》にできないこともけっこうあったけれど、重要なのは、やろうとしていたことだ。だれも代わりにやってくれない。母は手出ししなかった。まちがいを正すことはなかったし、わたしたちのやり方が母のやり方と少しちがっても否定しなかった。わたしが初めて力を経験したのはこのときだと思う。信頼されて何かをするのは楽しかった。「小さいときにまちがいを犯すほうが、子どもには楽だからね」最近このことを尋ねたとき、母は言った。「まちがいを犯させる。そして、そのことで大騒ぎしたらダメ。騒ぎたてたら挑戦しなくなるからね」

母は黙って見ていて、わたしたちに格闘させ、まちがいを犯させた――家事で、宿題で、いろいろな教師やコーチや友だちとの関係で。どれも母の自尊心やエゴとは関係なかったし、偉ぶるためにやっていたわけでもない。自分とはなんの関係もないと母は言うだろう。そもそも母は、わたしたちから手を引こうとするのに忙しかった。だから、母の気分はわたしたちの成功によって浮き沈みしなかった。わたしたちがAのたくさん並んだ成績表を持って帰ってくるか、クレイグがバスケットボールの試合でたくさん点を入れるか、わたしが生徒会の選挙で当選するか、そんなことに母の幸福は左右されない。いいことがあればよろこんでくれる。悪いことがあればそれを消化できるように手助けしてくれ、そのあとは自分の仕事と課題に戻る。重要なのは、わたしたちが成功しても失敗しても、母がわたしたちを愛していたことだ。わたしたちが部屋に入ったら、いつもよろこんで明るい笑顔を見せてくれた。

母はわたしたちの人生の出来事をそっと見守っていたけれど、すぐに戦いに手を貸そうとはしなかった。わたしたちが学んでいたのは、多くが人間関係のことだ。どんな人に囲まれていたいのか。だれの声を自分のなかに取りこむのか。それはなぜなのか。そういうことを理解するスキルをのばしていた。時間が許すとき、母は学校のわたしたちの教室でボランティアをした。そうすることで、わたしたちが毎日過ごしている環境を垣間見《かいまみ》ることができて、おそらくそのおかげで、わたしたちが本当に助けを必要とするときと、「人生を学んでいる」だけのときを区別できたのだと思う。たいていは「人生を学んでいる」だけのようだったけれど。

先生がしたことに腹を立ててわたしが帰宅した日(けっこう頻繁にあった)には、母はキッチンに立って、わたしがえんえんとくり出す口撃に耳を傾ける。先生が不公平なことを言った。宿題が馬鹿みたい。だれだれ先生は自分が何をしているのかぜんぜんわかってない。

話し終えてもやもやが晴れ、頭のなかがはっきりすると、母はシンプルな質問をひとつする――心からのものだけど、同時に少し誘導的な質問。「何かしてほしいことはある?」

長年のあいだに二、三度、母の助けが本当に必要なことがあって、実際に助けてもらった。

でも九九パーセントのときは、何もしてもらう必要はなかった。質問を投げかけることで、そして答えるチャンスを与えることで、母は状況を論理的に考えつづけるようにそれとなく促していた。実際、どれほどひどい状況なの？　解決策は？　わたしに何ができる？

だから結局、たいてい自分の答えを信じられた。その答えは、「なんとかできると思う」。

母は、わたしが自分の気持ちを把握し、対処法を見つけられるように手助けしてくれた。もっぱらわたしの気持ちに余裕を与えて、母自身の気持ちや意見でそれを押しつぶさないように気をつけることで。わたしが必要以上にふてくされていたら、家事をするように言われた。罰としてではかならずしもなくて、問題を正しい大きさで受けとめられるようにするために。「腰をあげてバスルームを掃除してきな」と母は言う。「そうすれば自分以外のことに心を向けられるからね」

わたしたちの小さな家のなかで、母はある種の感情の砂場をつくってくれた。そこでクレイグとわたしは安全に自分の気持ちを並べたて、若い人生に起こっているさまざまなことへの対処法を整理できた。母が耳を傾けてくれるなか、わたしたちは声に出しながら問題に取り組んだ。数学の方程式でも、校庭でのトラブルでも。母がアドバイスをくれるときは、現実的で実際的な助言が多かった。たいていは、広い視野を保ち、望む結果からさかのぼって考えるようにというリマインダーだった——いつでもそれに集中していなさいと。

高校生のころ、傲慢《ごうまん》な印象を与える数学の先生と接するのがいやなことがあった。わたしの不満を聞いた母は思いやりをこめてうなずき、それから肩をすくめた。「先生を好きである必要はないし、先生もおまえを好きである必要はない」と母は言う。「でも先生の頭のなかには数学があって、それはおまえの頭に必要なものなんだから、学校に行くだけ行って、数学だけ手に入れればいいんじゃないかね」

それからわたしを見て、にっこり笑った。この世でいちばんシンプルなことだとでも言うかのように。「家に帰ってきたら好いてもらえる」と母は言う。「ここでは、いつだってみんなおまえのことが好きだよ」

3　本当に大切なことを知る

母が育ったサウスサイドの家には、リビングのまんなかに大きなコーヒーテーブルがあった。なめらかで繊細なガラス製。壊れやすいから、家族はみんなそれを避けて通らなければならなかった。ほとんどつま先立ちで歩くようにして。

母は家族を熱心に観察していた。七人の子どものまんなかにぴったり収まっていたから、見るものがたくさんあった。上に三人、下に三人きょうだいがいて、それに加えて、どうやら正反対の性格らしく、あまりうまくいっていない両親がいた。母は長年かけてまわりの力学を吸収し、ひそかに、おそらく無意識のうちに、いつか自分はこんなふうに家族を育《はぐく》もうという考えをつくっていった。

父親――わたしの祖父サウスサイド――は子どもたちを甘やかしがちで、とくに三人の姉には甘かった。バスに乗らなくていいように子どもたちを車で連れてまわり、自分のコントロールが及ばないところにあるものを恐れていた。朝は子どもたちを起こして、目覚まし時計をセットしなくていいようにした。子どもに頼られるのをよろこんでいるようだった。

母はそれに気づいていた。

一方、わたしの祖母レベッカ――母の母――は、まじめできちんとした人で、明らかに不幸で、おそらく臨床的にうつ状態だった（といま母は信じている）。若いときは看護師になりたいと夢見ていたけれど、ヴァージニアとノースカロライナで洗濯の仕事をして七人の子を育てた母親に、看護学校へ行くにはお金がかかるし、黒人の看護師はめったにいい仕事に就けないと言われたらしい。だからレベッカはわたしの祖父と結婚して七人の子を産み、人生に与えられたものにまったく満足していないようだった（やがて不満が募り、レベッカは母が一四歳ぐらいのときに家を出て、看護助手として自活するようになる。のちにサウスサイドは、レベッカ抜きでもっとくつろいだ家庭を築いた）。

祖母レベッカの家を支配するルールはこうだ。子どもたちは見られるべきで、聞かれるべきではない。食事の席では、母とそのきょうだいは黙っているように指示された。大人たちの会話を無言で礼儀正しく聞く。話に加わることは許されない。母は、口にできなかった大量の考えが頭に山積みになった気持ちをまざまざと思いだせる。不愉快だった。いやでたまらなかった。みんな心のなかでもつま先立ちになっていて、どこへどう足を踏み入れるのか慎重になっていた。

祖母の友人たちが家に訪ねてくると、母とそのきょうだいはリビングで大人たちに加わるように求められる。幼児からティーンエイジャーまで、みんなお行儀よく部屋の端に座っていなければならなくて、あいさつのほかは発言を許されない。

母はその部屋で過ごした長い夜のことを語る。口を封じられて悶々《もんもん》としながら、自分も加わりたい大人たちの話をたくさん聞き、けちをつけたい考えや、せめてもっとよく理解したい考えにたくさん耳を傾けた。何時間も自分の意見を口にしないように我慢していて、そのあいだずっとガラスのコーヒーテーブルを見つめていた。いつもきれいでぴかぴかで、汚れや指紋はひとつもついていない。こういう時間に母は、無意識のうちにであれ自分の考えにたどり着いたのにちがいない。いつか自分に子どもができたら、話すのを許すだけでなく、積極的に勧めようと。これは、何年もあとにユークリッド通りに掟《おきて》として定着する。どんな考えでも口にできて、意見はすべて尊重される。真剣な質問はすべて許される。笑いと涙も許される。だれもつま先立ちで歩かなくていい。

ある夜、初めて家に立ち寄る人がいた。母の記憶ではその女性は、リビングに詰めこまれた子どもたち全員の顔と落ちつかない身体をしげしげと見て、ようやくもっともな疑問を口にした。「これだけ子どもがいて、どうしてこんなガラスのテーブルを置いておけるの？」

祖母の答えを母は憶《おぼ》えていないけれど、内心、本当の答えを知っていた。母の考えでは、自分の母親は何が大切で何が大切でないのか、その基本をわかっていなかった。声を聞かないで子どもを見ることに、なんの意味があるの？

一家の子どもはガラスのテーブルに触れようとしなかったし、口をきこうともしなかった。そういうことをしようとするだけで、罰を受けるとわかっていたから。決まった場所に縛りつけられていて、のびのびと成長することを許されなかった。

母が一二歳ぐらいのときのこと。ある夜、大人の友人が何人か家に来て、愚かにもひとりがテーブルに腰かけた。祖母が恐れおののき、子どもたちが無言で見守るなか、ついにテーブルは粉々に砕けて床に散らばった。

母にとってこれは、当然の裁きが下された瞬間だった。いまでもこの話をするとき、母は大笑いする。

4　自分が授かった子を育てる

母と父がわたしたちを育てたアパートメントには、ガラステーブルのようなものは一切なかった。わたしたちの暮らしには、繊細なものや壊れやすいものはほとんどなかった。たしかに、しゃれたものを買うようなお金もなかったけど、育った環境の影響で、母は立派なものを持つことにまったく興味がなかった。うちの屋根の下にあるもので、わたしたちの身体と魂のほかに大切なものがあるとは思っていなかった。

家では、クレイグとわたしは自分自身でいられた。クレイグは生まれつき面倒見がよくて少し心配性。わたしは積極的で独立心が強い。母と父はそれぞれをちがう人間として見て、ちがう人間として扱ってくれた。あらかじめ決められた型にはめようとするのではなく、一人ひとりの長所に合わせて子育てをした。兄とわたしは年長者に敬意を示し、一般的なルールに従ってはいたけれど、食事の席で自分の考えを話したし、家のなかでボールを投げたし、大音量のステレオで音楽をかけたし、ソファで馬鹿騒ぎもした。何かが壊れても——グラスやマグカップ、たまに窓——、どうってことなかった。

わたしも同じやり方でサーシャとマリアを育てようとした。ふたりには見られていると同時に聞かれてもいると感じてもらいたかったし、制約を受けずにいろいろやってもらいたかったし、自分の家でつま先立ちで歩かなければいけないなんて感じてほしくなかった。バラクとわたしは、わが家の基本ルールと重要な原則を決めた。子どもたちがベッドで眠る年齢になったら、わたしも母と同じようにふたりに自分でベッドを整えさせた。バラクは彼の母と同じように、娘たちが早くから読書の楽しみに目を向けられるように力を注いだ。

でもすぐに学んだ。幼い子どもを育てるのは、妊娠・出産で経験したのと同じ基本的な道筋をたどる。完璧な家族生活になるように、たくさん夢見て、準備して、計画を立てていても、結局はその場で起こることにただ対処するしかない。仕組みと決まった手順をつくって、驚くほど多様にある選択肢から、いろいろな睡眠、食事、しつけの権威による助言を選ぶこともできる。家族の規則をつくり、自分の哲学と信念を声高に宣言して、すべてをパートナーといやというほど話しあってもいい。でもそれはどこかの時点で、意外と早く、ほぼ確実に挫《くじ》かれる。最善を尽くして本気で努力しても、自分にコントロールできるのはわずかだと気づかされる――場合によってはごくわずかだと。長年、遠洋定期船の船長として見事に指揮を執り、徹底的に秩序と清潔さを保っていたのに、ちびっこハイジャック犯が乗りこんできて、否応《いやおう》なくその場をめちゃくちゃにされる。そんな状況と向きあわなければならない。

あなたのことを愛していても、子どもたちには自分の関心事がある。子どもは個人だ。あなたが子どものために慎重に計画を立てていても、本人たちは自分のやり方で教訓を学ぶ。好奇心に満ちあふれていて、まわりのものを探り、試し、触わりたがる。船のブリッジに侵入してきて、あらゆる場所に触れまくり、あなたの忍耐力も含めて、壊れやすいものをなんでもうっかり壊す。

あまり自慢できない話がある。まだシカゴで暮らしていたときの、ある夜の出来事。マリアは七歳ぐらい、サーシャは四歳だった。長い一日の仕事を終えて、わたしは家に帰ってきた。当時はよくあったのだけど、バラクは遠くワシントンDCにいた。上院の会期のまっ最中で、たぶんわたしはそれに腹を立てていた。子どもたちに夕食を与え、一日のことを尋ねて、お風《ふ》呂《ろ》に入らせたあと、最後のお皿を片づけていた。少しぐったりしていて、早く仕事から解放されたくてたまらなかった。三〇分でいいから腰を落ちつけて、ひとり穏やかに過ごしたかった。

娘たちは寝る前に歯を磨いていなければならないのに、三階の遊び部屋につづく階段を走って上り下りしている音が聞こえる。走りながら大きな笑い声をあげている。

「ちょっと、マリア、サーシャ、もうおとなしくする時間でしょ！」階段の下から大声で言った。「いますぐ！」

少し間《ま》があいたあと――たぶんまる三秒――、雷みたいな足音と、かん高い笑い声がさらに聞こえてきた。

「静かにする時間でしょ！」わたしはまた大声をあげた。

叫んでも無駄で、完全に無視された。頬が熱くなって、忍耐力はがらがらと崩れていき、蒸気が膨れあがって、煙突が爆発しそうだった。

この広い世界全体でわたしが望んでいたのは、子どもたちがベッドへ入ること、ただそれだけだ。

子どものころから、こういうときには一〇まで数えるといいといつも母から助言されていた。理性を取り戻すのにじゅうぶんな間を置く――反応するのではなく対処するために。

たしか八まで数えたところで、もう一秒たりとも我慢できなくなった。頭に血がのぼっていた。怒っていた。わたしは階段を駆けあがり、遊び部屋から踊り場へおりてきなさいと娘たちに大声で命じた。そして、ひと呼吸してから最後の二秒を数え、怒りをしずめようとした。

パジャマ姿のふたりが姿を現した。楽しく遊んでいたせいで顔は赤く、汗も少しかいている。階段の下からわたしが大声で指示していたことは、まったく気にかけていないようだ。わたしはふたりに言った。もう辞める。ふたりの母親の仕事は辞めてしまう。

自分のなかのわずかばかりの冷静さをかき集めて、ぜんぜん冷静じゃない口調で言った。

「ほら、ふたりともわたしの言うことを聞かないじゃない。お母さんなんていらないと思ってるんでしょ。自分のことは自分でして、それで大満足みたいだから、どうぞ、そうしなさいよ……これから自分で食事して服も着ればいい。自分でベッドに入ればいい。あなたたちの人生はあなたたちに手渡すから、自分でなんとかしなさい。わたしの知ったことじゃない」両手を振りあげて、どれだけ無力感を覚えて傷ついたか示した。「もうたくさん」

自分が扱っているのがどんな子なのか、このときほどはっきりわかったことはない。

マリアは目を大きくひらいて、下唇を震わせはじめた。

「ううっ、ママ」マリアは言う。「そんなのイヤだ」。そしてバスルームへ直行して歯を磨いた。わたしのなかの何かがふとゆるんだ。〝ワオ、効果てきめん〟

一方、四歳のサーシャは、いつも持ち歩いている小さな青い毛布を握って立っていた。わたしの辞職の知らせを一秒で消化して、彼女なりの気持ちで反応した。何にも縛られない純粋な解放感。

姉がすなおに立ち去るやいなや、サーシャは何も言わずにくるりとうしろを向いて、上の階の遊び部屋へ大急ぎで戻っていった。まるでこんなふうに言っているみたいに。〝やっとだよ！　この女の人に放っておいてもらえる！〟数秒後にはテレビをつける音が聞こえてきた。

疲れきっていらいらしていたとき、わたしはサーシャに人生の鍵《かぎ》を手渡して、サーシャは大よろこびでそれを受け取った。でも実際には、サーシャはまだまだそんな準備はできていなかった。いずれ子どもの人生に必要ない存在になる、という母の考えは好きだったけど、身をひくのが早すぎた（すぐにサーシャを遊び部屋から呼び戻して歯を磨かせ、ベッドに寝かせた）。

この出来事から、わが子への接し方について重要なことを学んだ。ひとりは親のガードレールをもっとたくさん求めていて、もうひとりは少ないほうがいいと思っている。ひとりはわたしの気持ちにまず反応するけれど、もうひとりはわたしのことばを額面どおりに受け取る。

それぞれにそれぞれの気質、感性、ニーズ、強み、一連の境界線、まわりの世界を解釈する方法があった。娘たちが成長するなかで、これと同じ傾向が何度も姿を現すのをバラクとわたしは目の当たりにする。スキー場では、マリアが慎重かつ正確にターンをする一方で、サーシャはジャケットをはためかせながら一直線に滑りおりる。サーシャに学校での一日を尋ねると、単語五つで答えてすぐに自分の部屋へ飛んでいく。一方のマリアは、外で過ごした時間をこと細かにすべて説明する。

マリアはよくアドバイスを求める――父親に似て、情報をもとによく考えて決断するのが好きだ。他方でサーシャは、子ども時代のわたしと同じ。こちらが信頼して、自分で自分のことをさせるとうまくやる。どちらかが正しいわけでもまちがっているわけでもないし、いいわけでも悪いわけでもない。ふたりは単純にちがう人間だった――いまでもちがう人間のままだ。

母親としてわたしは、子育て本や権威のアドバイスよりも、自分の直感をあてにするようになった。落ちついて自分の判断を信じなさいという、時代をこえた母の助言を頼りに。バラクとわたしは、娘たちの合図を少しずつ読みとれるようになった。それぞれが示している合図に合わせて臨機応変に動き、わたしたちが理解するそれぞれの才能とニーズを念頭に、ふたりの成長を解釈しようとするようになった。わたしは子育てを毛針釣り《フライフィッシング》のような技術と考えはじめた。渦巻く川で膝《ひざ》の深さまで水に浸り、何時間も立ちっぱなしで、水の流れだけでなく風の動きや太陽の位置まで計算する。そこでは最善の行動は、手首をそっと振ることでしか実現できない。辛抱強さが大切で、広い視野と正確さも大切だ。

結局、あなたが授かった子どもは、その子がなるはずの人間に育つ。自分のやり方で人生を学ぶ。こちらでコントロールできることも多少はあるけれど、すべてを管理することは絶対にできない。子どもの人生から不幸を取り除くことはできない。苦労を取り除くこともできない。わが子に与えられるのは――というより、すべての子どもに与えられるのは――、声を聞かれて姿を見られる機会であり、意義ある価値観をもとに合理的な決定ができるようにする練習だ。その子たちがいてうれしいと一貫して示すことだ。

5　うちに帰ってきな。ここじゃあ、わたしたちはいつでもおまえのことが好きだよ

母はわたしとクレイグにそう言った。一度だけでなく頻繁に。このメッセージは、ほかのどのメッセージよりも際立っていた。家に帰ったら好いてもらえる。家はいつでもよろこびを見つけられる場所。

これまでの章で、家《ホーム》という考えについてたくさん書いてきた。わたしは早くにいい家を知る

ことができて幸運だった。子ども時代によろこびにどっぷり浸っていて、人間として成長し、育っていくなかで、それがはっきりと有利に働いた。よろこびがどんな感じかを知っていたから、外へ出てさらなるよろこびを探すことができたし、友だちや恋人、最終的にはパートナーを見つけられて、その人たちのおかげでわたしの世界にさらなる光、さらなるよろこびがやってきた。そしてその後は、それを自分の娘たちに注ぎこもうとした。同じ力を与えたいと願って。

人のなかにある光を見つけて、それを大切にする練習をしたことは、おそらくわたしにとって何より値打ちのある道具《ツール》になった。不確かな状況を乗りこえて、つらい時期に対処するために。冷笑と絶望が錯綜《さくそう》するなかで本質を見きわめるために。そして何より、わたしの希望を無傷で保っておくために。

多くの人にとって〝ホーム〟はもっと複雑で、そこまで心地のいい考えではないかもしれない。それもわかる。ホームは、忘れようとして当然の場所や人や感情面の経験かもしれない。つらい場所で、二度と戻りたくないかもしれない。それはそれでかまわない。行きたくないところがわかっていると力になる。

それに、次に向かいたいところを見つけるのも力になる。

よろこびが生きる場所をどう築くのか──わたしたちにとって、みんなにとって、何より子どもたちにとって。いつでも戻りたいと思える場所を、どう築けばいいのだろう？

あなたのホームの考えを、勇気を出してつくりなおす必要があるかもしれない。いろいろなものをかき集めて、自分のために安心できる住まいをつくり、子ども時代には気づかれなかったり消えていたりした部分の炎を大きくする。自分が安全でいられる境界線を守り、血のつながりのある家族ではなく、自分で選んだ家族を育む必要があるかもしれない。なかには人生を大胆に変化させて、自分のスペースを何度もつくりなおし、人を入れ替えることで、ようやくホームが本当にどんな感じか、受け入れられて支えられ、愛されるのがどういうことかを見つけられる人もいる。

母はわたしたちと（しぶしぶ）ワシントンへ引っ越した。ひとつには子育てを手伝ってもらうためだけど、わたしも母のよろこびを必要としていたからだ。わたし自身も大きな子どもにほかならない。長い一日の終わりにくたびれ果て、少し愛情に飢えてうちへ帰ってきて、慰めてもらい、受けとめてもらいたくて、たぶんおやつももらいたい人間だ。

かしこく率直に、母はみんなを励ましてくれた。毎日わたしたちに光を灯《とも》してくれて、そのおかげでわたしたちも、まわりの人に光を灯すことができた。母のおかげでホワイトハウスは、博物館ではなくて家《ホーム》のように感じられた。

八年間、バラクとわたしはその家の扉を大きくひらいておこうとした。さらに多くの人たち、さらに多くの人種や背景の人たち、とくに子どもたちを歓迎し、その人たちを招き入れて、家具に触れてもらい、なかを見てもらった。歴史とのつながりを感じてもらいたかったし、自分たちの存在には意味があって――自分たちは大切で――、国の未来をつくることができるのだとわかってもらいたかった。ホワイトハウスをよろこびの館のように感じてもらいたかった。

ここが自分の居場所だという感覚に支えられていて、シンプルで強力なひとつのメッセージを送る場所。〝ここでは、わたしたちはいつでもあなたのことが好きです〞

もちろん母は、どれも自分の手柄にはしないだろう。まっ先に――いまでも――こう言うはずだ。自分は特別な人間じゃないし、そもそも自分のことじゃないと。

二〇一六年終わり、新大統領が就任の宣誓をする一か月ほど前に、母はよろこんで荷物をまとめた。ファンファーレはなく、母が強く言い張ったので、お別れパーティーもなかった。仕事をやり遂げたことに満足して、ただホワイトハウスを出てシカゴへ帰り、ユークリッド通りの自分の場所へ、古いベッドと古い持ち物のもとへ戻っていった。

第三部

見えないものには、なれないと考える。
なんて破滅的な考えだろう。

——オクテイヴィア・バトラー【1】

1月6日に連邦議会議事堂での出来事に心の底から揺さぶられたあと間もなく、民主主義の儀式に参加したのは心強かった。2021年1月20日、ジョー・バイデン大統領の就任式にて。

第八章　まるまるすべての自分

✣舞台裏の人たちの手助け

　ときどき、高収入で成功した女性の紹介記事を読む。すべて持っていて、すべてやっているように見える人たち。彼女たちはよく、ある種の苦労知らずの雰囲気を醸しだしている──身だしなみがよく、いい服を身につけていて、自分が動かしている一大帝国をとても首尾よく仕切っている。同時に夜は子どもに食事をつくり、家の洗濯物をすべてたたんで、さらに週末にヨガをしてファーマーズ・マーケットへ足を運ぶ時間まであるかのようだ。こんな生活をうまくこなすためのヒントもときどき授けられる──時間管理のコツ、マスカラのライフハック、どのお香を焚《た》いて、アサイースムージーに何を入れるのか。さらに、読み終えたばかりのすさまじく文学的な本が五冊紹介される。

　わたしに言えるのは、現実はもっと複雑だということ。たいていこういう紹介記事に登場するのは、たまたま象徴の世界のピラミッドで頂点にいる人で、しとやかでバランスがとれていて、自分をうまくコントロールできているように見せかけている。でも第一に、どんなバランスもたいていつかの間のものにすぎない。そして第二に、これはチームが力を合わせて取り組んでいるおかげで成り立っていて、多くの場合、効率アップとケアに専念するマネージャー、保育者、お手伝いさん、ヘアスタイリスト、そのほかの専門家がかかわっている。わたしも含めて多くの人が、まわりの人のひそやかな、たいてい目立たない努力に支えられている。自分ひとりだけで成功する人なんていない。舞台裏の人の助けを借りているわたしたちが、自分の物語の一環としてそれを強調しておくのは大切だと思う。

わたしの知り合いなら、長年わたしのチームにいて、ずば抜けた才能を持ち、頼りになる人たちのことも知っているはずだ。さまざまな問題を解決し、数えきれないほどの細かいことを把握していて、わたしの効率性と作業能力を高めてくれる人たち。ホワイトハウスにいるあいだは、精力的なふたりの若い女性——一期目はクリスティン・ジャーヴィス、二期目はクリスティン・ジョーンズ——の力を借りた。おおやけの場に出るときには、たいていいつもそばにいてくれて、わたしが前にすすみつづけられるように、また目の前のことになんでも対処できるように手助けしてくれた。いまでもふたりは、サーシャとマリアのお姉さんのような存在だ。

ホワイトハウスを去ったあとは、本の執筆からテレビ番組の制作総監督、オバマ財団運営の手助けまで、新しい仕事にいろいろと取り組みながら、投票権、女子の教育、子どもの健康などの問題について支援活動をつづけてきた。これはどれも、メリッサ・ウィンターの手引きがなければ不可能だ。メリッサは二〇〇七年に連邦議会での仕事を辞めて、バラクの大統領選挙戦でわたしを助けてくれた。そのあとイーストウィングの重要な副首席補佐官になり、一五年後のいまもわたしのところにいる。首席補佐官として手際よくオフィスを運営し、わたしの職業生活のあらゆる面で幅広い仕事を管理してくれている。どれだけわたしが彼女に頼っているか、いくら強調してもしきれない。

ホワイトハウスを去ってからの最初の五年間は、チャイナ・クレイトンというすさまじく有能なアシスタントに恵まれた。二〇一五年にイーストウィングのスタッフになり、その後、わたしが一般市民としての生活へ戻るときにも、そのままとどまってくれた。チャイナはわたしの航空管制官の役割を果たし、日々の、そのときどきの生活を調整してくれた。たとえば友だちがわたしを夕食に誘いたくて、来週の火曜日に予定があいているか知りたがったら、わたしはたいてい笑ってこう言う。「ママに聞いてみて」。ママはもちろんチャイナのことで、スケジュールは彼女が管理していた。

わたしはチャイナにクレジットカードを預けていた。母の電話番号も渡していた。チャイナはわたしの医者と話して、移動のスケジュールを組み、シークレットサービスに協力して、友人との外出をお膳立《ぜんだ》てしてくれた。どんな環境にも適応できて、変化に動じない。日によっては、わたしは学校で生徒たちと話したあと、テレビ番組の収録やポッドキャストの録音へ向かうかもしれない。世界のリーダーや慈善団体のトップと会ったあと、大物セレブと夕食をともにするかもしれない。いつでもすべてうまくことが運ぶように、チャイナが手配してくれた。

彼女の仕事の性質上、わたしたちはほとんどいつもいっしょにいた。同じ車に乗る。飛行機で隣同士の席に座る。ホテルでは隣の部屋に泊まる。たくさんいっしょに旅をしたことで、距離が近くなった。年老いたわたしたちの愛犬ボーが死んだときには、チャイナもいっしょに泣いた。チャイナが最初の家を買ったときには、わたしもいっしょにお祝いした。チャイナはわたしの人生に欠かせなくなり、それだけでなく、心から大切な人になった。

✣「ずっと話したいことがあったんです……」

だから、ホワイトハウスを去って一年ほどのころ、ふたりきりであらたまって話をしたいとチャイナに言われて、わたしはたちまち緊張した。すでにたくさん時間をともにしてきたことを考えると異例のリクエストだし、チャイナはそれを口にするとき不安そうだったから、わたしもすぐに不安になった。話し合いの内容はひとつしかないと思った。辞めると言われるのにちがいない。

チャイナがオフィスに入ってきて腰をおろすのを見ながら、わたしは心の準備を整えた。

「ええと、マダム?」チャイナは言った（わたしを「マダム（ma'am）」と呼ぶのは、ホワイトハウス時代のおかしな名残だ。長年のスタッフの多くが、尊敬を表すこの習慣をいまも頑《かたく》なにつづけている）。「ずっと話したいことがあったんです……」

「オーケー、話してみて」

「ええと、家族のことなんですけど」

椅子に腰かけて、居心地悪そうにもじもじしている。「うん」わたしは言った。

「具体的に言うと、父のことなんです」

「つづけて……」

「ええっと、たぶん話したことはないと思うんですけど、おそらく言っておくべきだと思って。父は刑務所に入ったんです」

「ああ、チャイナ」最近の出来事にちがいないと思って、わたしは言った。チャイナの母、ドリス・キングのことは知っていたけれど、父親には会ったことがなかったし、チャイナが彼について話すこともなかった。「つらいでしょう。かわいそうに。いつのこと?」

「ええと、刑務所に入ったのは、わたしが三歳のときです」

わたしは一瞬口をつぐんで、頭のなかで計算した。「てことは、二五年前に刑務所に行ったってこと?」

「ええ、そんなところです。出てきたのは、わたしが一三歳のときで」探るような目でこちらを見る。「知らせておかなきゃって思って。問題だった場合のために」

「問題? どうして問題になるの?」

「わかりません。問題になるかもしれないと思って心配で」

「待って」わたしは言った。「わたしのところで働いているあいだ、ずっとそのことを心配してたってこと?」

チャイナの笑顔は弱々しくておどおどしていた。「ええ。少し」

「話しあいたかったのは、それが理由?」

チャイナはうなずいた。

「じゃあ辞めないってこと?」

このことばに、チャイナはショックを受けたようだ。「え? 辞めませんよ」

それから数秒間、ふたりはじっと見つめあっていた——お互いにほっとして、ことばが出なかったのだと思う。

やがてわたしは笑いだした。「ちょっと、死ぬかと思ったじゃない」わたしは言った。「辞めるのかと思って」

「いいえ、マダム、とんでもない」チャイナも笑っていた。「そのことを伝えておく必要があると思って。いまがそのときだって気がしたんです」

そのあとしばらく話をして、ふたりとも「そのこと」が実際どれだけ重要だったかわかった。チャイナにとって自分の物語のその部分を語ることは、ある種の心の重荷をおろす作業になり、長いあいだ抱えていたものを手放すことになった。人生でずっと、父親が刑務所にいたと話すのは恥ずかしかったとチャイナは言う。小さいころは、教師にも友だちにも隠していた。家庭の事情や家族の経験によって判断を下されたり、固定観念の枠にはめられたりしたくなかったからだ。

大学へ進学し、そのあとホワイトハウスの一見華やかな人たちのなかで働きはじめると、危うさは高まるばかりで、子ども時代の環境といまいる場所の隔たりが大きくなる一方だと感じた。大統領専用機《エアフォースワン》で隣に座った人に、子どものころは連邦刑務所を訪れたときしか父親に会えなかったなんて、気軽に話せるだろうか?

物語のその部分を単純に省略するのが、チャイナの習慣になり戦略になっていた。でも、それを迂回《うかい》する努力のために、子ども時代が話題にのぼるのを避けるために、チャイナは長年のあいだに警戒して注意深くなっていて、余分な鎧《よろい》をつけていた。いつかまがいものだと言われるのではないかと、ひそかに恐れながら暮らしていた。もちろん、まがいものではなかったのだけど。

✣自分の物語を語るリスク

その日、オフィスでわたしは、チャイナの話は——彼女の物語すべてが——まったく問題ないと全力で伝えようとした。知らせてもらえてありがたかった。それどころか、尊敬の気持ちが深まるばかりだった。目の前に座っているすさまじく有能な若い女性のことが、さらによくわかったから。子ども時代に親がずっと刑務所にいて、それをうまく乗りこえたことは、彼女の順応力《レジリエンス》、自立心、やり抜く力を物語っていた。とても若いころからいくつもの次元ですばやくものを考える力を身につけ、問題解決とロジスティクスに凄腕《すごうで》をふるうようになった背景がうかがえた。

チャイナは、自分の物語のその部分をどう扱えばいいのかわからなかった。チャイナがスタッフのなかで口数の少ないメンバーだった理由も、おそらくそこからわかる。わたしはいま、尊敬するこの人の一部だけでなく、すべてを見ていた——少なくとも、もっと多くの部分を。わたしが見ていたのは、人生の物語に章がたくさんある人だ。

チャイナがマイアミで子ども時代を過ごし、子育てをひとりで担った強い意志を持つお母さんに育てられたのは知っていた。お母さんは職場で夜勤を引き受け、娘の放課後に家にいられるようにして、娘を励ましてあらゆるチャンスをつかませた。お母さんのドリスには長年のあいだに何度か会う機会があって、娘をとても自慢に思っているのを直接目にした。チャイナの来し方、キャリア、知性、成熟は勝利の証《あかし》だ。彼女の成功は、一部にはお母さんの尽力と努力の証拠でもあった。

それにわたし自身の経験からわかる。こういう支えが、さらなるプレッシャーになることがある。愛する人にそんなつもりがなくても。家族のなかであなたが新しい世代の道を切りひらいていくときには——最初に地域を離れる人、大学へ進学する人、家を買ったり安定への足がかりを手に入れたりする人になるときには——、前の世代みんなの誇りと期待を背負って旅をする。山の頂上へ向かっていくようにと、みんなが手を振ってあなたに合図する。自分は無理でも、あなたならたどり着けると信じているから。

これはすばらしいことだけど、背負わなければならない重荷も増える。とても大切で、気軽に受けとめるわけにはいかないもの。家を出るときには、みんなの希望と犠牲を山のように積んだトレイを持っている。あなたはわかっている。そしていま、そのトレイを持って綱渡りをしようとしている。ほかとちがう存在と見なされて、その場の一員であることが保証されない学校や職場の環境でなんとかやっていきながら。

こういうあらゆる努力と危うさのなかでは、個人的な話をしてさらにリスクを冒したくないと思うのも無理はない。内向的になり、慎重になって、鎧をたくさんつけるのも無理はない。集中してバランスを保ち、転ばないようにしようと精いっぱいなのだから。

最近ではチャイナは言う。あの話し合いのおかげで自分のなかの何かが解き放たれ、不安を多少なりとも捨てることができて、仕事の場で自分はまがいものだという意識から解放されたのだと。親しく安全な彼女とわたしの関係のなかで、長年かけて築いた信頼のなかで、チャイナは自分自身のある部分を地下室から光のもとへ出すことにした。ずっと無力感のもとになっていた過去を。自分の〝にもかかわらず〟のひとつを。

話すのが危険だとチャイナが感じたのは、わたしにもわかる。彼女とわたしの関係は、たいていの上司と部下よりもずっと個人的で距離が近かったけれど、それでも。多くの職場では、この種のリスクはいっそう大きく感じられるにちがいない。あるいはその職に就いて間もなかったり、チャイナがチームのなかで女性や非白人としてもっと孤立していたりしたら。仕事の場で何を話すのか、自分の何をいつ見せるのか。それは個人的であるだけでなく、そもそも複雑な問題でもある――多くの場合、タイミング、状況、慎重な判断にかかわる繊細な問題だ。どんなリスクがあって、だれが本当の自分を受けとめてくれるのか、いつも意識していなければならない。どこでも通用するおおまかなルールはない。

✣弱みを見せることで人とつながれる

いつ、どのように、偽りなく効果的に自分のことを話すのか。この問いについては、このあとの章でもっと詳しく語る。まずは、なぜわたしがこれを重要だと考えているのか、そこから話をはじめたい。自分自身と自分の物語を安心して受けとめられるように、このようなチャンスを求めるのがなぜ大切なのか。それに、みんなが物語を語ることができ、それが受け入れられるようにするのがなぜ同じぐらい大切なのか——職場でも個人の生活でも。理想の世界ではその両方で。

ごく基本的なレベルでは、よく考えたうえでリスクを冒し、何かを地下室から出すと、それを隠しておく義務や、自分を仲間たちとちがう存在にしかねないものを埋めあわせる努力から解放される。多くの場合それは、取り残していた自分の一部を自尊心のなかに組みこめるようになるということだ。これは自分の光を見つける手段だし、その後、まわりの人がその光を見るのにも役立つことが多い。

人によってはこれはとても個人的なプロセスで、カウンセラーの助けを借りておこない、最も安全な関係のなかだけで話すことかもしれない。ふさわしいときが訪れて環境がすべて整うまでに、長い年月がかかることもある。自分の物語を知ろうとしたり、それに声を与えたりするのが遅すぎる人も多い。何より大切なのは、地下室にあるものを調べ、そこにしまっておくのが自分のためになるかを考える手段を見つけることだ。

自分の育ちについてさらにわたしに話し、彼女へのわたしの敬意がまったく変わらないことがわかったあと、チャイナはもっと自信を持てるようになって、人生のその部分のことをまわりの人に安心して話せるようになった。そのおかげで不安が少し減り、全般に自信と安心を感じられるようになったという。無意識のうちにであれ、それを隠しておくのにどれだけエネルギーを使っていたのかもわかるようになった。

　チャイナは長年、評価を下されるのを恐れて暮らしていたけれど、それは自分ではどうしようもなく、アメリカでは驚くほどありふれたことのためだった。ホワイトハウスの高尚な雰囲気のなかで働きながら、投獄された親がいる自分は一種の〝オンリー〟だと思っていた。でも、たぶんそんなことはなかった。政府の統計によると、アメリカでは五〇〇万人をこえる子どもが、どこかの時点で親が拘置所や刑務所に入る経験をしている——すべての若者のおよそ七パーセントだ。[2] 理屈で考えると、おそらくチャイナは自分が思っているほどひとりぼっちではなかった。でももちろん、だれもそんな話はしていなかった。なぜ？　たいていみんな、弱みを隠しておくほうが安全だと思っているから——評価を下すわたしたちの文化を考えると当然だ。

　つまり、多くの人が自分は〝オンリー〟だと思っているけれど、実はたぶんそんなことはない。地下室は人を孤独にさせ、まわりの人から孤立させて、見えない存在でいる苦しみを悪化させる。それはつらい生き方だ。本能的な不安や恥の感情で守りを固めて、地下室にたくさんものを隠していると、自分は場ちがいだとか重要でないとかいう、さらに大きな感覚がいっそう募りかねない——本当の自分は、自分が生きる世界の現実にうまくなじまないという感覚。弱みを隠しておくと、まわりにいる人を知るチャンスを失う。隠しているものを理解してくれるかもしれない人や、それに救われることすらあるかもしれない人と出会えない。

　最初の話し合いから一年ほど経ったころ、わたしがホストを務めるSpotifyのポッドキャスト・シリーズにチャイナがゲストとして出演し、人生の師《メンター》とその教え子《メンティー》についての議論に加わった。会話のなかでチャイナは、父親が刑務所にいる状態で育ったことを話し、それについてまわるとずっと思いこんでいた恥を捨てることを学んだと語った。その経験がプラスになって、いまのように成功できたのだと気づいたという。

自分の物語を外に見せたことは、チャイナ自身だけでなくほかの人のためにもなった。そのポッドキャストが公開されるやいなや、全国からメッセージが殺到した。お返しにチャイナに伝えたいことがある人たちの、明るく美しいコーラス。みんなチャイナの発言に感謝していた。多くの人が――年配の人も若い人も、なかには子どもまでもが――、彼女が語った気持ちが手にとるようにわかると書いていた。自身も愛する人が刑務所にいるストレスと折りあいをつけなければならず、それをどう語ればいいのか、人生にどう組みこめばいいのか、考えなければならなかった人たちだ。

チャイナが恥ずかしがらず、落ちついて、自分に誇りをもって語ったことが、とくに重要だった。彼女の物語は、リスナーたちの物語でもあった。みんなが勇気づけられた。チャイナが語ったことでより大きな活動範囲ができ、そのなかでみんなが目に見えていると感じられて、そこにいていいと思えるようになった。連邦刑務所の家族面会室を見た少女が、ホワイトハウスも見た。それはみんなにも意味のあることだった。

✣ 連邦議会議事堂襲撃事件とアマンダ・ゴーマンの詩

自分の物語の欠点と見なす部分や、従来は弱みと思われていたかもしれない環境や状態を明かすとき、その人が実際に明かしているのは、安定と強さのソースコードであることが多い。歴史上にたくさん例があるように、揺るがぬ決意を持つひとりの人間の力が、多くの人の力になる。二〇二一年一月二〇日に大統領就任式へ出席したとき、わたしはそのことを考えた。アマンダ・ゴーマンという若き詩人が、明るい黄色の上着を身につけてマイクの前に立った。そして、近年の歴史のなかでもひときわ不安に満ちて複雑なときにまさにふさわしい詩を朗読し、何百万もの聴衆を魅了した。

そのわずか二週間前、退任する大統領に煽動《せんどう》されておよそ二〇〇〇人の群衆が連邦議会議事堂を襲撃し、ジョー・バイデンの勝利を議会が認めるのを防ごうとしていた。窓ガラスを割ってドアを叩《たた》き壊し、警察官を襲って負傷させ、上院の会議場に侵入し、国の指導者たちを威嚇して民主主義そのものを危機に陥れた。

事態の展開をニュースの生中継で見ながら、バラクとわたしはショックを受けた。その日の出来事に、わたしは心底動揺した。わたしたちの国が毒々しいまでの政治対立と格闘しているのは知っていたけれど、レトリックが無謀で怒りに満ちた暴力に転化し、選挙結果を覆そうとしたのは衝撃だった。アメリカ大統領が、自分の政府を攻撃するように促している。おそらく、それまでに見たなかで何より恐ろしい光景だった。

市民としてわたしたちは、選挙で選ばれた意思決定者とかならずしも意見が一致するわけではない。でも、アメリカ人であるわたしたちは、これまでずっと民主主義という営みそのものを信頼していた。その理念に信を置いていた。ファーストレディとしてわたしは、勤勉で思慮深い政府職員にたくさん会った。公務に人生を捧《ささ》げてきた人たちで、その大多数が、どちらが与党であろうと関係なく複数の政権をまたいで専門知識を提供し、連続性を確保していた。バラクがイリノイ州議会議員を務めていたときの州政府でも、わたしがシカゴの市長執務室で働いていたときの市役所でも、それは同じだ。

指導者は来ては去り、当選しては落選するけれど、政府そのもの――自由選挙という考えのうえに成り立った平和で参加型の民主政体――は、いつもそこにあって、いつも機能していた。ゆっくりと着実に回転する車輪のように。どれも完璧ではなかったけれど、それがわたしたちの連邦、合衆国の約束だった。そのおかげでわたしたちは自由になり、自由でいられた。

やがて秩序は回復して、議会のリーダーたちはその日の夜に選挙結果を認定できたけれど、一月六日のダメージははかりしれず、まるで国民の魂が引き裂かれたようだった。痛みははっきりと感じられ、トラウマは本物だった。大統領就任式の日が近づいても、緊迫した状態がつづいていた。ＦＢＩはさらに暴力が起こる可能性があると警告を出し、五〇の州すべてに警戒態勢を取らせた。正直なところわたしは、これから何が起こるのだろうと恐れていた。

でも、恐怖と信頼のどちらかを選ばなければならない。それははっきりしていると思った。就任式のステージに座り、新しく選ばれた大統領の宣誓に立ち会うわたしたちだけでなく、広く一般市民にとっても。わたしたちはどんな態度を取るのか。不穏な雰囲気のなかでも、民主主義のために出席する？　落ちついて決然としていられる？

四年前にもわたしは同じ式典に参加した。その大統領の立候補は支持していなかったし、リーダーシップも信頼していなかった。うれしくはなかったけど、とにかく出席した。より大きなプロセスを守って尊ぶために。より高邁《こうまい》な信念を支える手助けをするために。まさにそれこそが就任式の目的にほかならない。この国の理想を追求することをあらためて誓う儀式であり、幅広い有権者がもたらした現実に順応して前へすすもうという呼びかけだ。

今回は、これまでになく大きなものがかかっているのを感じた。わたしたちは周囲の雑音を遮って、信頼を心に呼び戻すことができるのか。

その数週間前に長年のスタイリスト、メレディス・クープに助けてもらって、就任式で着る服を選んだ。快適で実用的な服装。プラム色のウールコートの下に、同じ色のタートルネックとパンツを身につけ、大きな金のベルトを締めた。それにブロックヒール・ブーツと黒の手袋を合わせる。（もちろん）マスクをつけて、ハンドバッグは持たなかった。イベントに先がけてバラクとわたしはセキュリティ上の説明をいくつも受け、当日はそれなりに身の安全に自信を持って連邦議会議事堂へ向かった。念のためにチャイナには——いつもならわたしに同行して、式典のあいだは舞台裏の待合室で待機するのだけど——、自宅にとどまるように伝えた。

バラクの手を握り、就任式のステージに足を踏みいれて、その場に求められていると思った果敢な姿勢を示そうと努めた。席につき、これまで三度の就任式のときと同じように、ひと呼吸して自分を落ちつかせた。

はっきり言える。その朝のナショナル・モールでは、空気中にありとあらゆるものが感じられた――緊張と決意、変化を求める切実な気持ち、パンデミックによる不安、連邦議会議事堂で経験した暴力の恐ろしさ、この先についてのもっと大きな心配、新しい一日の太陽の光。ことばにされることなく、すべてがずっとそこにあった。矛盾して、少し落ちつかない状態で。歴史の名のもと、わたしたちはふたたび集まった。民主的なプロセスによって、ふたたびアメリカの物語を語り、車輪をまわすチャンスを与えられた。でも、まだだれもそれに声を与えて真実にしてはいなかった。

ひとりの女性が立ちあがり、自作の詩を披露するまでは。

その日のアマンダ・ゴーマンの話しぶりは、活気に満ちていた。彼女の声は純粋な力そのものだった。たぐいまれな、ましてや二二歳にしては稀有《けう》な演説のスキルを持っていて、その日、彼女はことばを使って、気が沈み悲嘆に暮れる国民に希望を与えた。〝あきらめないで〟とその詩は告げていた。〝仕事をつづけよう〟

詩の最終部の呼びかけを一部ここに紹介したい。どんな詩でもそうだけど、声に出して読む価値がある。

So let us leave behind a country better than the one we were left.
だから、この国を受け継いだときより良い国にして後世に受け渡していこう。

With every breath from our bronze-pounded chests,
うち鍛えられたブロンズの胸で息吐《つ》くごとに、

We will raise this wounded world into a wondrous one.
この傷負った世界に息吹をあたえ、輝かしい場へと育んでいこう。

We will rise from the gold-limned hills of the West!
わたしたちは黄金《こがね》の陽《ひ》に染まる西部の丘陵地で立ちあがる!

We will rise from the windswept Northeast,
where our forefathers first realized revolution!
風の吹きすさぶ北東部、昔々に先祖たちが初めて革命をなしとげた場所で立ちあがる!

We will rise from the lake-rimmed cities of the Midwestern states!
数々の湖にかこまれた中西部の町々で立ちあがる!

We will rise from the sunbaked South!
灼熱の太陽が照りつける南部で立ちあがる!

We will rebuild, reconcile, and recover . . .
わたしたちは建て直し、歩み寄り、立ち直る［…］

アマンダ・ゴーマン『わたしたちの登る丘』
鴻巣友季子 訳 （文春文庫、xx–xxiii頁）

わたしたちの回復力《レジリエンス》を思いだす必要があるときに、彼女の詩はこの国の物語を語りなおした。そうすることで、多くの人を落ちつかせた。その日、彼女はたくさんの人の気分を一新し、ほとんど奇跡のように不安を少なからず消し去って、希望だけでなく勇気も呼び起こしたと思う。あとになるまで知らなかったのだけど、アマンダ・ゴーマンは聴覚情報処理障害を抱えて育ち、その結果、人生のほとんどを発話障害と格闘して過ごしていた——そのために、〝r〟の音を発音するのがとくにむずかしかった。二〇歳ぐらいまで、自分の名字(Gorman)すら正確に発音できなかったという。

引用した詩に戻って、一つひとつの〝r〟に注意しながら読み返してみてほしい。その使われ方に畏敬の念を抱くと思う。

✣ あきらめないで、仕事をつづける

大統領就任式のあと間もなく、ゴーマンにインタビューする機会があった。発話障害を障害と見なすのではなく、結果としてよろこばしいものと考えるようになったとゴーマンは言う。ことばを発音するのに長年苦労し、そこで直面した困難はもちろんつらかったけれど、そのおかげで音とことばを模索して実験する習慣が深く身についたのだと。まずは子どもとして、その後、ティーンとして、そしていまは勇敢な若き詩人として。障害を克服するために求められた仕事によって、自分のなかの新しい能力を見つけた。

「ずっとそれは弱点だと思っていました」とゴーマンは言う。「いまは本当に強みだと思って

います」[3]。彼女は弱みと感じていたものをユニークな長所に変えて、力強く役立つものにした。人生でずっと抱えていた障害——学校で彼女をほかの子とはちがう存在にしたもので、たいていの人がマイナスと見なすもの——のおかげで、いまの自分になることもできた。

大統領就任式での堂々としたパフォーマンスにわたしたちが見たのは、頂上に到達する若い女性だ。でもそれは彼女の人生の一日にすぎず、物語の一部にすぎない。ゴーマンは、自分が登った丘をみんなに理解してもらいたいと思っていた。いまは世間の注目を集め、輝かしい才能を持つ人物として褒めたたえられているけれど、ゴーマンはたちどころに成功したわけではなく、その道のりではまわりの人——家族、言語療法士、教師——に頼って助けてもらった。彼女はそれを強調してきた。「一生かかったし、村がひとつ必要だったことをはっきり伝えておきたいです」

いちばん目立つ勝利は、長年の小さな後退と小刻みな前進のあとにようやくやってきた。〝r〟をひとつマスターするたびに、ゴーマンは一歩先にすすんだ。そして新しい一歩を踏みだすたびに、自分の力と主体性を把握していった。ことばを発音することで自信を深め、この作業をするなかで、自分の強みのソースコードを見つけた。

いまゴーマンはそれを知っていて、その扱い方を知っている。それは永遠に手もとに置いて使うことができる。彼女には、到達を目指す頂上がまだたくさんある。

「とくに有色の女性としてわたしたちは、稲妻やパンニング皿の黄金として扱われます——長つづきするものとしては扱われない」とゴーマンは言う。「自分自身に信じこませなきゃいけないんです。わたしが何者で、なんのためにここにいるのか。それはいまこの瞬間をはるかにこえたものなんだって。わたしは一度光るだけの稲妻じゃないって、わかってきました。毎年やってくるハリケーンで、またすぐお目にかかります」

わたしの知り合いで成功している人の多くが、自分の〝にもかかわらず〟をこんなふうに使えるようになっている。それを訓練の場として使っている。ひときわ成功した人たちが障害物をすべて乗りこえているわけではかならずしもないし、その人たちが虹《にじ》とユニコーンを見ながら生きていて、ほかの人たちが抑圧の体制や単純に高すぎて登れない壁を見ているわけでもない。たいていその人たちは、ゴーマンの詩が促すことをまさにしただけだ。〝あきらめないで。仕事をつづけよう〟

わたしのまわりには頭がよくて独創的な人がいたるところにいて、さらに大きな力と注目に向かって一歩一歩すすんでいる。その人たちは、自分をほかから隔てるものを隠すのではなく、活用する方法を見つけていることが多い。そうすると、自分をユニークな存在にしている矛盾と影響力をすべて受け入れられるようになる。人とのちがいを特別視しなくなる。大きな人間モザイクのもっとたくさんの部分を世界に見せている。みんなの物語がもう少し生きやすくなるように手助けしている。

わたしが好きなコメディアンのひとりが、アリ・ウォン、辛辣《しんらつ》な態度でずけずけ本音を言うタレントだ。最初に目を引かれたのは、二〇一六年に彼女がNetflixで《アリ・ウォンのオメデタ人生?!》というスタンダップ・コメディの特別番組を公開したときのこと。妊娠七か月半の身体でステージを闊歩《かっぽ》し、身体に密着した短いワンピースと赤い角縁めがねといういでたちで、とてつもなく、ほとんどふてぶてしいまでに女性的でありながら、セックス、人種、生殖、母性について卑猥《ひわい》で禁じ手なしのひとり語り《モノローグ》を展開する。ウォンは、猛烈であると同時にセクシーで嘘偽りなくいることに成功している——お腹のふくらみに導かれ、邪魔されて、同時にまったく動じることなく。自分を丸ごとさらけ出し、見る者をとりこにする。

『ザ・ニューヨーカー』誌のライターが、ウォンに尋ねたことがある。若いコメディアンからこんな質問をされたらどう答えるのか。アジア系アメリカ人女性で幼い子どもがいる母親として、完全にマイノリティであるコメディの世界で成功した秘訣《ひけつ》はなんですか？ ウォンの回答はこうだ。重要なのは、そういうことが妨げになると考えないこと。「見方を変えて、こう考えるの。〝待って。わたしは女でしょ！ で、スタンダップ・コメディアンは、たいてい男よね〟」とウォンは言う。「男のコメディアンができないことって何？ 妊娠できない。妊娠を演じられない。だからわたしの考えはこう。こういうちがいをぜんぶ利用すればいい」[4]

人とのちがいは宝物であり、道具でもある。役に立ち、効果的で、価値があって、表に出すことが大切だ。自分だけでなく、まわりの人についてもそれを認めたら、自分は取るに足りない存在だという物語をどんどん書き換えられるようになる。そこにいるべき人をめぐるパラダイムを変えて、もっと多くの人がいられるもっとたくさんの空間をつくれるようになる。少しずつ少しずつ、場ちがいな人間でいる孤独を減らしていける。

求められるのは、ものの見方を変えて、自分たちとほかの人たちのちがいを価値あるものとして歓迎すること。あとずさりするのではなく前へすすむ理由、座るのではなく立ちあがる理由、発言を控えるのではなくもっと話す理由としてそれを受けとめることだ。この仕事はむずかしく、たいてい大胆さが求められる。どう受け取られるかも、まったく予想できない。

でも、だれかがうまくやるたびに、綱渡りをひとつ成功させるたびに、さらに多くのものの見方が変わりはじめる。妊娠中のアジア系アメリカ人コメディアンが何百万もの人を笑わせたら、それには意味がある。二二歳の黒人女性が立ちあがり、ほとんどひとりで国の雰囲気をリセットしたら、それには意味がある。イスラム教徒がCEOになったり、トランスの人が学級委員長になったりしたら、それには意味がある。恥ずかしがらずに自分を見せても安全だと感じて、自分を自分にした経験を包み隠さず話す手段を見つけたら、それには意味がある。最近目にしたように、〝ミートゥー（me too）〟というシンプルなことばで勇気ある声を支持し、ほかの人の孤立をやわらげるチャンスがあると、それにも意味がある。

こういう物語はすべて、何が可能かをめぐる視野を広げてくれる。人間であることのさまざまな要素をもっとはっきり理解させてくれる。そのおかげで、突然いろいろなものが目に入ってくる。まわりの世界がもっと大きく、微妙なニュアンスをもって見えるようになる——実際に大きくて微妙なニュアンスのある場所を、もっと正しく反映して見られるようになる。

✣フェアでない世のなかで道を切りひらく

〝あきらめないで。仕事をつづけよう〟。これは有意義なモットーだけど、このメッセージには不平等が埋めこまれていて、それに触れなければ話をつづけられない。目に見える存在になるのはむずかしいし、その仕事には偏りがある。実際、それはまったく公平ではない。わたしは、代表《リプレゼンテーション》の重荷を知っているし、優秀さには二重基準《ダブルスタンダード》があることをよく知っている。そのせいで、わたしたちのとても多くが登ろうとしている丘が険しくなっている。社会の隅に追いやられた人にはあまりにも多くのものが求められ、そうでない人にはあまりにもわずかしか求められない。いまだにそれが人生ののっぴきならない現実だ。

　だから、障害物は自分を形づくるものだと考えて、弱みを強みと見なそうとわたしが言うときには、これを念頭に置いておいてほしい。どれも軽い気持ちでは言っていない。どれも単純だとは思っていない。

　自分の経験からわたしは、実際にリスクがあり、この仕事に終わりがないことを知っている。それだけでなく、わたしたちの多くはすでに疲れたり、慎重になったり、怖がったり、悲しんだりして当然の環境にいる。前にも触れたように、あなたが直面する妨げの多くは、わざと仕掛けられたものだ。それは体制と構造のなかに隠された地雷で、そういう体制や構造の力は、全員ではなく一部の人だけがそこに所属することを前提に成り立っている。

　これを乗りこえようとするのはたいへんだと思うかもしれない。とくに、その仕事をひとりでやっていると思っていたら。ここでもやはり、小さな行動、小さな行為、自分をリセットして回復させる小さな手段に力があることを思いだしてほしい。みんなが勇敢な詩人でもハリケーンでもない。でも、だからといってあなたの仕事は無意味ではない。あなたの物語が語られるべきでないことにもならない。

わたしたちの多くが失望を味わうのも、まがう方なき現実だ。がむしゃらに働いて、この世界で注目されて比較的力のある地位に就いても、たどり着いた場所で見るものにやっぱり心が沈む。到達したいと望む山——仕事、学校、チャンス——の頂上へ、はるばる歩いていくことはできるかもしれない。愛する人たちの希望と期待を立派に背負い、恥やよそ者意識を押しつけてくるメッセージをスーパーヒーローのようになぎ倒して歩みをすすめる。そしてようやく登山が終わり、汗まみれで疲れはて、ずっと夢見ていた景色の美しいその高みに到着すると、ほぼ確実に出くわすものがある。エアコンつきの豪華観光バスと、この仕事を一切しなかった人たちのグループ。バスに乗って連絡道路をまっすぐ登ってきて、すでにピクニック用のブランケットを広げてパーティーのまっ最中だ。

やる気がなくなる。わたしもそれを見たし、そんな気分になった。

深呼吸して、また一から心を落ちつかせる必要があるときも——おそらくたくさん——ある。まわりを見て、こんなふうに自分に言い聞かせなければならないかもしれない。重荷を背負って山を登りきったことで、実際に強くなり、身体が引き締まったのだと。でこぼこ道を歩いてきたおかげですばしっこくなったと自分に言い聞かせれば、そのすばしっこさを前向きに受けとめられるかもしれない。

だからといって、世のなかが公平になるわけではない。

でも、その仕事をすることでスキルが身につく。それは失われないし、奪われない。ずっと自分の手もとに置いて使える。何よりそれを憶えていてほしい。

　最後にもうひとつ皮肉なことがある。どんな努力をしてどこへたどり着いても、おまえは近道をした、その丘のその場所にいるに値しない、と言って非難してくる人がいるかもしれない。その人たちにはお決まりのフレーズがたくさんあって――〝積極的格差是正措置《アファーマティブ・アクション》〟〝奨学金の子〟〝ジェンダー・クオータ〟〝多様性《ダイバーシティ》採用〟――、人を見くだす武器としてそれを使う。メッセージはいやというほどおなじみだ。〝それを手に入れる資格がおまえにあるとは思わない〟

　わたしに言えるのは、耳を傾けるなということだけ。その毒を取りこんではいけない。

　こんな例を考えてほしい。二〇年ほど前、ＮＢＣの幹部たちが、イギリスの人気コメディドラマをアメリカのテレビ向けに脚色することを決めた。八人の脚本家が採用され、脚本づくりに取りかかる。有色の人はふたりしかいなくて、そのうちのひとりは（おそらく偶然ではなく）唯一の女性でもあった。二四歳。テレビの脚本を書く仕事は初めてで、緊張で身がすくんでいた。二重のマイノリティであるだけでなく、彼女はさらにもうひとつの自意識とも格闘していた。ＮＢＣが比較的新しく導入した、ダイバーシティ確保の取り組みによって採用されていたからだ。ダイバーシティ枠で採用された者として、才能のためでなく、会社が義務を果たすためにここにいるだけと思われているのではと心配していた。

「長いあいだ、それが本当に恥ずかしかったの」のちにその脚本家は、あるインタビューで語っている。「わたしにはだれも何も言わないけど、みんな知ってる。そして、わたしは痛いほどそれを感じてた」[5]。彼女はその気持ちを緋《ひ》文《も》字《じ》を身につけること（ホーソーン『緋文字』で不義を働いた者の印として服に縫いつけられるＡの赤い文字のこと）、つまり自分をのけ者にする何かを身につけることになぞらえる。[6]
この女性はミンディ・カリングで、番組は《ジ・オフィス》。結局、カリングは八つのシーズンにスターのひとりとして出演した。それに二二のエピソードの脚本を書いていて、この数は番組のほかのどの脚本家よりも多い。エミー賞のコメディ脚本部門に有色の女性として初めてノミネートもされた。
カリングはいま、ダイバーシティ枠で採用されたことを堂々と頻繁に語っている。それは自分の物語の意義ある一部だし、仕事でいまいる場所へたどり着くのに必要なものだった。それを知ってもらうのは大切だと言う。地下室にしまっておく話ではない。同僚たちが最初から有利な条件に恵まれていたことがよくわかると、自意識を捨てて疑念を脇へ追いやれるようになったとカリングは言う。知り合いのコネ。白人と男性によってほぼつくられて維持されている体制のなかで、白人であり男性である特権。「気づくまでにしばらく時間がかかったけど、わたしが手に入れようとしていたものを、ほかの人たちはコネで手に入れていた[7]」
尻込《しりご》みしてもおかしくなかったけれど、カリングは前にすすんだ。〝オンリー〟である居心地の悪さに耐えて、懸命に仕事に取り組んだ。そうすることで、あとにつづく人たちにさらなる空間をつくり、さらなる脚本家とさらなる物語が生まれる余地をつくった。文字どおり、書くことで注目への道を切りひらいたのだ。いうまでもなく、カリングはその後もこの分野で精力的に活躍していて、テレビや映画のさまざまなヒット作をつくり、プロデュースし、書き、そこに出演している。ほとんどが有色の女性の物語にスポットを当てた作品だ。仕事を通じてカリングは、居場所を持つ人の輪を広げてきた。

✣人間は孤独だけれど、ひとりきりではない

自分の物語を包み隠さず正直に語ると、自分はひとりぼっちではなく、思っていたよりもずっと人とつながっているとわかることが多い。自分とさまざまな人のあいだに、新しい共通の場ができる。人生のいろいろな時点で、わたしは心からこれを感じてきた。なかでもありがたかったのが、『マイ・ストーリー』刊行後の数か月だ。イベントに参加し、わたしたちの共通点を通じて熱心につながろうとしてくれる人の数に驚いた。みんな自分の物語を携えてやってきた。心のなかを見せてくれた。多発性硬化症の親がいるのがどんな感じか知っていた。流産を経験し、友だちをがんで亡くしていた。荒々しく新しい方向へ人生を旋回させる人と恋に落ちるのがどんな感じか知っていた。

「言語は隠れ場所ではなく見つけ場所だ」と作家のジャネット・ウィンターソンは言う。[8] 実際そのとおりだった。地下室の扉をあけ、すさまじく無力感を覚えたときや、わたしにはどうしようもないと感じたときに光を当てることで、結局、それまで知らなかった大きなコミュニティを見つけた。たしかにわたしはすでに〝有名〟だったけど、それとこれとはちがう。

わたしの物語の大枠は——わたし自身もほかの人たちも——すでにたくさん語っていたけれど、夫が暮らす政治の世界から解放され、数十年ぶりに本を一冊書く余裕とエネルギーができたから、それまで語っていなかったことを盛りこんだ。もっと個人的で、Wikipedia や雑誌の

紹介記事からは見えない気持ちや経験。これまでになくガードを下げて徹底的に自分を見せた。そして、それに反応してみんなもたちまちガードを下げたことに驚いた。

肌の色や所属政党について熱く語りたがる読者は、ほとんどいなかった。わたしたちの共通の土台は、そんなことをはるかにこえたところにあるようだった――そんなことがちっぽけに思えるところに。わたしたちが語りあっていたのは、高尚でも華やかでもないことだ。本のイベントでわたしのもとへ話しにくる人のなかには、夜会服を着たときのことや上院議員と話したときのこと、ホワイトハウスのツアーに参加したときのことを語りたくてしかたない人はひとりもいなかった。職業人としてのわたしの人生や成果に興味を示す人もいなかった。

わたしたちが結びついたのは、子どものときにピーナッツバターばかり食べたがったり、大人になって自分にふさわしいキャリアを見つけるのに苦労したり、資格を取る試験に一度落ちたり、うまくしつけられない犬がいたり、まったく時間を守らなくて腹立たしい配偶者がいたりする人がたくさんいたからだ。共通の場をつくり、ちがいよりも共通点を優先させるのは、人間として普通の行為なのだとわかった。こんなことがどれだけ頻繁にあったか、とても語りきれない。アメリカ各地のさまざまな街で女性が近づいてきて、わたしの手を強く握り、目をのぞきこんで言う。「昼休みにチポトレのブリトー・ボウルをショッピングセンターの駐車場で食べるって書いてたでしょ？　それが〝自分の時間〟だって。その気持ち、すごくわかるの。わたしの生活も同じだから」

一つひとつのちょっとしたつながりを感じるたびに、共通点にとどまらずに理解しあう可能性も感じた。どれだけ共通点があっても、共有していないものもたくさんある。みんな異なる人間だ。わたしの人生や感情のいちばん深いところにあるものをあなたが本当に知ることはできないし、わたしはあなたのそれを知ることができない。トゥーソンやヴェトナムやシリア出身であるのがどんな感じか、わたしは完全には理解できない。戦場への派遣を待ったり、アイオワ州でモロコシを育てたり、飛行機を操縦したり、依存症と格闘したりするのがどんな感じか、はっきりとはわからない。わたしには黒人であり女性である経験があるけれど、だからといって、ほかの黒人と女性の身体が経験したことを知ることができるわけではない。

わたしにできるのは、あなたの個性に近づこうとして、わずかな重なり合いによってつながりを感じようとすることだけ。共感力《エンパシー》はこんなふうに働く。こうやってちがいが編みあわされて、一体感へと変わっていく。共感力は溝を埋めるけれど、完全になくしはしない。相手が何を安全だと感じてこちらへ見せてくれるのか。こちらがどれだけ寛容にそれを受けとめられるのか。そこからわたしたちは、人の人生に引きこまれていく。一つひとつ、一人ひとり、世界をもっと大きな視野でとらえられるようになる。

わたしたちにできるのは、相手のほうへ向かって橋の途中まで歩いていって、そこまでたどり着けただけでもよかったと謙虚に受けとめることだけだと思う。昔は夜寝る前に、サーシャとマリアの隣に横になって、よくそれを考えた。ふたりが眠りに落ち、唇がひらいて、シーツの下で小さな胸の弧が上下に動くのを見ながら、どれだけがんばってもこの子たちの考えを半分も知ることはできないと気づいて衝撃を受けた。みんなひとりぼっちだ。人はみんな。それが人間であることの痛みにほかならない。

お互いに提供しなければならないのは、共通の場をつくるチャンスだ。それはピーナッツバターでも、チポトレのブリトー・ボウルでも、なんでもかまわないけれど、やっぱり道なかばまでしか届かない。秘密をすべてぶちまけろと言いたいわけではない。本を出したりポッドキャストに出演したり、おおやけの場に出る大きなことをする必要もない。抱えている個人的な悩みや、頭のなかの意見をすべて明かす義務もない。

しばらくは話を聞くだけでもいいかもしれない。だれかの物語を安全に受けとめる存在になれるかもしれない。相手の真実を親切に受けとめる練習をしながら、正直に語る勇気ある人たちの尊厳を守るのを忘れずに。知り合いとその物語を信頼して、やさしく接しよう。秘密を守って、うわさ話を控えよう。自分とはちがう考えを持つ人が書いた本を読み、聞いたことのなかった声を聞いて、新しい物語を探そう。そのなかに、それとともに、あなた自身もやがて、もっと自分でいられる余地を見いだせるかもしれない。

人間である痛みは消せないけれど、小さくすることはできると思う。自分に挑戦して、話すのを恐れず、すすんで人の話を聞こうとしたとき、それははじまる——すべてをひっくるめたあなたの物語の全体が、わたしの物語の全体を大きくする。〝あなたのことが少しわかる。あなたはわたしのことが少しわかる〟。すべてを知ることはできないけれど、親友としてどちらもしあわせになる。

ほかの人と手をつないで、その人が語ろうとする物語を受けとめるたびに、わたしたちはふたつの事実を同時に認めて確認している。人間は孤独だけれど、ひとりきりではない。

2008年にデンヴァーでひらかれた民主党全国大会。

第九章　身にまとう鎧

✣民主党全国大会でのアクシデント

重要な演説をするときはいつも、ステージにあがるずっと前に台本をすべて暗記しようとする。何週間も前からリハーサルをして準備を整え、運にまかせる要素をできるかぎり少なくする。二〇〇八年、全国の大勢の視聴者を前にテレビの生中継で初めて話した。デンヴァーのペプシ・センターでひらかれた民主党全国大会で、ゴールデンタイムの演説をしたときのこと。選挙の数か月前で、バラクとわたしはまだ世間に自分たちのことを知らせている最中だったのだけど、そこでちょっとした災難があった。

その夜、兄のクレイグが選ばれて前座を務めた。すてきな紹介をしてくれて、最後にわたしをステージへ迎えるためにみんなの拍手を求めた。「わたしの妹で、わが国の次のファーストレディ、ミシェル・オバマ！」

みんながいっせいに拍手して、わたしは袖《そで》からステージへ出た。演壇へ向かう途中でクレイグとハグする。少し動揺していたけど、兄が最後の励ましのことばで落ちつかせてくれるはずだと思っていた。クレイグはわたしの身体に腕をまわし、ぐいとわたしを引き寄せる。威勢のいい音楽と二万をこえる聴衆の大歓声のなかでも声が聞こえるように、唇をわたしの耳に近づける。わたしはクレイグが勇気づけてくれるのを待った。「おまえならできる！」とか、「自慢の妹だ！」とか。でもクレイグは少し身をかがめて言った。「左のプロンプターが壊れてる」

身体を離して、クレイグとわたしは〝すべて順調、テレビで生中継〟という大げさな笑顔を交わして別れた。一方、わたしの頭は目まぐるしく回転して、クレイグのことばを消化しようとしていた。聴衆に手を振って演壇へ向かいながらも心ここにあらずで、ずっと考えていた。〝いまなんて言った？〟

マイクの前に立ち、心を落ちつかせようと努める。拍手がつづいている時間を利用して、状況を把握しようとする。左に目をやると、たちまち謎が解けた。

ふたつあるテレプロンプターのひとつが、何かの技術的な不具合のせいで動いていなかった。つまり会場の左側を向いているときは、テレプロンプターのガラススクリーンに映しだされる演説の台本を見られない。これはリズムを保ってタイミングをはかる手助けをするために設置されている装置だ。スクリーンには何も映っていない。わたしはテレビで生中継されながらそこに立っていた。これから一六分間、しゃべりつづけなければならない。ショーを一時停止することはできないし、助けも呼べない。一瞬、すさまじく孤独だと感じた――それに、すさまじく無防備だとも。

ずっと笑顔を振りまいていた。ずっと手を振っていた。わずかな時間を稼いで、心を落ちつかせようとした。聴衆は盛りあがっていて、激励の大歓声がつづいている。わたしはすばやく反対方向へ目をやり、右側のテレプロンプターは少なくともまだ動いていることを確認した。

〝オーケー。あれがある〟

それに、もうひとつ頼りになる道具があるのを憶えていた。「コンフィデンス・モニター」と呼ばれるもので、会場の中央に設置された巨大なデジタルスクリーンだ。聴衆の少し上、ずらりと並んで逐一状況を伝えている全国ネット・ニュースのカメラのすぐ下にある。テレプロンプターと同じように、コンフィデンス・モニターにも演説の台本が大きな文字で映しだされてスクロールしていく。そのおかげで、カメラをまっすぐ見すえながら文字を追うことができる。その日の開会前、人のいないほら穴のようなスタジアムでリハーサルをすませていて、すべてが完璧に動くのを確認していた。

話しはじめるタイミングだと思い、安心を求めて会場のまんなかにあるコンフィデンス・モニターを探した。

そのとき、さらに別の問題があることに気づいた。

わたしが登壇する前に、民主党は〝ミシェル（MICHELLE）〟と書かれた青と白のすてきなプラカードを何千枚も印刷して配っていた。聴衆の三人にひとりがそれを頭上で熱心に振っているようだ。おそらく大勢の人が振ってもぶつからないように、プラカードは横長ではなく縦長のデザインになっていた。細くて、長さは一メートル前後。細長い薄板のような四角形で、長い持ち手がついている。

ただ、だれも予想していなかったようだ。みんなが立ちあがり、プラカードを掲げて支持を表明すると、この薄板が集まって、揺れ動く巨大フェンスになる。とても高くて密集しているから、コンフィデンス・モニターの文字は大部分が遮られていた。わたしには、ほとんど何も見えなかった。

✣準備がパニックを防ぐ

人生で学んだ最大の教訓のひとつが、適応力と準備は逆説的に結びついていること。わたしにとって準備を整えることは、身につける鎧《よろい》の一部だ。ほんの少しでも試練のように感じる何かがあれば、あらかじめ計画を立ててリハーサルをし、宿題をする。そうしておけば、緊張する状況でも落ちついて動ける。何が起こっても、たいてい切り抜けられるとわかっているから。計画的に動いて準備を整えておくと、足もとの床が頑丈に感じられる。

『マイ・ストーリー』にも書いたけれど、クレイグは昔、厳しい火災訓練を定期的に家族に課していた。小さなアパートメントからの出口を四人がひとつ残らず把握できるようにし、いろいろな窓をあけたり消火器を見つけたりする予行演習をして、必要ならば衰えた父の身体をかついで階段をおりられるようにした。当時は少し大げさだと感じたけれど、いまはそれが大事だった理由がわかる。

すでに触れたように、クレイグはもともと心配症で、これは心配をもっと具体的で対応可能なものに変えるクレイグなりのやり方だった。クレイグは一家が機敏に動けるようにしていた。

すべての避難路と、厳しい状況を生きのびるために考えられるすべての手段を家族に示していた。家族が選択肢をぜんぶ把握することを望んでいて、さらに、手もとの道具をすべて使えるように練習させたがっていた。そうしておけば災害に襲われたとき、ありとあらゆる道具を活用できる。この教訓は、わたしのなかにずっと残っていた。準備しておくと、パニックの防御策になる。パニックこそが、大惨事につながる。

あの夜、デンヴァーでわたしは、絶対の確信があるものに頼った――その後の八年間で、何度も頼ることになるもの。わたし自身の心の準備だ。何週間もかけて慎重に、少しだけ不安を抱えながら準備することで、わたしはパニックから身を守る鎧をまとっていた。演説の台本を一言一句すべて暗記してリハーサルしていた。その台本を隅から隅まで知っていた。たくさん時間をかけてそれを書き、練習して、行から行へとスムーズに流れるまで、リズムがすべて自然で心地よく感じられるまで、くり返し原稿に目を通した――わたしの気持ちを本当に反映したものになるように。

無防備で人目にさらされたそのとき、わたしには自分を守る最後の手段があった。火災訓練をしていたこと。壊れたり遮られたりしたものを心配するのはやめて、自分の頭と心のなかのものに頼ることができた。必要なものはわたしのなかにある――たとえ動揺していて、何万もの人の目にさらされていても。テレプロンプターが動かず、波打つプラカードの海にコンフィデンス・モニターが隠れていても。それから一六分間、話をした。ひとことも漏らすことなく。

✣ 夢の実現に必要なのは、光を隠さず炎を守ること

小さいころからわたしは、達成感が好きだった。力で困難を乗りこえ、自分を叱咤《しった》激励して不安を克服する感覚が好きだった。大きな人生を生きたいとは思っていたけれど、それがどういうものかはっきりわからなかったし、どうすればシカゴのサウスサイド出身の子がそこへたどり着けるのかもわからなかった。ただ望みを高く持ちたかった。優秀な人間になりたかった。

多くの子どもと同じように、わたしも開拓者、探検家、困難を跳びこえていく人、限界に挑む人の物語に夢中になった——限界を試したり、可能と思えるぎりぎりのところで活動したりする人たち。アメリア・イアハート（飛行士。女性として初めて大西洋を単独横断した）、ウィルマ・ルドルフ（陸上選手。黒人女性として初めて短距離三種目でオリンピック金メダルを獲得した）、ローザ・パークス（公民権運動活動家。バスで白人席に座ったことで逮捕された）の物語を語る本を図書館で借りてきた。長くつ下のピッピを崇拝していた。ピッピは小説に登場する赤毛のスウェーデン人少女で、ペットのサルと金貨でいっぱいのスーツケースとともに七つの海を渡る。

夜には、こういう旅をいきいきと頭に思い浮かべながら眠りについた。わたしも限界を押し広げたり、ぎりぎりのところで活動したりする人になりたかったけど、世間を知らないわけでもなかった。まだ幼くても、わたしのような子どもの足を引っぱる物語があるのはわかっていた。低い期待を押しつけられるのをすでに感じていた。広く浸透したこんな感覚。労働者階級コミュニティ出身の黒人少女であるわたしは、たいした人間にならないし、それほどの成功も収めないだろう。

この感覚は、わたしが通っていた学校だけでなく、街にも、さらには国全体にもあった。おかしな感覚だけど現実に存在して、信じられないほど広く浸透している——自分は頭がよくて、あらゆるすぐれたことを成し遂げられるとわかっている子なのに、それと同時に、世間の大半には完全に別の見方をされていることもわかっている。厳しい出発点だ。一種の絶望感を生みかねないし、ある程度の警戒も求められる。

早くも一年生の段階で、わたしの学校は児童を「学習トラック」に振り分けていた。ごく少数の優秀な子を選んで、レベルの高い学習をさせる。ほかの子は置き去りにされて、あまり力を注がれず、大きな仕組みのなかで低い場所を割り当てられる。わたしたちはまだ幼すぎて、まわりで起こっていることをはっきり理解できていなかったかもしれないけれど、それでも多くの子はそれを感じていたと思う。ひとつでもまちがいを犯したら、一度でもつまずいたら、一度でも家でたいへんなことがあって気を逸《そ》らされたら、たちまち、多くの場合永久に、与えられるものが少ないグループへ降格されかねない。それをわかっていた。

こんな環境にいる子なら、チャンスがわずかしかなく、それもすぐに消え去ることをはっきりと感じられる。成功は救命ボートのようなもので、必死に飛びつかなければならない。優秀であろうとする努力は、溺《おぼ》れないようにする努力にほかならない。

さいわい若いときは、野心はときにじれったいほど純粋だ。どんな障害があっても自分は止まらないし、必要なものは持っているという脈打つような確信。夢と活力のこの組み合わせがあなたのなかに居座り、炎のように燃えあがる。第一章で触れたティーンエイジャーのティフアニーが「ビヨンセみたいに征服したいけど、もっとビッグに」と言うときに表現していたのがこれだ。

でもどこかの時点で、人生のせいで夢は一筋縄ではいかなくなる。どこかの業界へ入る夢でも、大きなステージでパフォーマンスをする夢でも、意義ある社会の変化を起こす夢でも同じで、それは避けられない。限界はかなり早い段階で視野に入ってくる。障害物が不意に現れる。否定的な人が姿を現す。道には不公平が散乱している。実際的な問題がしばしば頭をもたげてくる。お金のやりくりが厳しくなる。時間が足りなくなる。妥協しなければならないことが大量に出てきて、その多くは明らかに必要な妥協だ。望んでいた場所へ途中までもたどり着けた人に尋ねてみるといい。望む場所へ向かうことは、どこかの時点でほぼ必然的に戦いのように感じられるようになる。

そういうとき、機敏さがとても重要な意味を持ちはじめる。攻撃《オフェンス》と守備《ディフェンス》を同時にこなし、前へ突きすすみながらも引き返して自分のリソースを守り、ゴールへ向かってすすみながらも力を完全に使い果たさないようにしなければならない。これはたちまち複雑になりかねない。それに鎧も身につける必要がある。柵《さく》を突破して壁を打ち破りたければ、自分の境界線を見つけてそれを守り、時間、エネルギー、健康、精神に気を配りながら前へすすんでいく必要もある。世界には境界線と限界があふれていて、こえるのがむずかしいものもあれば、こえなければならないものもあり、完全に爆破したほうがいいものもある。わたしたちの多くは、こえるものとこえないものを見分けようとしながら一生を過ごす。

ポイントは、身を守らずにヒーローの旅を生き抜くことはできないこと。大きな人生を送るために必要なのは、夢と活力を守る方法を見つけることだ。過剰に守りに入ることなくタフでいて、すばしっこさを保ちながら成長に自分をひらいておき、ありのままの自分を見てもらう方法を見つけること。それは、光を隠すことなく炎を守る方法を学ぶことだ。

✣まわりに合わせて自分を切り替える

二年ほど前、タインという聡明で口達者な若い女性に会った。彼女は出版業界で働いていて、この新しい本のアイデアを話しあうために、ワシントンにあるわたしたちのオフィスへ同僚たちとやってきた。

話のなかでタインは、『マイ・ストーリー』を読んでとくに印象に残ったことに触れた。ファーストレディとして初めてイギリスを訪れたときの、ちょっとしたエピソードだ。バッキンガム宮殿でレセプションに出席しているとき、会話のなかで心温まるつながりを感じて、わたしは思わず手をのばし、愛情をこめてイギリス女王の肩に触れた。当時八二歳だった女王は、少しも気にしていないようだった。それどころか、それに応《こた》えてわたしの背中にそっと腕をまわした。

でもこのやり取りがカメラにとらえられ、たちまちイギリスのメディアに衝撃が走った。世界中にこんな見出しが発信される。「ミシェル・オバマ、無礼にも女王にハグ!」わたしは無礼だと非難され、不遜《ふそん》にも王室の常識に背いて既成秩序をひっくり返したと責められた。その背後でほのめかされていたことは、かなりはっきりしている。わたしは侵入者であり、接していた相手に見あわない人間だと。

イギリス女王に触れてはいけないだなんて、まったく知らなかった。わたしはただ、なじみのないファーストレディとしての最初の年に、なじみのない宮殿の環境で、自分自身でいようとしていただけだ。

回想録でこの話に割いた紙幅は一ページあるかないかだけど、それはタインの記憶に残った。なぜ？　彼女は行間を読めたから。有色の女性であるタインは、わたしたちが共有するある種の気持ちに覚えがあった。自分がマイノリティである場で居心地よく過ごそうとする、いまも引きつづき取り組んでいる課題。

タインにとって出版界——ずっと白人が主導し、白人の関心によって形づくられてきた業界——で働くことは、象徴的にはバッキンガム宮殿でのレセプションに招かれるのとまったく変わらない。タインもわたしも、その居心地の悪さを知っている。境界線があらゆるところにある。そういう場所にはひそかなしきたりや根深い伝統がたくさんあって、新参者はそこでやっていくために、手に負えないほどとまではいわなくても、たくさんのことを一気に学ばなければならない。頼れる地図もない。わたしたちはかろうじてそこにいるのだと感じさせられる微妙な合図がたくさんある。おまえがそこにいるのは実験で、ほとんど条件つきだとでもいうかのように。その条件は、まわりの人が考えるよい振る舞いに従うこと。だれもそれを口に出して言う必要はない。歴史はとても深い足跡を残しているのだから。かつてはずっと、わたしたちのような人間は普通は門で止められていた。

わたしは学んだ。なかに入ることができても、アウトサイダーである感覚は簡単には消えない。緊張感はずっと残って、霧のようにまとわりついて離れない。ときどきこう感じずにいられない。〝いつになったら、もう少し楽になるんだろう?〟

わたしたちの多くは、なんとか生きていくために〝行動の切り替え《コード・スイッチング》〟をする。つまり職場の文化にうまく合わせるために、振る舞い、見た目、話し方を切り替える。多くの子どもと同じように、わたしたちもかなり早い時期にコード・スイッチングが必要だと気づいて、うまく生きていく道具《ツール》としてそれを使った。母と父は、〝ちゃんとした〟ことば遣いだとふたりが教えられたものをわたしたちに叩《たた》きこんだ。たとえば、〝ain't〟ではなく〝aren't〟と言いなさい、というように。でも家の外に出て近所でそんなことば遣いをしようものなら、たちまちほかの子たちからこてんぱんにやられる。「お高くとまってる」だとか「白人女子みたいな話し方」だとか言って非難される。仲間はずれにされたくなかったから、わたしは少し調整して、もっとその子たちみたいに振る舞った。のちにプリンストンやハーヴァードのような場所へ行くと、いわゆる〝お高くとまった〟ことば遣いにおおいに頼って生き、まわりの学生たちのように振る舞って、型にはめられるのを避けようとした。

時間が経つにつれて、空気を読むのがどんどんうまくなり、周囲のちょっとしたサインに気づくようになった。まわりの雰囲気と状況に合わせて、ほとんど無意識のうちに行動を切り替える術《すべ》を身につけた。シカゴ市で働いているときに参加して、出席者のほとんどがブルーカラーのアフリカ系アメリカ人女性だったサウスサイドでの地域集会でも、裕福な白人ばかりの企業の役員会議でも、やがて経験したイギリス女王への謁見でも、どこでも変わらない。融通をきかせられるようになって、自在にコミュニケーションをとれるようになった。そのおかげでもっとたくさんの人とつながれるようになり、人種、ジェンダー、階級の境界線をこえて結びつきを広げられるようになったと感じていた。そのことはあまり考えなかった。人生の大部分で、こんなふうに適応するほかに選択肢がないと思っていたから。

この意味でコード・スイッチングは、ずっと前から黒人、先住民、有色人種（BIPOC）の多くにとってのサバイバル・スキルだった。否定的に型にはめられることへの反応であることも多いけれど、ある種のパスポートの役割を果たすこともある。わたしはそれを手段として使ってさらに遠くまですすみ、たくさん境界線をこえて、普通にしていたらまったくフィットしなかったであろう空間へ入っていった。

とはいえ、この種の習慣を普通と見なしたり、それが公平な社会へ向かう持続可能な道だと考えたりすることにはマイナス面もある。適応しつづけるストレスだけでなく、前提が根本から不公平であることに反発する人も多い。とくに仕事で出世したり、主流の人たちをもっと居心地よくさせたりするために、人種、民族、ジェンダーのアイデンティティを隠したり最小限に抑えたりしなければならない場合には。わたしたちは何を犠牲にしているの？　それはだれのためになるの？　受け入れてもらうために妥協しすぎていたり、本当の自分を否定したりしていない？　ここから、包摂性《インクルーシヴィティ》についての重要で何より大きな問いが生じる。本来、本当に変わる必要があるのは職場のほうなのに、どうして個人が変わろうとしなければならないのか。

厄介なのは、これらが重たい問いで、複雑な社会的問題で、取り組むのがたいへんなことだ。毎日の仕事をこなそうとするだけで精いっぱいの人がほとんどなのだから、なおのこと。コード・スイッチングは疲弊するかもしれないけれど、体系的な偏見と闘うのも同じで、好きな服を着たり自然な髪型にしたりして出勤するというような、一見単純そうなことですらたいへんだ。どちらを選んでも大きな犠牲を払う可能性がある。

その日、ワシントンDCでタインは言った。長年キャリアを積み、何度か昇進しても、まだ職場でよそ者のように感じることがあって、自分のものとはかならずしも思えない文化を読み解こうとしているのだと。頻繁に境界線を見はからっていて、受け入れてもらえるかは、まわりの常識にこちらが合わせる力にかかっていると感じるという――おそらく、あまり〝よそ者〟っぽくなく振る舞う力に。職場では意識してコード・スイッチングを制限しようとしているとタインは言う。白人の空間で黒人女性でいる自意識を多少なりとも捨てたいからだ。暗黙のルールを破るのを心配する時間を減らし、もっと自分らしくいようとすれば、実は仕事の面でも役立つかもしれないとタインは期待している。でもリスクはよく計算している。自分のような人間が気軽に線をこえると、こえすぎと判断される可能性のほうが高いとわかっているから。

「職場ではたいていい毎日、女王をハグするかどうか判断しているみたいな気分なの」少しうんざりした調子で、少しユーモアをこめて、タインは言った。

✣ 鎧をまとって機敏に動く

その比喩《メタファー》の力が印象に残って、その後、タインのコメントについてたくさん考えてきた。タインが語っていたのはなじみのある話で、わたしも仕事の大部分でそんな気持ちと格闘してきた。友人の多くが職場で感じていると語る緊張感とも似ていた。目に見えないさまざまな境界線にうまく対処して、線をこえることと、こえすぎることのちがいを見定めようとする困難。

タインと同じように、みんなもっと自分らしく見られて聞かれるために、鎧を一部外すリスクと見返りを計算していた。〝わたしはだれのルールで動いているの？〟〝どれだけガードを固めるべき？〟〝どれだけ主張すべき？〟〝どれだけ本当の自分でいるべき？〟友人たちは、仕事を長くつづけられるか見定めようとしていることが多かった——昇進して成功できる余地があるか。自分を隠しすぎたり心配しすぎたりして、結局は燃え尽きてやる気を失うのではないか。

ずっと昔、企業法務の世界でキャリアを歩みはじめたときに、オフィスでわたしよりも上の地位にいる数人の女性と知りあった。大手国際法律事務所のパートナーになった人たちで、たいてい圧倒的に不利な状況のなかでそれを実現していた。長年かけて階層のはしごをのぼり、一八六六年に南北戦争の退役軍人ふたりが創業して以来、もっぱら男性がつくり、維持し、守ってきた権力構造のなかで生き抜いていた。その女性たちは、個人的にいつもわたしを歓迎して支えてくれ、わたしの成功に心から力を注いでくれた。でも、その人たちが開拓者の厳しい態度を身につけていることにも気づかざるをえなかった。

ほとんどみんながすさまじくタフで、時間に追われていて、これでもかというぐらいしっかりとオフィスを動かしていた。家族の話を聞くことはめったになかった。憶《おぼ》えているかぎり、リトルリーグの野球の試合や小児科に急いで向かう人なんていなかった。境界線ははっきりと残っていた。みんな鎧をつけていて、個人的な生活は奇跡のように隠されていた。あたたかくて穏やかなものが入りこむ余地はほとんどない。それどころか彼女たちの優秀さには、とげに近いものがあった。

　働きはじめたころわたしは、女性の上司ふたりが、どこか警戒しながらこちらをじっと見ているのに気づいていた。ようするにこんなふうに思っていたのだ。〝あの子、ちゃんとできるの？〟わたしの法律のスキルと仕事への熱意がふたりのレベルに達しているか、わたしが後れを取らず、事務所内の女性全般の評判を損なわずにいられるか、ひそかに評価していた。これもまた、自分たちのためにつくられていない場所で〝オンリー〟として生きる不幸な一面だ。みんなひとまとめにされるから、全員にさらなるプレッシャーがかかることが多い。運命が結びついていると感じる。〝あなたがしくじったら、わたしたちみんながしくじっていると思われる〟。だれもがその危険を知っていた。

　この女性パートナーたちが伝えようとしていたのは――伝えなければならなかったのは――、自分たちの基準は事務所のほかのだれよりもずっと高いということ。努力して門を通りぬけ、クラブに入ったけれど、それでもまだ永久に条件つきで受け入れられているかのようで、そこが自分の居場所だと証明しつづけなければならないようだった。

若手の女性弁護士だったころ、ニューヨーク・タイムズ紙の記事を読んだ記憶がある。弁護士は全般に仕事に疲弊し、不満を覚えていて、とりわけ女性にそれが当てはまるという調査結果を伝えていた。記事を読み、その時点ではまだ比較的短かったキャリアに注ぎこんだすべてのもの、借りたすべての教育ローン、すでに費やしてきたすべての時間を考えて、悩ましい疑問がいろいろと湧いてきた。わたしはどんな未来を望むのか。どれだけの苦痛を受け入れたり、耐え抜いたりするつもりがあるのか。考えなければならなかった。なんの義務があって、何もしなければ男性が埋めるはずの場所にいるのを正当化するだけのために、お手本どおり完璧《かんぺき》に振る舞い、期待以上の成果を出そうとがんばらなければいけないの？　こういう常識に従って動く文化を変えるのに、わたしにどんな力があるの？　この分野でこの闘いをするために、わたしはどれだけのエネルギーをかき集められるの？

企業法務の世界で道を切りひらいた女性たちが送っていた生活は、わたしには全般にうらやましいとは思えなかった。彼女たちが払っていた犠牲をわたし自身払うつもりがあるか、あるいは払えるかわからなかった。でも、わたしがそんなふうに考えられたのは、そもそもその場にいられたのは、それに人生をどう生きたいか多少なりとも自由に選択できると感じられたのは、彼女たちの仕事のおかげだし、彼女たちがまとっていた鎧のおかげだ。この女性たちが矢面に立ち、かつて閉ざされていた門を突破して道を整えてくれたからこそ、新しい世代は自分の思いどおりに状況を判断したり、変化を求めて声をあげたり、身をひいたりしやすくなった。

先人とその選択を批判して、その人たちがした妥協によって評価を下したり、変化を起こせなかった責任を負わせたりするのは簡単だ。旧世代がまとっていた大量の鎧は、若い人には堅苦しく時代遅れに見えることが多いけれど、重要なのはコンテクストを考えることだ。近ごろでは、仕事の場に自分の美意識を完全に持ちこんでもかまわないと感じる黒人女性がどんどん増えていて、髪を編んだりドレッドにしたりして出勤している。若者は身体改造（タトゥーやピアスなども含め、身体の形を変えること）をあけっぴろげに見せつけられるようになった。女性は職場で授乳のためのスペースを守ってきた。こういうことは、わたしの法律事務所の女性パートナーのような人たちがやった仕事と少なからず関係している。彼女たちは、力を証明しながら前へすすまなければならなかった。いずれあとにつづく人たちが多少なりとも証明の必要を減らせるように。

結局、わたしは自分に合った線を引いた。リスクを冒して法律の世界を離れ、別の種類の決まりごとで動く職場をあえて探した。せめてときどきは職場を抜けだして、ダンスの発表会や小児科医のところへ行ける仕事。ほかで働くほうがもっと情熱を持てるし成果も出せると思って、法律の仕事を辞めた。それでも法律事務所で学んだこと、とくに女性の上司たちから受けた薫陶は、やがてホワイトハウスでも必要になるものを与えてくれた。どんなふうに闘いを選び、リソースを管理するのか、それを慎重に考えることを学ぶ手助けをしてくれた。パラダイムを変えはじめようとするだけでも、神経を図太く保ち、いっそう職業上の規律を守って努力できなければならないのだと教えてくれた。

どれも理想的とは言えないけれど、それが当時の現実だった。それにある意味では人生のさまざまな面について学びを深める機会にもなり、プリンストンとその後ハーヴァード・ロースクールで学んだことを確認できた――本から学んだことではなく、二重のマイノリティとして生き、どこよりもインサイダーのつながりが強いそれらの場所でアウトサイダーとして生きる経験から学んだこと。鎧をまといながら機敏に動かなければならない。生き抜くにはタフでいなければならない。

✣ 守りを固めすぎる負担とリスク

たいていの人が、多少なりとも鎧をつけて職場へ出ているると思う。そうしてしかるべきだ。ある意味では、プロとしての姿勢のひとつにほかならない。いつもよりタフで強い自分を職場へ連れていく責任がある。自分の弱いところは抑えて、ごたごたの大部分は家に置いていく。境界線を守り、同僚や上司も同じように境界線を守るだろうとあてにする。そもそも職場にいるのは仕事をするためで、一生の友情を築いたり、個人的な問題を解決してもらったり、ほかの人の個人的な問題を解決したりするためではかならずしもない。中学生を教えていても、診療所を運営していても、ピザをつくっていても、テック企業を経営していても同じで、より大きな活動に貢献し、規律正しく振る舞って、自分の感情の大部分はどこか別の場所へしまっておくことが求められる。仕事が焦点になり義務になる。それでお金をもらっているのだから。

でも人間の営みは、こんなに整然としてはいない。境界線は、そんなにはっきり引かれたままにはならない。パンデミックのせいでこれまで以上に多くの壁が蹴《け》り倒され、さらに格差や真実が明るみに出た――場合によっては都合よく、場合によっては不都合なかたちで。身をくねらせる幼い子どもを膝《ひざ》にのせ、半分散らかったキッチンが背景に見える状態でビデオ会議に臨む人たちがいた。犬が吠えたて、ルームメイトが近くの画面に向かって話している状態で仕事をつづけようとする人がたくさんいた。

そんななかで境界線が薄れ、雑然としたものがもっと目立つようになった。これによって、ずっと昔からの真実が強調されているのかもしれない。わたしたちは、さまざまな面があって枠に収まらない人生を生きる、さまざまな面があって枠に収まらない人間だ。ごたごたが職場についてくることもある。弱さは表に現れるし、不安はこぼれ出る。まわりの人たちの個性はもちろん、わたしたちの個性も、簡単に型にははめられない。

わたしはこの仕事に向いている？　この仕事はわたしに向いている？　どんな調整ができる？　どんな調整をまわりの人に無理なく期待できる？　みんなどれほど人間らしく振る舞ってもいいの？　境界線はどこにある？　だれとつながる？　どう対処する？　その日、タインが考えていたもののなかには、こういう問いもあるようだった。

わたし自身の経験からわかる。鎧は役に立つことが多いし、おそらくずっと必要な鎧もあるけれど、それに動きを阻まれることも多い。少なくともへとへとになる。鎧をあまりにもたくさんつけて歩きまわり、守りを固めすぎて、戦闘準備を整えすぎていると、歩みが遅くなって動きが妨げられ、流動性と仕事で前進する力が損なわれる。仮面の背後に隠れていたら、自分自身からも切り離されかねない。タフで不死身でいようとしたら、仕事のうえで本物の人間関係を築く機会を逃すかもしれない。そういう関係が自分を成長させ前進させて、スキルをフル活用する助けになるのに。まわりの人の最悪の姿を想定していたら、まわりの人もあなたの最悪の姿を想定しやすくなる。一つひとつの選択に、それにともなう代償がある。

ようするに、その場になじんでいるか、その場の一員になれているかと心配しすぎていると——職場でずっと自分を歪《ゆが》め、調整し、隠し、守っていなければならないと——、いちばんいい本当の自分、表現が豊かで実り多く、アイデアでいっぱいの自分を見てもらうチャンスを失うおそれがある。

これがよそ者として生きる感覚についてくる困難で、消耗のもとだ。わたしたちの多くは、貴重な時間とエネルギーを使って、王室の境界線や、線をこえることとこえすぎることの微妙なちがいを考えなければならない。自分のリソースとその使い方を慎重に考える必要がある。会議で意見を口にしても安全？　わたしのちがいを反映した視点や問題解決案を発表してもだいじょうぶ？　独創性を見せたら反抗的だと思われる？　わたしのものの見方は無礼だと判断されて、常識への不愉快な挑戦だと思われる？

✣ホワイトハウスの伝統と不文律

二〇〇九年にワシントンへ移ったとき、ホワイトハウスの生活がどんな仕組みで動くのかはよく知らなかった。でも、新しい仕事をはじめるのがどんな感じかは、かなりよく知っていた。その時点で何度もそれを経験していたし、いろいろな管理職の立場で新規採用者もたくさん指導していた。法律、市役所、非営利セクター、保健医療の分野で働いてわかっていたことがある。単純に新しい職に飛びこんで、役割が自分にぴったりなんてことは期待できない。情報を収集して少し腰を落ちつけ、戦略的に考えながら、新しい仕事を学んで適応していかなければならない。つまり、線を引きなおそうと考えはじめる前に、まずはその線に従う必要がある。

　アメリカ合衆国のファーストレディを務めるのは奇妙な経験で、それが奇妙に力のある無職状態であることは前にも書いた。給料は出ないし、上司はいないし、従業員ハンドブックもない。やることリストにチェックマークを入れて生きてきたわたしは、この役目をきちんと務めようと固く決意していた。準備を整えた状態で出発したい。バラクが大統領に当選したあと、必要なことを把握するために即座に動きだした。わたしには何が求められているのか。わたし自身のエネルギーと創造性を活《い》かしながら、可能なかぎり最善の仕事をするにはどうすればいいのか。わたしがうまくやったら、この役割についての世間のイメージを多少なりとも変えられるかもしれないと思っていた。

　まっ先にしたのが、就任したばかりの首席補佐官に頼んで、ローラ・ブッシュの公式スケジュールを毎日、毎週、すべて確認すること。そして、姿を現した場と主催したイベントを一覧にしてもらった。わたしの計画はこうだ。最初の一年はローラがやったことをすべてきちんとやり、同時にわたし自身の優先事項と計画を考えて、新しい取り組みを立ちあげる。そのあいだ、近道は絶対にしない。これは一種の保険で、ひとつのツールだった。この役目を担う最初の黒人女性として、わたしは綱渡りをしているのだとわかっていた。努力して受け入れてもらわなければならないと、はっきり意識していた。つまり優秀さに磨きをかける必要がある。引き継いだ仕事をひとつ残らずやり遂げられることをみんなに知ってもらい、怠惰だとか役目を疎《おろそ》かにしているだとか非難されないように、絶対に確実を期したかった。

ファーストレディの仕事の多くは、伝統のなかで自然に増えてきたものだとわかった。数百年の歴史があるものも多い。どの仕事もどこにも書き記されてはいない。求められることは、すべて役目に織りこまれている。公式晩餐《ばんさん》会から年に一度のイースターエッグ・ロールまで、さまざまな行事を主催することになっていた。来訪する高官の配偶者とお茶を飲むことも求められていたし、毎年、ホリデーの飾りつけのイメージも提供することになっていた。そういう仕事のほかは、自分が支援したい大義と取り組みたい問題を選ぶことができた。

予期していなかった要求もある。もっと微妙であまり語られないけれど、どうやらこの役目についてくるらしいもの。たとえば、バラクの宣誓就任式の準備中に知らされた。直近の四人のファーストレディは、大統領就任式の日に同じニューヨークのデザイナーがつくったしゃれたハンドバッグを持っていたらしい。別の代表的デザイナー、オスカー・デ・ラ・レンタは、ベティ・フォード以降すべてのファーストレディの服をデザインしたことをよく語っていて、わたしの服も担当するつもりでいることがうかがえた。同じ選択をしろと強く言う人がいたわけではかならずしもないけれど、そういう想定が空気中に漂っているのは確実に感じられた。

バラクとわたしが歴史ある家に引っ越し、歴史ある役目を果たすようになって感じたのは、ずっと物事が一定のやり方でなされてきたために、ささいな伝統でも一種の名誉になり、時代から時代へと受け継がれる上流階級の連続性になっていること。それに背く選択は、すべて不遜な気配を帯びるようだった。アメリカで黒人として育った人なら、不遜というレッテルを貼られることの危うさを知っている。

✣ 慎重でいながらも自分らしく

結局、就任式の日には、指定されたブランドのハンドバッグは持っていかなかった。オスカー・デ・ラ・レンタがデザインしたものを初めて身につけたのは、その六年後だ。わたしは就任式の機会を利用して、過小評価されているデザイナーの才能を披露する手助けをした。この判断を下すのは安全だと感じたし、この選択をするのは平気だった。わたし自身の外見のことで、わたし自身の身体に何をつけるかの問題だったから。

でもやっぱりわたしは、自分のイメージ、ことば、計画、プロジェクトに慎重だった。線をこえすぎと見なされる危険を意識していて、一つひとつの選択すべてに慎重だった。そもそもわたしたちがホワイトハウスへたどり着いたこと自体が過激であり、既成秩序の転覆だと感じる人もいた。進歩を成し遂げようと思ったら、どのように信用を獲得してそれを使うのか、細心の注意を払う必要があった。

バラクが引き継いだもののなかには、ふたつの厄介な対外戦争と、急激にすすんで週を追うごとに深刻化する経済不況があった。ウエストウィングの広報チームは、バラクの成功が少なくとも一部はわたしの成功にかかっていることを、一点の曇りもなくはっきりさせていた（〝あなたがしくじったら、わたしたちみんながしくじっていると思われる〟）。わたしがひとつでもへまをしたら——ひとつでも失敗をしたり、批判を呼ぶ発言や仕事上の動きをしたりしたら——、国民からのバラクの支持率が落ちこむ可能性があり、そうなると今度は議員への影響力が低下して、議会で重要な法案を通過させる努力が挫《くじ》かれるかもしれない。するともちろん再選のチャンスを失いかねず、そうなったら政権の多くの人が失業する。それだけではない。初めての非白人大統領が失敗したり派手にしくじったりしたら、将来の有色候補者に扉が閉ざされて、鍵《かぎ》がかけられる可能性もあるとわかっていた。

何をしていても、こういう警告が頭のなかでけたたましく響いていた。記者と話したり、ファーストレディとして新しい取り組みをはじめたりするときはいつも。聴衆の前に出て、高く掲げられたスマートフォンのカメラの海へ目をやるときにも。何百もの小さな偽の鏡が掲げられ、みんなのなかでわたしの印象がつくられるとき。

でも、そういうことを心配しすぎると、自分ではいられないとわかっていた。人の心配とわたし自身の心配のあいだに境界線を引く必要があった。自分の直感を信じ、自分の核を思いだして、自意識のせいでこわばりすぎないようにし、不安や防衛心のために鎧をつけすぎないようにしなければならなかった。わたしがやろうとしたのは、機敏に動きつづけ、慎重さと大胆さというなじみの岸を行き来することだ。わたしはユークリッド通りで育つあいだに学んだ掟《おきて》に従って生きていた。その掟では、いつでも不安よりも準備と適応を大幅に優先させる。

でもわたしはずっと、また別のレッテルとも闘っていた。さらに陰険で、振り払うことができないと思えたもの。

不正、不安、悲嘆と向きあう困難へのいちばんの解毒剤は、子どもたちと過ごすことだ。

第一〇章　気高く生きる

✣攻撃に使われるステレオタイプ

バラクが大統領選挙に出馬したとき、固定観念《ステレオタイプ》が再構築されてある種の〝真実〟になるのを目の当たりにして、たちまちつらい教訓を得た。人前でバラクのために選挙運動をすればするほど、わたしの影響力が大きくなればなるほど、わたしの言動は恣《し》意《い》的に受けとめられて誤解されるようになり、ことばがねじ曲げられて表情が漫画に描かれるようになった。わたしは夫が大統領候補にふさわしいと確信し、彼がこの国に何かを提供できると熱っぽく信じていたけれど、その熱意が見苦しい怒りとして描かれることも一度ではなかった。

想像上で語られる右翼的なおしゃべりの一部を信じるのなら、わたしは火を吹く完全なモンスターだった。しかめっ面で歩きまわり、いつも怒りで煮えくりかえっている。不幸なことにこれは、より大きく、より根深いイメージと一致している。最近、職場研究の分野で研究者がそのイメージについて論じている。黒人女性が少しでも怒りに似たものを表明したら、それはその人の性格の特徴と見なされがちで、怒りのきっかけになった事情と結びつけて考えられることは少ないという。[9] そうなると当然、その人は社会の隅へ追いやられやすくなるし、だめな人間として一蹴《いっしゅう》されやすくなる。やることはなんでも——とる行動はすべて——線を踏みこえていると見なされかねない。それどころか、単純に線の反対側のまちがったところに生きる人間として斥《しりぞ》けられるかもしれない。そのレッテルを貼られると、すべてのコンテクストが消えてなくなる。〝怒りっぽい黒人女性! それがおまえだ!〟

どこかの地域が〝貧民街《ゲットー》〟と呼ばれるのと変わらない。手っとり早く効果的にそこを斥ける手段。近づかず、怖がって身をひいて、ほかへ投資するように警告する、暗号化された偏見。豊かさ、活力、個性、可能性はないがしろにされ、周縁へ追い払われる。周縁に閉じこめられていることで、怒りを覚えたら? 投資されない地域で暮らしていることで、身動きが取れずに切羽つまった人のように振る舞ったら? そう、その行動のためにステレオタイプが確認されて強化されるだけだ。するとさらに身動きが取れなくなり、それについて発言しても、まともに受けとめられなくなる。声を失い、耳を傾けてもらえなくなって、他人にレッテルを貼られた失敗者として実際に生きることになるかもしれない。

とてもつらい。その気持ちはわたしもわかる。

どれだけ冷静でいても、ファーストレディとして勤勉に働いていても、攻撃的で怒りっぽく、それゆえ尊敬に値しないというわたしの印象は、消し去るのがほとんど不可能だと感じられるときもあった。二〇一〇年にわたしは、アメリカで子どもの肥満が蔓延《まんえん》している問題に声をあげ、比較的シンプルな変化を求めて運動をはじめた。もっと健康にいい食べ物を学校で提供できるようにするためだ。

　すると、保守派の有名コメンテーターたちが昔のステレオタイプに飛びつき、それを攻撃に利用して、わたしのことをこんなふうに描きだした。拳《こぶし》を振りまわす出しゃばりな破壊者で、子どものしあわせをぶち壊し、自分の持ち場ではないところへ口出ししようと躍起になっている。わたしはフライドポテトを食べた人を刑務所に入れるのだという。政府が強制する食べ物を強引に売りこんでいるのだとも。そこから陰謀はやすやすと広がっていく。「政府が食べ物について指図するのを許されるのなら、次は何でしょう？」FOXニュースのコメンテーターは大げさに声をあげた。「結婚相手、働く場所まで決めはじめるのでは[10]？」

　もちろん、どれも本当のことではない。でも、深く根を張ったステレオタイプに嘘が支えられていると、その嘘ははるかに消えにくくなる。それに、ステレオタイプを消し去るのはむずかしくてしんどい仕事だ。すぐにわかった。あらゆるところに罠《わな》が仕掛けられている。ステレオタイプに正面から対処しようとして、フレンドリーで明るいインタビューで（二〇一二年の《CBSディス・モーニング》でゲイル・キングと）それについて話しあうと、返ってきた反応の一例が左のページの見出しだ。

　いつでもキレていると見なされることにキレてもいい？　もちろんいいけど、そんなことをしてだれの役に立つの？　そうすることで、どれだけわたしが強くなるの？

　そんなことはしないで、わたしは気高く生きなければならなかった。

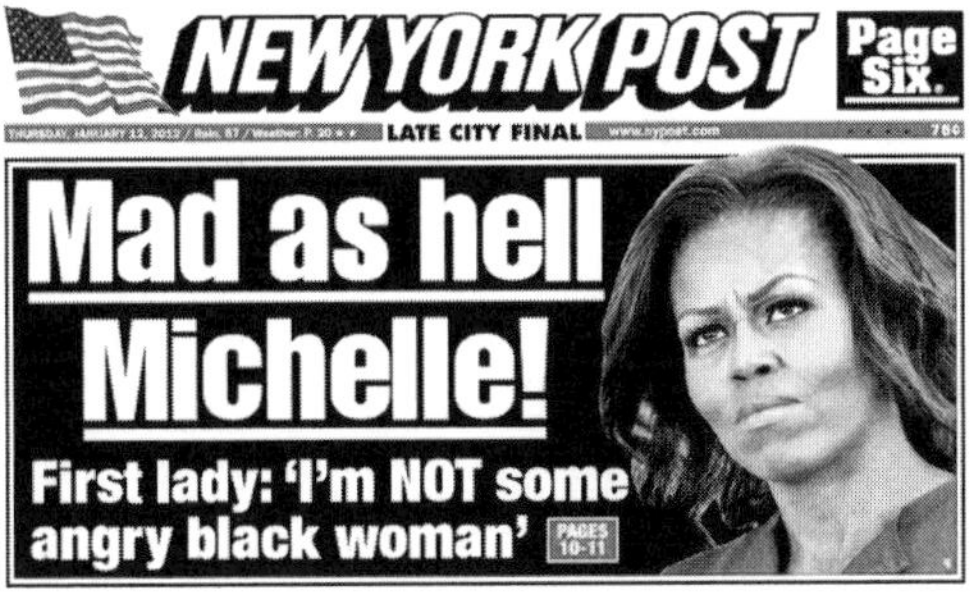

NEW YORK POST
Page Six.
LATE CITY FINAL
www.nypost.com

Mad as hell Michelle!

First lady: 'I'm NOT some angry black woman' PAGES 10-11

ミシェルが激怒！
ファーストレディいわく「わたしは怒りっぽい黒人女性ではない[11]」

✣〝気高く生きる〟とは？

いろいろな質問を受けるなかで、何よりも頻繁に、かならずといっていいほど尋ねられることがひとつある。インタビューを受けたり、初対面のグループのなかに腰をおろしたりするたびに、ほとんど毎回だれかが手をあげてこんな質問をして、みんなが身を乗りだし耳を傾ける。

〝気高く生きる（go high）〟というのは、どういう意味ですか？

この先何年もこの質問に答えつづけるのかもしれない。だから、ここで答えを考えてみたい。

初めておおやけの場で「相手が低レベルだったとしても、わたしたちは気高く生きる」ということばを口にしたのは、二〇一六年にフィラデルフィアでひらかれた民主党全国大会でのことだった。ヒラリー・クリントンが大統領選に出馬していて、ドナルド・トランプも出馬していた。わたしの仕事は、民主党支持の有権者を結集させること。参加をつづけ、必要な仕事をして選挙日には投票し、支持する候補者を当選させようと念を押していた。よくするように、わたしはこんな話をした。ふたりの娘の親として、いまのさまざまな問題はわたしにとって重要だ。いつでもバラクとわたしの選択を導いているのは、価値があると娘たちに知っていてもらいたい原則だ。

正直なところ、「わたしたちは気高く生きる」というフレーズがそれから何年もわたしにについてまわり、わたしの名前とほとんど同義語になるなんて、思ってもみなかった。わたしはただ、わたしの家族が従って生きようとしていた単純なモットーを分かちあっていただけだ。ほかの人たちが誠実さを失っていくのを目の当たりにするなか、バラクとわたしがそれを手放さずにいるために、自分たちに言い聞かせていた簡潔で便利なことば。

〝気高く生きる〟は、いつでもさらに努力し、さらによく考えるために心がけていた選択を言い表す手段だった。わたしたちの理想をシンプルに表現したもの。鍋《なべ》にはいろいろな材料が入っていて、それはすべてわたしたちが幼いときから少しずつ集め、長年かけて煮つめてきたものだった。〝真実を語り、まわりの人に最善を尽くして、広い視野を保ち、タフでいる〟。基本的にこれが、生きていくためのわたしたちのレシピだ。

バラクとわたしは、〝気高く生きる〟という考えに個人として何度もコミットし、コミットしなおしてきた。とくに激しい選挙戦と政治闘争を経験し、世間の目にさらされながら生きていこうとするなかでは。試練を受けていると感じたら、いつもその考えを呼び出して、道徳的課題に直面したときに心を落ちつかせるよすがにした。ほかの人が最悪の姿をさらしていると き、自分はどうする？　攻撃されていると感じるとき、どう反応する？　答えがすぐにわかって、疑いの余地がないと感じることもあれば、なかなかわからず、状況があいまいで、正しい道を見つけるにはさらに考えなければならないこともある。

〝気高く生きる〟は砂に線を引くようなものだ。境界線が見えるようにして、少し時間をかけて考えられるようにする。わたしはどちらの側にいたいの？　それは立ち止まってよく考えようという戒めで、心と頭の両方で反応しようという呼びかけだ。〝気高く生きる〟のは、いつでも試練だとわたしは思っている。だからこそ、二〇一六年の大会でこの考えをみんなに示さなければならないと感じた。国として、わたしたちは試されていた。道徳的課題に直面していた。反応を求められていた。もちろんそれは初めてではなかったし、当然、最後にもならない。

　でもシンプルなモットーには、おそらく問題がある。日々の習慣として実践するよりも、憶えてくり返すほうが簡単なこと（あるいはマグカップ、Tシャツ、トートバッグ、野球帽、HBの鉛筆一式、ステンレスの水筒、スポーツ用のレギンス、ペンダント、壁にかけるタペストリーに記すほうが。どれもインターネットで売られている）。

　小さなことにくよくよするな？　平静を保って戦いつづけよう？

　もちろん、どれも大賛成。でもどうやってするのか教えてほしい。

　最近では〝気高く生きる〟の意味を尋ねられるとき、その裏に少しあからさまな疑問を感じることがある。そこには当然の懐疑心が含まれている。うんざりした気持ちから生まれ、努力しても無駄で試練に終わりがないと思えるときにやってくる感情。

　〝でも待って、最近の世界を見た？　どこまでひどくなるの？　闘うエネルギーなんてある？〟

　二〇二〇年五月、ミネアポリスの街角でジョージ・フロイドが警察官に膝で首を押さえつけられて死んだあと、こんな疑問を投げかける手紙やメールを受け取った。〝気高く生きる〟は本当に正しい反応なのか。連邦議会議事堂が襲撃されたあとや、共和党幹部が選挙について有害で誤った主張を支持しつづけたあとも、みんな同じような疑問を抱いていた。腹立たしいことが際限なく起こる。パンデミックでアメリカでは一〇〇万をこえる人が亡くなり、この国の文化の格差がすべて浮き彫りになった。ロシア軍がウクライナで一般市民を殺戮《さつりく》した。アフガニスタンでは少女が学校へ通うのをタリバンが禁じた。アメリカではリーダーたちが人工妊娠中絶の非合法化へ動き、コミュニティは銃による暴力と憎悪犯罪《ヘイトクライム》に絶えず打ちのめされている。トランスの権利、ゲイの権利、投票権、女性の権利——すべてが攻撃を受けている。さらなる不正、さらなる残虐行為が見られるたびに、さらなるリーダーシップの機能不全や腐敗や権利侵害が起こるたびに、これと同じ疑問を投げかける手紙やメールを受け取る。

〝いまでもまだ気高く生きるべきですか？〟

〝わかります。でもいまは？〟

わたしの答えはイエスだ。いまでもイエス。気高く生きようとしつづける必要がある。この考えにコミットし、コミットしなおさなければならない。誠実に動くことが大切だ。これから先もずっと大切。それはひとつのツールなのだから。

✣〝気高く生きる〟は感情を行動へ移すこと

でも、同時にはっきり伝えておきたい。〝気高く生きる〟は感じるだけのものではない。実行するものだ。現状に甘んじて変化を待とうという呼びかけではないし、ほかの人の格闘を傍観していようという呼びかけでもない。抑圧の条件を受け入れることではないし、残虐行為や権力を放置することでもない。〝気高く生きる〟という考えから生まれる疑問は、この世界でさらなる公平、良識、公正を確保するために闘う義務があるか否かではない。問題は、どのように闘うかだ。直面する問題をどのように解決しようとするのか。燃え尽きることなく、効果をあげられるまでどのように持ちこたえるのか。

　これは不公平で効果のない妥協だと考える人もいる。その人たちに言わせれば、これは〝リスペクタビリティ政治〟（望ましくないと主流社会が見なすマイノリティの特徴を、マイノリティの側が正そうとすること）の延長線上にある。つまり生きていくために妥協していて、ルール自体に異議を申し立てていないことになる。当然みんな疑問を抱く。〝どうしていつも、わたしたちがものわかりよくいなきゃいけないの？〟

　理性には怒りが入りこむ余地がないと考える人がいるのもわかる。〝気高く生きる〟は、どこか距離をとり、普通にしていたら怒りやいらだちを覚えかねないものに無頓着《むとんちゃく》でいることだという見方も理解できる。

　でも、そんなことはまったくない。

　二〇一六年、フィラデルフィアの全国大会で最初にこのことばを口にしたとき、わたしは距離はとっていなかったし、無頓着でもなかった。それどころか、かなり心乱されていた。その時点でわたしは、共和党幹部たちの口からいつも出てくる腹立たしいことばに心底怒っていた。夫の仕事が傷つけられ、彼の性格が侮辱されるのを八年近くも見てきて、うんざりしていた。彼の市民権を疑問視する偏見に満ちた企てまであった（またあの考えがくり返される。〝おまえが持っているものを持つ権利があるとは、わたしは思わない〟）。そして、偏見のいちばんの煽動者《せんどう》が大統領選に出馬していることに怒っていた。

　でも、わたしの力が本当にあるのはどこ？　苦痛や怒りに力があるわけではない。それはわかっていた。少なくともむき出しの状態では、フィルターを通していない状態では、そこに力はない。わたしの力は、その苦痛と怒りを使ってできることにある。それを持っていける場所、そのために選ぶ目的地にある。こういうむき出しの感情を、ほかの人に一蹴されにくい何かへ高められるかどうかにかかっている。明確なメッセージ、行動への呼びかけ、そのために働きたいと思える目標へと高められるかどうかに。

それがわたしにとっての〝気高く生きる〟だ。漠然としていて普通は不安を掻《か》き立てる感情を受けとめ、それを実行可能な計画に変えること。むき出しのものからより大きな解決策へと向かっていくこと。

はっきりさせておきたい。これはプロセスだし、かならずしも手っとり早くすすむわけでもない。時間と忍耐が求められるかもしれない。しばらく何もしないで腹を立てていてもいいし、不正や不安や悲嘆のせいで動揺していても、苦しみを訴えてもかまわない。回復や癒《い》やしに必要な空間を自分に与えてかまわない。わたしの場合、〝気高く生きる〟には、たいてい反応する前に一度立ち止まる段階がある。それは一種の自制で、最善の衝動と最悪の衝動のあいだにある境界線だ。〝気高く生きる〟は、薄っぺらな怒りと皮肉な軽蔑《けいべつ》に加わろうとする誘惑に抗《あらが》い、身のまわりの薄っぺらくて皮肉なものにはっきりとした声で応答する方法を見つけることだ。〝反応〟を受けとめ、〝応答〟へと成熟させたときに、これが実現する。

というのも、感情は計画ではないからだ。問題を解決してはくれないし、おかしなことを正してもくれない。いろいろな感情を抱くことはあるかもしれない――たぶん抱くと思う。でも、それに引きずられないように気をつけてほしい。怒りは汚れたフロントガラスかもしれない。

いるだけ。それらを使って何か建設的なことをしなければ、車はまっすぐ溝へ向かっていく。わたしの力はいつでも、溝にはまらずにいる自分の能力にかかっている。

苦痛は壊れたハンドルのようなもの。失望はなんの役にも立たず、不機嫌に後部座席に座って

✣ 感情を行動へ移す道具

〝気高く生きる〟について尋ねられたら、こんなふうに説明する。わたしにとってそれは、いろいろな〝にもかかわらず〟にもかかわらず必要なことをし、自分の仕事が意味を持つようにして、声に耳を傾けてもらえるようにすることだ。いつも機敏でいて、変化にそのつど適応できると役に立つ。あらゆる道具《ツール》が揃っていて、それを使う練習ができていたら、すべてが実現しやすくなる。

〝気高く生きる〟は、一日、一か月、一度の選挙周期で起こることでもない。それは一生のあいだに、ひとつの世代のあいだに起こることだ。〝気高く生きる〟は、行動で示すものでもある。愛情をもって生き、良識をもって行動するのがどういうことか、子ども、友人、同僚、コミュニティへきちんと示すこと。結局、あなたが人に差しだしたものだけが――希望でも憎しみでも――同じものをさらに生むのだから。少なくともわたしの経験ではそう言える。

しっかり心にとめておいてほしい。〝気高く生きる〟は仕事だ――多くの場合、つらくて退屈で、面倒で過酷な仕事だ。憎しみや疑いを向けてくる人を受け流す必要がある。こちらの失敗を見たい人とのあいだに壁をつくる必要がある。まわりの人が疲弊したり、冷笑的になった

り、あきらめたりしても、仕事をつづける必要もある。公民権運動指導者の故ジョン・ルイスは、これを伝えようとしていた。「自由は状態ではない。行動である」とルイスは書く。「それは、遠くの台地の高い場所にあるうっとりするような花園ではなく、ようやく腰をおろして休める場所ではない」[12]

いまは〝反応〟するのがあまりにもたやすく、手軽になった時代だ。怒りは苦痛、失望、パニックとともに簡単に拡散する。情報と誤情報が同じ割合で流れているように思える。親指によってトラブルに巻きこまれ、怒りが簡単に伝達される。怒りのこもったことばを打って、ロケットのようにデジタルの成層圏へ発射するけれど、そのことばがどこに、どんなふうに、だれに当たるのか正確にはわからない。たしかに根拠のある怒りや絶望も多い。でも問題はこうだ。その怒りをどうするの？　それにくびきをかけて自制し、雑音《ノイズ》ではなくもっと長持ちする何かをつくれない？

いまは自己満足が手軽さの仮面をかぶっていることが多い。〝いいね〟をクリックしたり、シェアやリツイートのボタンを押したりして、たった三秒の努力をしただけで、活動している自分を褒めたり、自分を活動家と見なしたりする人もいるかもしれない。ノイズをつくるのがうまくなり、お互いにそれを褒めあっているけれど、仕事をするのをときどき忘れている。三秒間の努力で閲覧回数《インプレッション》は稼いでいるかもしれないけれど、変化は生んでいない。

何に反応や応答をしているのか。ときどき考えてみる値打ちがある。ソーシャルメディアに何かを投稿したり、大勢の人へ向けてコメントを出したりする前に、わたしはその問いを自分に投げかける。衝動的になっていて、自分がいい気分になろうとしているだけじゃないの？ 感情を具体的で実行可能な何かと結びつけている？ それとも感情に突き動かされているだけ？ 変化を起こすのに必要な実際の仕事をする準備ができている？

〝気高く生きる〟にあたって、わたしには文章を書くプロセスが驚くほど有益な道具になる。それは自分の感情を処理し、フィルターにかけて役立つかたちに変えられる手段だ。バラクの選挙戦のあいだとホワイトハウスにいるあいだは、才能あるスピーチライターたちと仕事をする機会に恵まれた。いっしょに腰をおろして、頭の中身をことばにして吐きださせてくれる人たち。わたしが心の底からの感情を整理するのを聞きながらメモをとり、わたしが自分の考えを理解して考えを形づくるのを手助けしてくれる人たち。

信頼する聞き手に話をすると、いつも自分の考えを明るい日の光のもとで確認するきっかけになる。怒りと不安を分析し、大きな視点から論理的に考えられるようになる。生産的なことそうでないことを整理し、わたし自身にとってもっと高い次元にある真実にたどり着ける。わたしは学んだ。最初の考えに価値があることはめったにない。それは出発点にすぎなくて、そこから前へすすんでいく。すべてをページのうえに広げてみて、それから磨きをかけ、見なおし、考えなおして、本当の目的をそなえたものへと向かう道を見つけていく。執筆のプロセスは、ひときわ強力な人生の道具になった。

✣二〇一六年、フィラデルフィアでの演説

二〇〇八年デンヴァーでの最初の演説がある種の出発点で、ファーストレディとしての生活へつながる進入路だったのなら、二〇一六年の演説は退出路、つまり終わりのはじまりのように感じた。

わたしには、ことば、メッセージ、核になるいろいろな感情があった。すべて暗記してよく練習し、頭のなかに叩きこんでいた。それでもまた、やや想定外のことが起こった。今度はテレプロンプターの故障ではない。わたしが乗った飛行機が近づくまさにそのタイミングで、フィラデルフィア上空に激しい夏の雷雨がとどまっていたのだ。

わたしは数人のスタッフと移動中で、およそ一時間後には大会の演説がはじまる予定だった。そのとき、いきなり気流が乱れだして、座席で身体が激しく揺さぶられた。機内放送で空軍パイロットの声が聞こえてきて、ベルトを締めるようにと告げられる。この先の気象状況のために、着陸先をデラウェアへ変更しなければならないかもしれないとも。たちまちチームの面々はパニック状態で遅れへの対処法を相談しはじめた。その夜の大会でわたしは基調演説を任されていて、このゴールデンタイムのイベントはわたしを中心に組み立てられていた。

揺れは前菜にすぎず、一分ほどすると飛行機が片方に激しく傾いた。大雨のなか空中をさまよう夜の巨大モンスターに払いのけられたみたいに。二、三秒のあいだ、完全に制御不可能になったかのように横向きで墜落していっている感じがした。まわりから悲鳴やすすり泣きが聞

こえてきて、窓の外では稲妻が光り、飛行機は激しく雲を突き抜けていく。地上に街の明かりがぼんやりと見えた。わたしは死ぬことは考えていなかった。ただ演説をしたかった。

　この時点でわたしは、ファーストレディとして八年近くを過ごしていた。戦争で凄絶《せいぜつ》な傷を負い、回復しようとがんばる軍人たちのベッド脇に座ったこともある。下校中にシカゴの公園で撃たれて一五歳の娘が致命傷を負った母親といっしょに泣いたこともある。ネルソン・マンデラが二七年間の大部分をひとりで過ごし、それでも前へすすみつづける不屈の力を見いだした小さな監房のなかに立ったことも。医療保健制度改革法が通過したときや、最高裁判所が結婚の平等を確認したとき、そのほか大小さまざまな勝利を何十も祝ってきた。それに、コネチカット州で銃を持った男が小学生二〇人を射殺した日には、大統領執務室《オーバルオフィス》へ行き、バラクの身体に腕をまわした。ふたりともことばが出ず、ただただ打ちのめされていた。

　何度も何度も、わたしはこの世界に混乱させられ、卑しめられて、揺さぶられ、仕事で浮き沈みを経験した。人間のありようにすべての角度から触れたように感じていたし、よろこびと怒りの波に代わる代わる襲われていた。予想できることなんてほとんどないし、二、三歩前へすすむたびに何かが古傷をひらき、みんなを否応《いやおう》なくあと戻りさせるのを思い知っていた。

　ほとんど毎日、父のことを考えた。父の力と動きをゆっくり奪っていった病気のことも。病気による心と身体のハードルに対処する、父の辛抱強さといさぎよさ——家族のために姿を見せつづけ、前へすすむためにほぼ毎日、希望と可能性の感覚を新たにしていた父の姿。父は〝気高く生きる〟ための指針を与えてくれた。二〇一六年、アメリカという国が何に直面しているのか、わたしは理解していた。選挙での戦いと、わたしが知るかぎり何よりはっきりしている選択。その飛行機の座席で、わたしはかき乱されていた。心配していた。鎧もまとっていた。ここでコースを外れるのなら、フィラデルフィア上空の不安定な大気層よりもずっと大きな何かのせいでなければいけないと思っていた。

飛行機は無事に着陸した。会場へもたどり着けた。すぐにドレスとヒールを身につけ、口紅をつけてステージにあがった。自分を落ちつかせ、テレプロンプターとコンフィデンス・モニターを確認する。笑顔で聴衆に手を振って、それから話しはじめた。

おかしなことだけど、一、二度経験すると、スタジアム規模の聴衆の前で話すのは実は心地よくなる。嘘じゃない。もっと正確に言うと、話す不安に慣れる。安心して怖がるようになる。神経をすり減らすアドレナリン、興奮した聴衆と向きあうあらゆる頼りなさから、前ほど影響を受けなくなる。全体の感覚が、不安ではなく燃料のように感じられるようになる。とくに心から伝えたいことがあるときは。

その夜にフィラデルフィアでした演説は、何年も前にデンヴァーでした最初の演説と同じぐらい偽りのないものだった。ちがったのは、わたしたちが去る間際だったこと。その大会で何があっても、その後の選挙で何が起ころうとも、だれが大統領になっても、わたしの家族は六か月ほどでホワイトハウスを出て休みに入る。どんなかたちになるにせよ、わたしたちは大統領一家としての活動全体を締めくくろうとしていた。

その夜、わたしはありとあらゆる気持ちを抱えていた。でも、それをすべてひとつの計画に落としこもうとしていた。あらかじめ出ている結論はないと念を押した。これからの選挙戦に疲れたり、挫折《ざせつ》感を覚えたり、冷笑的になったりするわけにはいかないと語った。気高く生きるために選択しなければならない。ドアをノックしてみんなを投票所へ向かわせ、勝利を獲得しなければならない。わたしはこう言って演説を終えた。「さあ、仕事をはじめましょう」

そして空港へ戻り、同じ飛行機に乗って、まだ不安定な大気へと飛びたった。

✣最悪の状況でも希望を手放さない

その夜の演説で、「相手が低レベルだったとしても、わたしたちは気高く生きる」というフレーズは時代精神の一部になったかもしれない。でも結局、残りのメッセージは伝わらなかった。呼びかけをだれが聞いていたにせよ、あまりにも多くの人がやるべきことをし忘れた。二〇一六年の選挙日には、九〇〇〇万をこえる有権者が棄権した。そしてそのために、わたしたちは溝へ直行した。その結果を背負って四年過ごした。いまもそれを背負って生きている。

弱まる気配のない嵐のなかで、どう立ちなおればいいの？　まわりの空気が不安定で、足もとの地面が絶えず動いているように感じるとき、どう安定を見いだせばいいの？　手はじめになるのは、いまもつづく絶え間ない変化のなかで主体性と目的の感覚を見つけること、小さな力が意義ある力になると思いだすことだと思う。投票することには意味がある。近所の人を助けることには意味がある。自分が信じる大義に時間とエネルギーを注ぐことには意味がある。人や集団が名誉を傷つけられたり人間性を奪われたりしているのを目にしたとき、声をあげることには意味がある。わが子でも、同僚でも、たとえ道ですれちがった人でも、人によろこびを示すことには意味がある。小さな行動が、自分自身の注目、安定、つながりの道具になる。そうすることで、自分もまた意味ある存在だと思いだせる。

まわりの問題は悪化する一方だ。人への信頼を再発見して、失った信念——近年、わたしたちから奪われたものすべて——の一部を取り戻す必要がある。どれもひとりではできない。同じような人ばかりの集まりのなかにいて、ほかから切り離され、まったく同じ考えを分かちあう人とだけ交流していて、話すばかりで人の話を聞かずにいたら、ほとんど何も実現できない。

フィラデルフィアで演説をする数日前、オンライン雑誌『スレート』にこんな見出しの記事が掲載された。「二〇一六年は史上最悪の年か？」[13] その証拠になりそうなものとして、トランプのあからさまな人気から警察による発砲、ジカウイルス、イギリスのEU離脱までがあげられている。でも興味深いのは、その時点ではまだ二〇一七年が訪れていなかったこと。心の健康についてギャロップ社がおこなった世界規模の調査を伝える記事によると、二〇一七年は「少なくともこの一〇年で世界にとって最悪の年」になった。[14]

もちろんこのあとも、新しい年を迎えるたびに新しい危機と新しい大惨事に見舞われる。『タイム』誌が二〇二〇年は「史上最悪の年」だと断言したけれど、[15] 二〇二一年も結局、少しもましにならなかったと言う人が多いだろう。ポイントは、不確かな状況はなくならないこと。わたしたちはこれからも苦しみ、不安と闘って、コントロール感を探しつづける。

それに、いまいる歴史上の瞬間のなかで、わたしたちはかならずしもまわりの状況を把握でるわけではない。世のなかはいいほうへ向かっている？　それとも悪いほうへ向かっている？　それはだれにとって？　そもそもどうやって測るの？　自分にとっていい一日でも、隣の人にはひどい一日かもしれない。ある国が栄えても、ほかの国は苦しむかもしれない。よろこびと苦しみは近くにあることが多くて、互いに混ざりあっている。ほとんどの人は、そのはざまで生きている。希望を手放さないという、何より本質的な人間の衝動に従って。〝あきらめないで〟わたしたちは互いに声をかける。〝仕事をつづけよう〟

これにもまた意味がある。

✣〝気高く生きる〟は行動しつづけること

親になり、うまく子育てする方法を母に尋ねはじめたころ、こんなことを言われた。「答えをなんでもわかってるふりはするんじゃないよ。〝わからない〟って言ってもいいんだからね」

この本のはじめに、わたしが受ける質問をいくつかあげた。最後に念を押しておきたい。実際わたしに提供できる答えはあまりない。本当の答えは、もっと長くて深い対話から導きだされると信じている――みんなでいっしょに試みる会話から。

未来がどうなるかはわからないけれど、大切なのは、不安に直面してもわたしたちは無力ではないと心にとめておくことだと思う。わたしたちには、計画を立てて変化を起こす力がある。絶え間ない変化に〝反応〟するのではなく、〝応答〟して変化を起こす力がある。理性と怒りを組みあわせ、不安ではなく希望にもとづいて動くことができる。でも何度も何度も、わたしたちにはできるという感覚を新たにしなければならない。父がステッキで身体を支えられずに転ぶたびに、わたしは父の無言の信条を思い浮かべた。〝転ぶ、起きあがる、すすみつづける〟

〝気高く生きる〟のようなモットーは、聞いて反復するだけでは意味がない。ことばのうえにあぐらをかいていてはいけない。悲しい、怒っている、コミットしている、期待していると言ったあとで、ただ腰をおろして休んでいてはいけない。この教訓はずっと学びつづけるしかない。二〇一六年の選挙で見たように、すべて自分の思いどおりにいくと思いこむのはおこがましいし、リーダーを選ぶとき、運命をほかの人たちに完全に委《ゆだ》ねるのは危険だ。希望を持てる選択をしなければならないし、必要な仕事にコミットし、コミットしなおさなければならない。ジョン・ルイスが言うように、自由はうっとりするような花園ではない。頭上に持ちあげつづけるバーベルだ。

ときには〝気高く生きる〟ために、どこかの片隅で活動することを選ばなければならないかもしれない。それ自体が怒りを覚えさせる場所でも。舞踏室にいる大勢の人に向けて話すとき、姿と声をもっとよく届けるには、大階段を途中までのぼる必要があるかもしれない。

ホワイトハウスにいるあいだは、鎧をつけておき、妥協も一部受け入れなければならないとわかっていた。わたしが代表しているのは自分だけではないと理解していたから。自分の仕事、計画、希望に忠実である必要があった——反応《リアクション》ではなく行動《アクション》に集中するために。守りに入ると逆効果にしかならない。できるかぎり罠を避け、溝にはまらないようにしながら、ゆっくりと正統性と信用を築いていかなければならなかった。戦略と妥協が必要だった？　たしかに必要だった。自分が歩くために、またあとにつづく人が歩けるようにするために、ときには道を切りひらかなければならない。すでに触れたように、これは多くの場合、退屈で、面倒で、過酷な仕事だ。でもわたしの経験では、新しい未開地《フロンテイア》へ入ろうとする際に必要なことでもある。

やる気があって気が急《せ》いていて、現状にうんざりしている若者から、よく受ける質問がある。行動主義《アクテイビズム》、抵抗、より広く変化全般の本質に触れる質問だ。どれだけ従って、どれだけ拒むの？　体制を打ち倒す？　それとも辛抱をつづけて内側から改革しようとする？　社会の片隅で変化を煽動するほうが効果的？　それとも主流のなかでやったほうがいい？　本当の大胆さはどんなもの？　お行儀よくいることが行動しない言い訳になるのは、どんなとき？

どれも新しい問いではない。これは新しい論争ではない。それぞれの世代が自分たちで再発見する。単純明快な答えはない。だからこそ論争は新鮮なままで、問いはずっとひらかれている。運がよければ、いつか子どもや孫がやってきて、一からまたこういう問いを投げかけてくるだろう。情熱に燃え、いらだち、気が急き、挑戦する気満々で、あなたがその子たちのために広げようとしたまさにその社会の片隅について考えながら。

ジョン・ルイスとおよそ六〇〇人の市民権運動の活動家が、アラバマ州セルマのエドマンド・ペタス橋を行進して渡ったとき、わたしは一歳にもなっていなかった。ルイスたちは人種差別主義者の保安官助手や州警察官による暴力的な攻撃に耐えながら、連邦法で選挙権を守る必要性に注目を集めようとしていた。マーティン・ルーサー・キング・ジュニア牧師がアラバマ州モンゴメリーの州議会議事堂前の階段に立った日のことも、わたしは幼すぎて憶えていない。キング牧師は、最終的にルイスたちの行進に加わったおよそ二万五〇〇〇人だけでなく、この闘争にようやく目を向けつつあった国全体に向けて話した。その日、キング牧師が語ったことのひとつが、闘いはまだまだ終わっていなくて、目的地は遠いということ。「今日、みなさんがこう問いかけているのはわかっています」キング牧師は集まった人たちに言う。「どれだけ時間がかかるのか？」[16]

非暴力を誓い、正義に向かって仕事をつづけようとアメリカの人びとへ呼びかけ、信念と活力を行動に移しつづけようと説きながら、キング牧師が出した答えはこうだ。「長くはかからない」

ときどき思う。変化と進歩の性質について議論するとき、おもに論点になっているのは〝長くはかからない〟の意味ではないか。公正と平和へ近づくのにかかるのは、数年？　数十年？　数世代？　そこへは小刻みに歩いていく？　大股《おおまた》ですすむ？　跳躍しながら向かう？　どんな戦略が求められる？　どんな妥協が必要になる？　どんな犠牲が払われる？　〝長くはかからない〟はどれくらいの長さ？

✣黒人のファーストレディとして求められる追加の仕事

バラクの両親が一九六一年にハワイで結婚したとき、異人種間の結婚はアメリカの半分近くで違法と考えられていて、二二の州で禁じられていた。アメリカの女性が夫の許可なしでクレジットカードを申しこむ権利を法律で得たのは、わたしが一〇歳のときだ。祖父が南部で育っ

を考えた。

黒人が投票所に姿を現しただけで撃たれる時代だった。ホワイトハウスのトルーマン・バルコニーに立ち、肌の黒いふたりの娘が芝生で遊ぶのを見るたびに、わたしはそのことを考えた。

黒人のファーストレディとして、わたしは〝オンリー〟だった。つまり、世界がわたしに適応し順応するのを手助けすると同時に、わたし自身もその役目に適応し順応する必要があった。バラクも大統領としてほとんど同じことをしていた。たしかにわたしたちはほかとちがうけれど、そこまでちがうわけでもない。わたしたちの誠実さへのさまざまな挑戦に耐えながら、くり返しこれを示さなければならなかった。機敏さを保ち、罠にはまらないようにしなければならなかった。わたしの知り合いにも、プライベートと仕事で同じ課題を抱えている人がたくさんいる——追加の負担を望んでも楽しんでもいないけれど、教育、説明、代表をすべて同時にこなすことを求められている人。それには忍耐力、手際のよさ、それに多くの場合、追加の鎧が求められる。

ホワイトハウスがどれだけ宮殿みたいな見た目と雰囲気でも、なかにいるわたしは、やっぱりわたしだった。時間が経つにつれてその空間になじみ、自分をもっと出せるようになっていった。踊りたければ踊れた。軽口をたたきたければ、それもできた。仕事を学びながらさらに境界線を試すようになり、もっと自分を表現して創造的になることを自分に許した。ファーストレディとしての仕事を、自分の個性とさらに強く結びつけるようになった。だから、わたしが立ちあげた子どもの健康イニシアチブ〈レッツ・ムーヴ！〉を宣伝するためにテレビに出演して、ジミー・ファロンと楽しく踊ったり、エレン・デジェネレスと腕立て伏せをしたりした。《サタデー・ナイト・ライヴ》のスターとラップをして、大学の学位取得を目指すのがなぜ大切なのか、若者にあらためて伝えた。わたしの目標はいつでも、まじめな仕事を楽しくやり、気高く生きることを選びつづけたら何ができるのかを示すことだった。

醜い固定観念《ステレオタイプ》と闘ういちばんの手段は、わたし自身でいることと、そのステレオタイプがどれだけまちがっているかを証明しつづけることだと考えるようになった。たとえ何年もかかっても、ステレオタイプを頑《かたく》なに信じる人がいても。同時にわたしは、そのステレオタイプをそもそもつくり出した体制を変えるために絶えず仕事をしようと努めた。思慮分別をもって自分の力を強め、よく考えて自分の声を使う必要があった。あとにつづく人たちが入りこむ余地を広げられると思うかたちで。わたしが失敗するのを見たがる人たちに気を逸らされたり集中を妨げられたりせずに、自分で設定した目標の達成に直接力を注げば、成功の見こみが大きくなることも知った。わたしはそれを挑戦と考えて、一種の道徳的な試練と見なしていた。いつものようにエネルギーの使い方を慎重に考え、一歩一歩すすんでいた。

最高裁判事ケタンジ・ブラウン・ジャクソンが、ハーヴァードの学部生時代のことで有意義な話を語っている。一九八八年、ジャクソンは政治学を学びたいという熱意とともにフロリダ州南部からキャンパスへやってきた。演劇が大好きで、わくわくしながら劇のオーディションを受けた。それに、黒人学生組合（Black Students Association, BSA）にも加わった。

ある白人学生が、キャンパスの中庭に面した目立つ場所で、寮の窓に南部連合旗を掲げたとき、ＢＳＡはすぐに一連の抗議をおこなった。ほぼ黒人からなる学生グループの一員として、ジャクソンはすべてをなげうって署名を集めてビラを配り、集会の計画を立てるのを手伝った。それによって大学執行部に圧力をかけることに成功し、アメリカ各地のメディアで大きく取りあげられる。彼女たちの抵抗は成果をあげたけれど、将来の最高裁判事はすでにかしこくて、ある種の罠に気づいていた。

「こういうとても立派なことにいろいろ取り組んで忙しくしているあいだ、わたしたちは図書館で勉強をしていませんでした」とのちに彼女は語る。[17] その仕事をすること、つまり守勢に立つことには、代償がついてきた。エネルギーを奪われて、演劇のリハーサル、自習室、社交イベントへ足を運べなくなった。創造的で実り多く、興味深いアイデアでいっぱいの人間として、ほかの場所で目にとめられるチャンスを奪われた。「なんて不公平なんだと思ったのを憶えています」とジャクソンは言う。

その後、ジャクソンは気づいた。実のところこれは、偏見のさらに大きなメカニズムの一部であり、アウトサイダーが深くなかへ入りすぎないようにして、アウトサイダーを階段からおろし、舞踏室から追いだす手段なのだと。それは「まさに、旗を掲げた学生が実のところ望んでいることでした。わたしたちが気を取られて単位を落とし、それによって、ハーヴァードのような場所でわたしたちはやっていけないというステレオタイプが強化されること」。

✣〝オンリー〟として生き抜くには

アウトサイダーでいるのはたいへんだ。アウトサイダーの立場で平等と公正を求めて闘うのは、さらにたいへんだ。だからこそ闘いを選び、自分の気持ちに気を配って、長期的な目標を考える必要がある。ひときわ有能な人たちは、それ自体が重要であることを学ぶ――気高く生きるのに欠かせない一部だと。

わたしが話す若者のなかにはよく、エネルギー、時間、リソースをできるかぎりうまく使おうと格闘している人がいる。新しい夢を追い求めるために家族やコミュニティをあとにし、ふたつの世界に挟まれてプレッシャーを感じていることが多くて、ある種の生存者の罪悪感《サバイバーズ・ギルト》に苦しんでいる。どこかの場所へ向かいはじめると、あなたをちがう存在と見なしていなかった人たちからもちがう存在だ、あるいは変わったと見なされるようになることがある。そして、門を通りぬけたのだから、いまは大邸宅で暮らしているにちがいないと思われる。

そのためにさらに状況が複雑になる。対処を求められることが増える。乗りこえることが増える。大学の奨学金をもらい、たちまち一家や近所の誇りになるかもしれないけれど、だからといっておじさんの電気代を払ったり、毎週末帰省して祖母や幼い妹や弟の面倒を見たりするだけのお金はない。成功すると数多くのむずかしい選択を迫られ、それにともなって線を引くことが求められる。道から外れさえしなければ、自分が前進することでやがてみんなに分け前を払えるようになると信じて。自分にこう言い聞かせつづけなければならない。〝長くはかからない〟

ジャクソン判事は、子ども時代に両親からもらった最大の贈り物は、ある種のタフさ、強情なまでの自信だと言う。はっきりアフリカ系とわかる名前とともに育ち、学校やのちには法曹界で〝オンリー〟であることも多かった彼女は、自分自身と他人の評価のあいだに心の壁をつくり、不公平と攻撃のせいで道から外れるのを拒みながら、自分の大きな目標に断固として集中することを学んだ。成功したのは三つのことのおかげだという——努力、大きなチャンス、図太い神経。図太い神経というのは、怒りと苦痛をどう扱い、どこへそれを向けて本当の力に変えるのかを学ぶことだ。目的地を選び、そこへたどり着くにはある程度時間がかかると理解しておくことだ。二〇二〇年に黒人学生のグループに向けて話したとき、ジャクソンはこう言っている。「自分自身と自分のコミュニティのためにできるいちばんのことは、集中しつづけることです[18]」

〝気高く生きる〟とは、毒を遠ざけ、力を引き寄せておくのを学ぶことだ。つまり自分のエネルギーを賢明に使い、信念をはっきりさせておく必要がある。ときには押し、ときには引きながら、休んで回復する機会もつくる。そうすることで、だれもがそうであるように、限られたたくわえで動いていることに気づく。注意力、時間、信用、人への善意、人からの善意。どれも限られてはいるけれど再生可能なリソースで、わたしたちはそれを使って動く。一生を通じて、ポケットをいっぱいにしては空っぽにするのをくり返す。稼いで、ためて、使う。

✣限られたたくわえをかしこく使う

「うちはお金持ちなの？」幼いころ、兄が父に尋ねたことがある。

父はただ笑って言った。「いや」。でも次に給料の小切手をもらうと、父は銀行へ行き、それを預金せずに現金で受け取って、分厚い札束を持って帰ってきた。そしてベッドの足のほうにそれを広げて、クレイグとわたしが一ドル一ドルすべて見られるようにした。とてもたくさんあるようにわたしには見えた。

数分のあいだ、うちはお金持ちなんじゃないかとさえ思った。

次に父は、毎月届く請求書の山を持ってきて、一つひとつ封筒をあけ、何にいくらかかるのかを説明してくれた——電気にこれだけ、車の支払いにこれだけ、さらに料理に使うガスと冷蔵庫を満たす食べ物の費用。そして、いろいろな封筒におおよそ必要な額のお金を滑りこませながら、ほかに支払いが必要なものについて話した——たとえば車のガソリン、毎月ロビーおばさんに払う家賃、通学用の新しい服、ミシガン州の家族向けリゾート地で毎年過ごす夏の一週間、将来のための貯金。

父はお金の山から一枚一枚お札を取っていき、最後にベッドに残ったのは二〇ドル札一枚だけ。つまりそれが、アイスクリームやドライブイン映画館といったお楽しみに残されたお金だ。

父がわたしたちに伝えていたのは、うちはお金持ちではないけれど賢明だということ。わたしたちは慎重だ。すべて心得ている。限界ぎりぎりだけど、限界をこえるわけではない。お金の使い方をきちんと管理していれば、うちはずっとだいじょうぶ。父はそれを伝えようとしていた。アイスクリームも食べられる。映画も観にいける。いつか大学へも進学できる。思慮分別が、わたしたちを先へ連れていってくれる。

わたしはこのやり方をファーストレディの仕事へ持ちこんで、自分のリソースをいつも心にとめていた――どれだけ与えなければならず、あとどれだけ手に入れなければならないのか。戦略的に努力をつづけ、実行できる計画にこだわって、軽率な怒りの気持ちは他人に任せておこうとした。自分に見つけられるいちばん健全な鎧をまとった。身体の健康に気をつけた。正しい食事をして睡眠を大切にした。キッチン・テーブルの力を借り、友人や家族と過ごす時間を糧にして、幸福と安定感を確保した。不安な心が燃えあがったら、反論して落ちつかせた。感情が昂《たか》ぶるのを感じたら――何かに怒りを覚えたり、もどかしさを感じたり、憤慨しそうになったりしたら――、少し時間をかけて、その感情を自分のなかで処理した。母や友人をよく相談相手にして、よりよい計画を考え出そうとした。

わたしは自分の物語を知っていた。わたし自身を知っていた。それに、すべての人のすべてになることはできないのもわかっていた。そのおかげで、厳しい批判や誤解を受けても落ちついていられた。自分の優先事項を把握していて、境界線を維持する練習を長年していたから、要求の多くにはっきりと、でも丁重に「ノー」と言えた。焦点を絞ることで小さなものの力を受け入れ、自分にとって意義のある少数の重要課題を選んでそれに取り組みながら、家族に引きつづき力を注いだ。自分にやさしくなろうとして、自分の光を守り、分かちあいながら、まわりの人が提供してくれる無限の光に頼った。この美しくも破壊された世界のあらゆる場所で、道すがら出会ったたくさんの人たちの光。

ストレスが大きくなったり、冷笑的な考えが頭をもたげてきたりしたら、いつも学校を訪れたり、子どものグループをホワイトハウスへ招いたりした。そうすると失われた視野がたちまち回復して、また目的をはっきりさせられる。わたしにとって子どもは、だれもが愛情とひらかれた心を持ち、憎しみを持たずに生まれたことをいつも思いださせてくれる存在だ。子どもたちがいるからこそ、わたしたちは心を強く保ち、道をひらこうとしつづける。子どもが育って大人になるのを見ていると、その過程が平凡であると同時に深遠でもあることがわかる。それはゆっくりと、でもあっという間に起こる。小刻みに一歩一歩、けれども大股でも。〝長くはかからない〟の意味がわかりはじめる。

✣変わるものと変わらないもの

娘たちは家族の昔の写真を見返すのが大好きで、それを見てくすくす笑う——かわいい赤ん坊のころや、子ども時代の誕生日会の自分たちの写真だけでなく、もっと昔のものも。アフロヘアにして、頭の先からつま先まで一九八〇年代のデニムできめた一七歳のわたしの写真や、ハワイの浅瀬で水遊びをする丸顔の少年バラクの写真を見つけて、声をあげて笑う。あるいは、一九五〇年代終わりのセピア色のポートレートを見て、若々しく気品のあるわたしの母に驚く。みんないまとまったく同じ見た目だとふたりは言って、時間を隔てても変わらないことをまるで奇跡のように思っている。

おかしいのは、それが本当であると同時に本当でないこと。たしかに写真のわたしたちは、いまと同じ見た目をしている——母の頬は年齢と関係なく同じカーブを描いているし、少年らしいバラクの元気な笑顔は、彼のものだとわかる——でも、もちろんみんな昔の自分とはちがう。服装、髪型、肌のなめらかさ、写真そのものの質——すべてが過ぎ去った歳月を、歩んできた旅路を、失ったものと得たものを、ひとつの時代から次の時代への終わりのない循環を物語っている。だから昔の写真はとても楽しく、見ていておもしろい。それはわたしたちの変わらないものを示している。それに、わたしたちがどれだけ変わったのかも。

いつの日か、いまの時代を振り返るときがくるだろう。いまとは異なる歴史上の視点から、いまは想像もできない未来の状況をふまえて、いまを見る。この時代について、わたしたちはどう考えるのだろう。何に見覚えがあると感じて、何が古くさいと感じるのか。どんな物語が語られる？　どんな変化を起こすことができている？　何を忘れ、何を大切にしている？

希望に満ちた考えを——回復、復活、再発明といったことを——語るのはむずかしいかもしれない。ひとつには、近年の恐ろしくて悲しいあらゆる出来事、具体的で肌で感じられるさまざまな苦しみと比べたら、それらはどちらかといえば抽象的な観念のように思えるかもしれないから。でも、進歩には創造性と想像力が求められる。これまでもずっとそうだった。独創性は大胆さから生まれる。実現できる世界——まだ存在しないけれど、そこで暮らしたいと望む世界——を思い描けなければ、つまりそれを未知のものから呼び起こせなければ、そこへたど

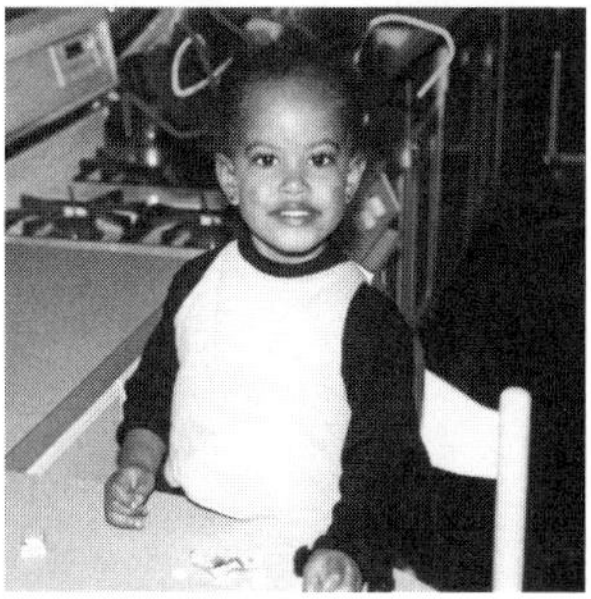

り着く計画の実現に取りかかることすらできない。

隠れている夢の一つひとつは、だれかがよろこんでくれたときに初めて目を覚ます。先生が、〝今日あなたが学校へ来てくれてうれしい〟と言うとき。同僚が、〝あなたが自分の考えを話してくれてうれしい〟と言うとき。人生のパートナーが、〝これだけ時間が経ったいまでも、まだ朝に隣同士で目を覚ませるのがうれしい〟と言うとき。こういうメッセージをまず自分から口にして、率直に伝えるようにしたい。〝いっしょに仕事をできてうれしい〟〝あなたがあなたでいてくれてうれしい〟〝わたしもわたしでいられてうれしい〟。これがわたしたちの心のなかにある光、ほかの人たちと分かちあえる光だ。

✣仕事をつづけよう

では〝気高く生きる〟は？　いまでもそれは目指せるの？　目指すべきなの？　いまの世界のあらゆる残忍な、容赦のない、苦悩に満ちた、腹立たしいことを前にして、そもそもそれには効果があるの？　困難な時代に、誠実さはなんの役に立つの？

こういう疑問を含んだむき出しの感情をいろいろと耳にする——怒りと失望、苦痛とパニック。それを感じている人がとてもたくさんいるのも無理はない。でもそういう感情のせいで、たちまち溝に突っこみかねないことを心にとめておいてほしい。

わたしが言いたいこと、これからもずっと念を押していきたいことはこうだ。〝気高く生きる〟は前にすすみつづけることへのコミットメントで、とくに華やかなものではない。わたしたちが仕事をすることで、初めて機能する。

くり返し唱えて、オンラインマーケットEtsyで売れる商品に記しているだけでは、モットーは空っぽなままだ。それを体現して、自分自身をそこへ注ぎこむ必要がある――不満や苦痛さえもそこへ注ぎこまなければならない。バーベルをあげたら、結果がついてくる。

わたしが言いたいのは、精力的で忠実でいて、共感力《エンパシー》をもって謙虚でいようということ。本当のことを語って、人のために全力を尽くし、広い視野を保って、歴史とコンテクストを理解していよう。賢明でいて、タフでいて、怒っていよう。

でも何より、仕事をするのを忘れずにいよう。

これからもわたしは、みんなの手紙をひらきつづける。質問に答えつづける。そして、〝気高く生きる〟が重要かという質問へは、同じ答えにこだわりつづける。

イエス。いつだってイエス。

謝辞

この本をまとめるなかで、多くのすばらしい人に支えてもらえたのは幸運だった。一人ひとりに心から言いたい。〝あなたがいてくれてうれしい〟

サラ・コーベットへ。長年ずっと真のパートナー、友人でいてくれてありがとう。情熱、コミットメント、この本への揺るぎない信頼をありがとう。恐れることなく、すすんでこの仕事へ飛びこんでくれて、全国のあらゆる場所へいっしょに移動し、わたしが考えやアイデアをみんなに話すのを聞いてくれてありがとう。鋭く親身な耳を持ちながら、わたしの頭と生活のなかにすすんで身を置いてくれた——この仕事をほかの人とするなんて想像できなかった。あなたはわたしにとって本当の贈り物だ。

クラウン社では、ジリアン・ブレイクが一つひとつの段階で手際よく手順を仕切ってくれた。かしこく、疲れを知らず、すばらしい才能を持つ編集者で、この本をよりよい一冊にしようと全力を注いでくれた。マヤ・ミレットも本書の編集に広い心と鋭い文章力を提供してくれ、ありとあらゆる重要な提案と励ましをくれた。ふたりとも考えに磨きをかけ、アイデアを整理する手助けをしてくれて、あわただしい数か月間にすてきな、落ちつきを与えてくれる存在でいてくれた。ふたりには、またイギリスから編集上の有益なコメントをくれたダニエル・クルーにも、深く感謝している。

四年間で二冊の本を出す楽しみのなかに、多くの人と二度目の仕事ができることがある。仕事は楽しくなる一方だ。デイヴィッド・ドレイクは、二冊の本を世界へ送り出すのに欠かせない役割を果たしてくれた。いつでも惜しみなく知恵を提供してくれ、型にはまらない考えを気持ちよく受け入れて、すべてが高い基準を満たすように時間を気にせず働いてくれた。いまではチームみんなの友だちだ。同じくマディソン・ジェイコブズも、疲れを知らずに明るくみんなを支えてくれ、出版のあらゆる側面にかかわって、心から愛される存在になった。

今回も美しい装丁とクリエイティブ・ディレクションを担当してくれたクリス・ブランドに、またオーディオブックを制作してくれたダン・ジットに感謝している。ジリアン・ブラシルも戻ってきて、調査補助と巧みなファクトチェックを提供してくれた。彼女は理想的な仕事仲間だ——正確かつ綿密、効率的であるのと同時に楽天的でもある。この世でいちばん好きな写真家、ミラー・モブレーは、二冊の本のカバー写真を撮影してくれた。彼とそのチームはプロとして精力的に仕事に取り組み、いつも安心させてくれる。みんな尊敬しているし感謝している。

完璧《かんぺき》な目とすばらしい心を持つスタイリスト、メレディス・クープの並々ならぬ才能には、引きつづきお世話になっている。イエーネ・ダムテウとカール・レイは、この旅のすべての段階でそばにいてくれ、芸術的才能と思いやりを提供し、自信を与えてくれた。カティナ・ホイルズは、ありとあらゆるかたちでみんなを支えてくれた。わたしにとってこれらの人たちは、肩書をはるかにこえた存在だ。キッチン・テーブルで重要な席を占めていて、わたしにとって家族のような人たちだ。

ワシントンDCのオフィスを通じて、わたしは才気あふれる女性たちのすばらしいチームに支えられている。日々みんな光を分かちあってくれていて、彼女たちの勤勉さ、努力、楽観が、わたしの活動すべての燃料になっている。ありがとう、クリスタル・カーソン、チャイナ・クレイトン、メローネ・ハイレメスケル、アレックス・メイ＝シーリー。それにもちろんメリッサ・ウィンターも。あなたの冷静で見事なリーダーシップがなければ何もできない。みんながそれぞれいてくれて、とてもとてもうれしい。

ペンギン・ランダムハウス社では、マーカス・ドールの確固たるパートナーシップに身の引き締まる思いをしている。良質の出版への変わらぬ熱意とコミットメントは、見ていてすばらしい。マデリン・マッキントッシュ、ニハール・マラヴィヤ、ジーナ・セントレロは、手際よく見事にこのプロジェクトを導いてくれて、一貫して気持ちよく、最高水準で動いてくれた。みなさんのすべての仕事に感謝している。

クラウン社の勤勉な制作チーム――サリー・フランクリン、リネア・ノルミュラー、エリザベス・レンドフレイシュ、マーク・バーキー――にはお世話になり、また、デニース・クローニンにも国外で読者を見つける手助けをしてもらった。ミシェル・ダニエル、ジャネット・レナード、ロリー・ヤング、リズ・カーボネル、トリシア・ワイガルは、一流の原稿整理と校正をしてくれ、スコット・クレスウェルはオーディオブックの共同制作者を務めてくれた。ジェニー・プークは写真のリサーチを手伝ってくれ、ミシェル・イェンチョチックとダイヴァーシファイド・レポーティング社の彼女のチームは文字起こしをしてくれた。ノース・マーケット・ストリート・グラフィックス社は、ページの割り付けを手伝ってくれた。みんながいてくれてうれしい。さらに広範囲にわたるペンギン・ランダムハウス社の有能なみなさんにもお礼を言いたい。イザベラ・アルカンタラ、トッド・バーマン、カーク・ブリーマー、ジュリー・セプラー、ダニエル・クリステンセン、アマンダ・ダシアーノ、アンネット・ダネク、マイケル・デファージオ、カミール・デューイング＝ヴァレーホ、ベンジャミン・ドレイヤー、スー・ドリスキル、スキップ・ダイ、リサ・フォイヤー、ランス・フィッツジェラルド、リサ・ゴンザレス、カリサ・ヘイズ、ニコル・ハーシー、ブリアナ・クジレク、シンシア・ラスキー、サラ・リーマン、エイミー・リ、キャロル・ローウェンスタイン、スー・マローン＝バーバー、マシュー・マーティン、ルル・マルティネス、アンネット・メルヴィン、ケイトリン・ミューザー、セス・モリス、グラント・ニューマン、タイ・ノーウィッキ、ダナ・パサナント、レズリー・プリヴェス、アパルナ・リシ、ケイトリン・ロビンソン、リンダ・シュミット、マット・シュウォルツ、スーザン・シーマン、ダミアン・シャンド、スティーヴン・ショディン、ペニー・サイモン、ホリー・スミス、パット・スタンゴ、アンケ・スタイネック、ケズレイ・ティフィー、ティアナ・トルバート、ミーガン・トリップ、サラ・ターピン、ジャシ・アップダイク、ヴァレリー・ヴァン・デルフト、クレア・フォン・シリング、ジーナ・ワクテル、シャンテル・ウォーカー、エリン・ワーナー、ジェシカ・ウェルズ、ステイシー・ウィトクラフト。

本書のテーマは、この数年のあいだにオンラインと対面でさまざまなグループと交わした議論から生まれた——たとえば、シカゴ、ダラス、ハワイ、ロンドンでの若い女性の集まり、アメリカ各地の二二の大学の学生との忘れられない討論、『マイ・ストーリー』のブックツアーで経験したブッククラブやコミュニティグループとの数えきれないほどの交流。どれも重要で刺激的な経験で、この世界で本当に大切なものをいつも思いださせてくれる貴重な場だった。そのなかで考えや不安、希望を語ってくれ、わたしを信頼してすべてをさらけ出してくれた一人ひとりのみなさんにお礼を言いたい。あなたの光は、あなたが思っている以上にわたしにとって意味がある。

タイン・ハンター、エボニー・ラデレ、マドゥリカ・シッカ、ジャミア・ウィルソンへ。このプロセスの早い段階で見識、率直さ、深い考えを提供してくれたことにとりわけ感謝している。対話のおかげで、この本の核になるアイデアのいくつかにたどり着けた。

最後に、家族とキッチン・テーブルのみんなへ。みんなの愛とたくましさははかりしれず、そのおかげで、この奇妙で不確かな時代に地に足をつけて、希望を持っていられる。いつも困難を乗りこえさせてくれてありがとう。

注

1 Alberto Ríos, *Not Go Away Is My Name* (Port Townsend, Wash.: Copper Canyon Press, 2020), 95.

はじめに

1 Barbara Teater, Jill M. Chonody, and Katrina Hannan, "Meeting Social Needs and Loneliness in a Time of Social Distancing Under COVID-19: A Comparison Among Young, Middle, and Older Adults," *Journal of Human Behavior in the Social Environment* 31, no. 1–4 (2021): 43–59, doi.org/10.1080/10911359.2020.1835777; Nicole Racine et al., "Global Prevalence of Depressive and Anxiety Symptoms in Children and Adults During COVID-19: A Meta-Analysis," *JAMA Pediatrics* 175, no. 11 (2021): 1142–50, doi.org/10.1001/jamapediatrics.2021.2482.

2 Imperial College London, COVID-19 Orphanhood Calculator, 2021, imperialcollegelondon.github.io/orphanhood_calculator/; Susan D. Hillis et al., "COVID-19–Associated Orphanhood and Caregiver Death in the United States," *Pediatrics* 148, no. 6 (2021): doi.org/10.1542/peds.2021-053760.

第1部

1 Maya Angelou, *Rainbow in the Cloud: The Wisdom and Spirit of Maya Angelou* (New York: Random House, 2014), 69.

2 Kostadin Kushlev et al., "Do Happy People Care About Society's Problems?," *Journal of Positive Psychology* 15, no. 4 (2020): 467–77, doi.org/10.1080/17439760.2019.1639797.

3 Brian Stelter and Oliver Darcy, *Reliable Sources*, January 18, 2022, web.archive.org/web/20220119060200/https://view.newsletters.cnn.com/messages/1642563898451efea85dd752b/raw.

4 *CBS Sunday Morning*, "Lin-Manuel Miranda Talks Nerves Onstage," December 2, 2018, www.youtube.com/watch?v=G_LzZiVuw0U.

5 *The Tonight Show Starring Jimmy Fallon*, "Lin-Manuel Miranda Recalls His Nerve-Wracking Hamilton Performance for the Obamas," June 24, 2020, www.youtube.com/watch?v=wWk5U9cKkg8.

6 "Lin-Manuel Miranda Daydreams, and His Dad Gets Things Done," *Taken for Granted*, June 29, 2021, www.ted.com/podcasts/taken-for-

granted-lin-manuel-miranda-daydreams-and-his-dad-gets-things-done-transcript.
7 *The Oprah Winfrey Show*, "Oprah's Book Club: Toni Morrison," April 27, 2000, re-aired August 10, 2019, www.facebook.com/ownTV/videos/the-oprah-winfrey-show-toni-morrison-special/2099095963727069/.
8 Clayton R. Cook et al., "Positive Greetings at the Door: Evaluation of a Low-Cost, High-Yield Proactive Classroom Management Strategy," *Journal of Positive Behavior Interventions* 20, no. 3 (2018): 149–59, doi.org/10.1177/1098300717753831.
9 "Toughest Admissions Ever," *Princeton Alumni Weekly*, April 20, 1981, 9, books.google.com/books?id=AxNbAAAAYAAJ&pg=RA16-PA9; "Slight Rise in Admissions," *Princeton Alumni Weekly*, May 3, 1982, 24, books.google.com/books?id=IhNbAAAAYAAJ&pg=RA18-PA24.
10 "Toughest Admissions Ever."
11 W.E.B. Du Bois, *The Souls of Black Folk* (New York: Penguin, 1989), 5.〔W・E・B・デュボイス『黒人のたましい』木島始、鮫島重俊、黄寅秀訳、岩波文庫、一九九二年、一五–一六頁〕
12 Monument Lab, *National Monument Audit*, 2021, monumentlab.com/audit.
13 Stacey Abrams, "3 Questions to Ask Yourself About Everything You Do," November 2018, www.ted.com/talks/stacey_abrams_3_questions_to_ask_yourself_about_everything_you_do/transcript（「何をやるときにも自分に問う3つの質問」日本語字幕あり）; Jim Galloway, "The Jolt: That Day When Stacey Abrams Was Invited to Zell Miller's House," *The Atlanta Journal-Constitution*, November 10, 2017, www.ajc.com/blog/politics/the-jolt-that-day-when-stacey-abrams-was-invited-zell-miller-house/mBxHu03q5Wxd4uRmRklGQP/.
14 Sarah Lyall and Richard Fausset, "Stacey Abrams, a Daughter of the South, Asks Georgia to Change," *The New York Times*, October 26, 2018, www.nytimes.com/2018/10/26/us/politics/stacey-abrams-georgia-governor.html.
15 "Stacey Abrams: How Can Your Response to a Setback Influence Your Future?," *TED Radio Hour*, October 2, 2020, www.npr.org/transcripts/919110472.

第二部

1 Gwendolyn Brooks, *Blacks* (Third World Press, 1991), 496.
2 Daniel A. Cox, "The State of American Friendship: Change, Challenges, and Loss," June 8, 2021, Survey Center on American Life, www.americansurveycenter.org/research/the-state-of-american-friendship-change-challenges-and-loss/.
3 Vivek H. Murthy, *Together: The Healing Power of Human Connection in a Sometimes Lonely World* (New York: HarperCollins, 2020), xviii.

4 同書、xvii。
5 Munirah Bangee et al., "Loneliness and Attention to Social Threat in Young Adults: Findings from an Eye Tracker Study," *Personality and Individual Differences* 63 (2014): 16–23, doi.org/10.1016/j.paid.2014.01.039.
6 Damaris Graeupner and Alin Coman, "The Dark Side of Meaning-Making: How Social Exclusion Leads to Superstitious Thinking," *Journal of Experimental Social Psychology* 69 (2017): 218–22, doi.org/10.1016/j.jesp.2016.10.003.
7 Tracee Ellis Ross, Facebook post, December 27, 2019, facebook.com/TraceeEllisRossOfficial/posts/10158020718132193.
8 Julianne Holt-Lunstad, Timothy B. Smith, and J. Bradley Layton, "Social Relationships and Mortality Risk: A Meta-Analytic Review," *PLOS Medicine* 7, no. 7 (2010): doi.org/10.1371/journal.pmed.1000316; Faith Ozbay et al., "Social Support and Resilience to Stress," *Psychiatry* 4, no. 5 (2007): 35–40, www.ncbi.nlm.nih.gov/pmc/articles/PMC2921311/.
9 Geneviève Gariépy, Helena Honkaniemi, and Amélie Quesnel-Vallée, "Social Support and Protection from Depression: Systemic Review of Current Findings in Western Countries," *British Journal of Psychiatry* 209 (2016): 284–93, doi.org/10.1192/bjp.bp.115.169094; Ziggi Ivan Santini et al., "Social Disconnectedness, Perceived Isolation, and Symptoms of Depression and Anxiety Among Older Americans (NSHAP): A Longitudinal Mediation Analysis," *Lancet Public Health* 5, no. 1 (2020): doi.org/10.1016/S2468-2667(19)30230-0; Nicole K. Valtorta et al., "Loneliness and Social Isolation As Risk Factors for Coronary Heart Disease and Stroke: Systematic Review and Meta-Analysis of Longitudinal Observational Studies," *Heart* 102, no. 13 (2016): 1009–16, dx.doi.org/10.1136/heartjnl-2015-308790.
10 Gillian M. Sandstrom and Elizabeth W. Dunn, "Social Interactions and Well-Being: The Surprising Power of Weak Links," *Personality and Social Psychology Bulletin* 40, no. 7 (2014): 910–22, doi.org/10.1177/0146167214529799.
11 Edelman Trust Barometer, "The Trust 10," 2022, www.edelman.com/sites/g/files/aatuss191/files/2022-01/Trust%2022_Top10.pdf.
12 Jonathan Haidt, "Why the Past 10 Years of American Life Have Been Uniquely Stupid," *The Atlantic*, April 11, 2022, www.theatlantic.com/magazine/archive/2022/05/social-media-democracy-trust-babel/629369/.
13 Toni Morrison, *Beloved* (New York: Knopf, 1987), 272–73.〔トニ・モリスン『ビラヴド』吉田廸子訳、ハヤカワepi文庫、二〇〇九年、五四九頁〕
14 Simone Schnall et al., "Social Support and the Perception of Geographical Slant," *Journal of Experimental Social Psychology* 44, no. 5 (2008): 1246–55, doi.org/10.1016/j.jesp.2008.04.011.
15 Scott Helman, "Holding Down the Obama Family Fort, 'Grandma' Makes the Race Possible," *The Boston Globe*, March 30, 2008.

16 Matt Schulz, "U.S. Workers Spend Up to 29% of Their Income, on Average, on Child Care for Kids Younger Than 5," LendingTree, March 15, 2022, www.lendingtree.com/debt-consolidation/child-care-costs-study/.

第三部

1 *Octavia E. Butler: Telling My Stories*, gallery guide, Huntington Library, Art Collections, and Botanical Gardens, 2017, media.huntington.org/uploadedfiles/Files/PDFs/Octavia_E_Butler_Gallery-Guide.pdf.

2 David Murphey and P. Mae Cooper, *Parents Behind Bars: What Happens to Their Children?*, Child Trends, October 2015, www.childtrends.org/wp-content/uploads/2015/10/2015-42ParentsBehindBars.pdf.

3 "'Unity with Purpose': Amanda Gorman and Michelle Obama Discuss Art, Identity, and Optimism," *Time*, February 4, 2021, time.com/5933596/amanda-gorman-michelle-obama-interview/.

4 Ariel Levy, "Ali Wong's Radical Raunch," *The New Yorker*, September 26, 2016, www.newyorker.com/magazine/2016/10/03/ali-wongs-radical-raunch.

5 Hadley Freeman, "Mindy Kaling: 'I Was So Embarrassed About Being a Diversity Hire,'" *The Guardian*, May 31, 2019, www.theguardian.com/film/2019/may/31/mindy-kaling-i-was-so-embarrassed-about-being-a-diversity-hire.

6 Antonia Blyth, "Mindy Kaling on How 'Late Night' Was Inspired by Her Own 'Diversity Hire' Experience & the Importance of Holding the Door Open for Others," *Deadline*, May 18, 2019, deadline.com/2019/05/mindy-kaling-late-night-the-office-disruptors-interview-news-1202610283/.

7 Freeman, "Mindy Kaling."

8 Jeanette Winterson, "Shafts of Sunlight," *The Guardian*, November 14, 2008, www.theguardian.com/books/2008/nov/15/ts-eliot-festival-donmar-jeanette-winterson.

9 Daphna Motro et al., "Race and Reactions to Women's Expressions of Anger at Work: Examining the Effects of the 'Angry Black Woman' Stereotype," *Journal of Applied Psychology* 107, no. 1 (2021): 142–52, doi.org/10.1037/apl0000884.

10 John Stossel, "Michelle Obama and the Food Police," *Fox Business*, September 14, 2010, web.archive.org/web/20101116141323/http://stossel.blogs.foxbusiness.com/2010/09/14/michelle-obama-and-the-food-police/.

11 *New York Post*, January 12, 2012, nypost.com/cover/post-covers-on-january-12th-2012/.

12 John Lewis, *Across That Bridge: Life Lessons and a Vision for Change* (New York: Hyperion, 2012), 8.

13 Rebecca Onion, "Is 2016 the Worst Year in History?," *Slate*, July 22, 2016, www.slate.com/articles/news_and_politics/history/2016/07/is_2016_the_worst_year_in_history.html.

14 Jamie Ducharme, "Gallup: 2017 Was the World's Worst Year in at Least a Decade," *Time*, September 12, 2018, time.com/5393646/2017-gallup-global-emotions/.

15 *Time*, December 14, 2020, cover, time.com/5917394/2020-in-review/.

16 Martin Luther King Jr., "Our God Is Marching On!" (speech, Montgomery, Ala., March 25, 1965), American RadioWorks, americanradioworks.publicradio.org/features/prestapes/mlk_speech.html.

17 Ketanji Brown Jackson, "Three Qualities for Success in Law and Life: James E. Parsons Award Dinner Remarks" (speech, Chicago, Ill., February 24, 2020), www.judiciary.senate.gov/imo/media/doc/Jackson%20SJQ%20Attachments%20Final.pdf.

18 同右。

写真提供

8頁　Obama-Robinson Family Archive の厚意により提供
17頁　Isaac Palmisano 撮影
30頁　Merone Hailemeskel 撮影
62頁　Pete Souza 撮影、Barack Obama Presidential Library の厚意により提供
92頁上段　Chuck Kennedy 撮影、Barack Obama Presidential Library の厚意により提供
92頁中段左　Amanda Lucidon 撮影、Barack Obama Presidential Library の厚意により提供
92頁中段右　Chuck Kennedy 撮影、Barack Obama Presidential Library の厚意により提供
92頁下段　Samantha Appleton 撮影、Barack Obama Presidential Library の厚意により提供
104頁　Obama-Robinson Family Archive の厚意により提供
142頁上段　Lawrence Jackson 撮影
142頁下段　Jill Vedder 撮影
176頁　Obama-Robinson Family Archive の厚意により提供
216頁　Obama-Robinson Family Archive の厚意により提供
250頁　© DOD Photo/Alamy
282頁　© Gary Caskey/UPI/Alamy
307頁上段　Sonya N. Herbert 撮影、Barack Obama Presidential Library の厚意により提供
307頁中段　Lawrence Jackson 撮影、Barack Obama Presidential Library の厚意により提供
307頁下段　Samantha Appleton 撮影、Barack Obama Presidential Library の厚意により提供
339頁すべて　Obama-Robinson Family Archive の厚意により提供

訳者あとがき

この世界で生きるのは簡単ではない。家で、職場で、学校で、日々押し寄せてくる仕事や厄介ごとに対処し、家族、同僚、友だちとの複雑な人間関係のなかでなんとかやっていかなければならない。状況は不確かだし、フェアでもない。いつも不安がついてまわる。

身のまわりのことだけでも精いっぱいなのに、社会でも絶えずつらい出来事が起こる——新型コロナウイルスのパンデミック、マイノリティへの攻撃、偽情報の拡散、戦争。世界に暗い影が落ち、先行きがいっそう不確かになって、無力感に襲われる。身がすくんで、否定的な考えが頭をもたげてくる。

こんな世界で生きていくのは簡単ではない。とくにあなたがなんらかのマイノリティ性を抱えていたら。女性だったら。恵まれない環境にいたら。あるいはそのすべてなら。

ミシェル・オバマは黒人の女性としてシカゴの労働者階級の地区で育った。その後の活躍と人気はだれもが知るとおりであり、人生の軌跡を語った『マイ・ストーリー』(二〇一八年、邦訳一九年)は世界で一七〇〇万部をこえる記録的なベストセラーになった。多くの人が彼女の物語に自分自身を見た。困難な状況を乗りこえ、前向きに生きる彼女から刺激を受けた。

どうすれば彼女のように生きられるのか。どうすれば自分の光、つまり自分らしさを見つけて、それを失うことなく不安で不確かな世界で前進し、大きなことを実現できるのか。

そんな疑問に答えようとするのが本書にほかならない。もっともミシェルは、「わたしは答えをすべて知っているわけではない」と率直に認める。これは謙虚さのためだけではなく、人間はみんな異なる存在であり、一人ひとりが自分で自分の光を見つけなければならないと確信しているからだ。でも、「わたし個人の道具箱《ツールボックス》の中身」なら語れるかもしれないと言う。これまでに学び、実践して、積み重ねてきた生き方。不公平で不確かな社会で自分らしく生き抜くにあたって、人生のさまざまな出来事が教えてくれたこと。自分の光を見つけて守る手段。

彼女は一夜にしてミシェル・オバマになったわけでもなければ、突飛なことをして成功したわけでもない。「そもそもわたしは〔…〕はしごを一段ずつのぼっていく慎重な人間だ」。それに、成功を収めて自信に満ちているように見えるいまでも、ときに不安や疑念に襲われる。「本当にわたしにできるの？」と思うことがある。

つまりミシェル・オバマもわたしたちと同じ人間だ。だからこそ、彼女のことばはわたしたちに響く。いきなり大きなことに向きあおうとするのではなく、小さなことからはじめよう。身を守るのに役立つ不安と足を引っぱる不安を見分けよう。人とのちがいは強みにもなる。準備を整えておけば不安に対処できる——どれも地に足のついた考えだからこそ、不安を抱えて生きるわたしたちの指針になる。具体的なエピソードと結びつけてていねいに語られる一つひとつの歩みが、人生で遠くまで旅をするのに必要なことを示してくれる。

また彼女の慎重さは、貧しい地区で黒人女性として育ったことにも由来している。いつも偏見と疑いの目を向けられ、ほんの少しつまずいただけですべてを失いかねない。そんな環境のなかで何かを成し遂げるには、まわりの空気を読んで注意深く振る舞う必要がある。けれども、そうしていると自分らしくいられない。「慎重にならざるをえないのに、それと同時に大胆になることも求められる」というむずかしい課題と向きあわなければならない。これも多くの人が身に覚えのあるジレンマだろう。

そこでもミシェルは堅実に対処する。学校でも職場でもホワイトハウスでも、周囲に合わせて行動しながらも限界を見きわめて、少しずつ自分を主張していく。壁を押してみて、広げられるところは広げる。そうすることで自分らしくいられる余地を大きくしていく。それと同時に、あとにつづく人たちが自分らしく生きられる空間を広げていく。

時間をかけて試行錯誤することで自分のなかにある光を知り、それを守る術《すべ》を見つける。そしてその光を分かちあい、ほかの人生にも光を灯《とも》す。だれもが自分なりのやり方でそれを実行できることを、ミシェルは示してくれる。その小さな一歩一歩の先には、いまより少し安心できる、少し公平で、少し生きやすい世界がある。それはけっして小さなことではない。ミシェル・オバマの人生とことばは、わたしたち人間一人ひとりに何ができるのかを教えてくれる。

本書の訳出にあたっては、KADOKAWAの郡司《ぐんじ》珠子《たまこ》氏にたいへんお世話になった。有用なコメントによって原稿の質を高めてくださったことに、また制作プロセス全体をきわめて手際よく率いてくださったことに、心からお礼をもうしあげる。

ミシェル・オバマ

Michelle Obama

2009年から17年までアメリカ合衆国ファーストレディを務める。プリンストン大学およびハーヴァード大学ロースクールで学んだのち、シカゴの法律事務所シドリー・オースティンで弁護士としてキャリアを歩みはじめ、そこで夫となるバラク・オバマと出会った。その後、シカゴ市長のオフィス、シカゴ大学、シカゴ大学病院で働く。また、若者が公共部門でのキャリアに備えられるよう手助けする団体〈パブリック・アライズ〉のシカゴ支部を立ちあげた。著書に世界的ナンバーワン・ベストセラー『マイ・ストーリー』（邦訳2019年）およびアメリカでのナンバーワン・ベストセラー *American Grown*（未邦訳、2012年）がある。オバマ夫妻はワシントンDC在住。マリアとサーシャというふたりの娘がいる。

訳者　山田 文

（やまだ・ふみ）

翻訳者。訳書に『「歴史の終わり」の後で』（フランシス・フクヤマ、マチルデ・ファスティング編）、『パンデミックなき未来へ僕たちにできること』（ビル・ゲイツ）、共訳に『約束の地　大統領回顧録 I』（バラク・オバマ）、『ヒルビリー・エレジー　アメリカの繁栄から取り残された白人たち』（J・D・ヴァンス）、『サンドワーム　ロシア最恐のハッカー部隊』（アンディ・グリーンバーグ）など。

本書は訳し下ろしです。

原書カバー
デザイン/Christopher Brand
写真/Miller Mobley
スタイリスト/Meredith Koop
衣装/Christy Rilling
ヘア/Yene Damtew
メイクアップ/Carl Ray

日本語版装丁
國枝達也

心《こころ》に、光《ひかり》を。　不確実《ふかくじつ》な時代《じだい》を生《い》き抜《ぬ》く

2023年9月26日　初版発行

著者／ミシェル・オバマ
訳者／山田《やまだ》 文《ふみ》

発行者／山下直久

発行／株式会社KADOKAWA
〒102-8177　東京都千代田区富士見2-13-3
電話 0570-002-301(ナビダイヤル)

印刷所／大日本印刷株式会社

製本所／本間製本株式会社

●お問い合わせ
https://www.kadokawa.co.jp/（「お問い合わせ」へお進みください）
※内容によっては、お答えできない場合があります。
※サポートは日本国内のみとさせていただきます。
※Japanese text only

定価はカバーに表示してあります。

ISBN 978-4-04-113720-8　C0098